(Hrsg.) Gerhard Roller, Martin Führ, Dorothee Obermaier

Marktchancen für Umwelttechnologie und interkulturelle
Kompetenz

(Hrsg.) Gerhard Roller, Martin Führ, Dorothee Obermaier

Marktchancen für Umwelttechnologie und interkulturelle Kompetenz

in ausgewählten Ländern der MENA-Region

Südwestdeutscher Verlag für Hochschulschriften

Impressum/Imprint (nur für Deutschland/only for Germany)
Bibliografische Information der Deutschen Nationalbibliothek: Die Deutsche Nationalbibliothek verzeichnet diese Publikation in der Deutschen Nationalbibliografie; detaillierte bibliografische Daten sind im Internet über http://dnb.d-nb.de abrufbar.
Alle in diesem Buch genannten Marken und Produktnamen unterliegen warenzeichen-, marken- oder patentrechtlichem Schutz bzw. sind Warenzeichen oder eingetragene Warenzeichen der jeweiligen Inhaber. Die Wiedergabe von Marken, Produktnamen, Gebrauchsnamen, Handelsnamen, Warenbezeichnungen u.s.w. in diesem Werk berechtigt auch ohne besondere Kennzeichnung nicht zu der Annahme, dass solche Namen im Sinne der Warenzeichen- und Markenschutzgesetzgebung als frei zu betrachten wären und daher von jedermann benutzt werden dürften.

Coverbild: www.ingimage.com

Verlag: Südwestdeutscher Verlag für Hochschulschriften GmbH & Co. KG
Heinrich-Böcking-Str. 6-8, 66121 Saarbrücken, Deutschland
Telefon +49 681 37 20 271-1, Telefax +49 681 37 20 271-0
Email: info@svh-verlag.de

Herstellung in Deutschland (siehe letzte Seite)
ISBN: 978-3-8381-3287-7

Imprint (only for USA, GB)
Bibliographic information published by the Deutsche Nationalbibliothek: The Deutsche Nationalbibliothek lists this publication in the Deutsche Nationalbibliografie; detailed bibliographic data are available in the Internet at http://dnb.d-nb.de.
Any brand names and product names mentioned in this book are subject to trademark, brand or patent protection and are trademarks or registered trademarks of their respective holders. The use of brand names, product names, common names, trade names, product descriptions etc. even without a particular marking in this works is in no way to be construed to mean that such names may be regarded as unrestricted in respect of trademark and brand protection legislation and could thus be used by anyone.

Cover image: www.ingimage.com

Publisher: Südwestdeutscher Verlag für Hochschulschriften GmbH & Co. KG
Heinrich-Böcking-Str. 6-8, 66121 Saarbrücken, Germany
Phone +49 681 37 20 271-1, Fax +49 681 37 20 271-0
Email: info@svh-verlag.de

Printed in the U.S.A.
Printed in the U.K. by (see last page)
ISBN: 978-3-8381-3287-7

Gerhard Roller, Martin Führ, Dorothee Obermaier, Marita Schnepf-Orth, Ludger Nuphaus, Barbara Schmidt-Sercander, Claudia Fricke und Franziska Beringer

Marktchancen für Umwelttechnologie und interkulturelle Kompetenz in ausgewählten Ländern der MENA-Region

Verbesserung des Marktzugangs deutscher Unternehmen bei Umwelt- und Klimaschutzprojekten in Schwellen- und Entwicklungsländern

Bingen und Darmstadt, Februar 2012

Forschungsverbund

bestehend aus
Fachhochschule Bingen
Prof. Dr. Gerhard Roller
Institut für Umweltstudien und angewandte Forschung (I.E.S.A.R.)

Hochschule Darmstadt
Prof. Dr. Martin Führ
Prof. Dr. Dorothee Obermaier
Sonderforschungsgruppe Institutionenanalyse (sofia)

Gefördert vom Bundesministerium für Bildung und Forschung, Förderprogramm Forschung an Fachhochschulen mit Unternehmen

II

Inhaltsübersicht

III

Inhaltsverzeichnis

Abbildungsverzeichnis

Tabellenverzeichnis

Abkürzungen

ABH	Agence du Bassin Hydraulique, Regionale Wasserbehörde (Marokko, Algerien)
ADB	African Development Bank, Afrikanische Entwicklungsbank
ADE	Algérienne des Eaux, Nationale Wasserbehörde (Algerien)
ADEREE	Agence Nationale pour le Développement des Energies Renouvelables et de l'Efficacité Energétique, Nationale Agentur zur Entwicklung der erneuerbaren Energien und der Energieeffizienz, ehemals CDER (Marokko)
ADSSC	Abu Dhabi Sewerage Service Company, Abu Dhabi Abwasser-Dienstleistungsunternehmen (VAE)
AHK	Außenhandelskammer
AIS	Akademie für Interkulturelle Studien
AND	Agence Nationale des Déchets, Nationale Abfallagentur (Algerien)
ANPME	Agence Nationale pour la Promotion de la Petite et Moyenne-Entreprise, Nationale Agentur zur Förderung kleiner und mittlerer Unternehmen (Marokko)
APRUE	Agence Nationale pour la Promotion et la Rationalisation de l'Utilisation de l'Energie, Nationale Agentur für Energieeffizienz (Algerien)
AQIM	Al-Qaida im Islamischen Maghreb
BMBF	Bundeministerium für Bildung und Forschung
BMWi	Bundesministerium für Wirtschaft und Technologie
BMZ	Bundesministerium für wirtschaftliche Zusammenarbeit und Entwicklung
BOOT	Build-Own-Operate-Transfer, Betreibermodell, bei dem die Anlage nach Ablauf eines bestimmten Zeitraumes eigentumsrechtlich auf den Kunden übertragen wird
BOT	Build-Operate-Transfer, Betreibermodell, bei dem die Anlage nach Ablauf eines bestimmten Zeitraumes eigentumsrechtlich auf den Kunden übertragen wird
BP	British Petroleum, international tätiges Energieunternehmen
CDER	Centre de Développement des Energies Renouvelables, Zentrum zur Entwicklung Erneuerbarer Energien, heute ADEREE (Marokko)
CDER	Centre de Développement des Energies Renouvelables, Zentrum zur Entwicklung Erneuerbarer Energien (Algerien)
CDM	Clean Development Mechanism
CED	Parc éolien de Abdelkhalak Toress, Windpark Abdelkhalak Toress (Marokko)
CIME	Comité Intersectoriel de la Maîtrise de l'Energie, Bereichsübergreifender Ausschuss für Energieeffizienz (Algerien)

CITD	Center for International Trade Development, Zentrum für Internationale Handelsentwicklung
CNEDS	Centre National d'Elimination des Déchets Spéciaux, Nationales Abfallentsorgungszentrums für Sonderabfälle (Marokko)
CNG	Compressed Natural Gas, Komprimiertes Erdgas
CPI	Corruption Perceptions Index, Korruptionswahrnehmungsindex
CREAD	Centre de Recherche en Economie Appliquée pour le Développement, Zentrum zur Forschung in der Angewandten Wirtschaft für die Entwicklung (Algerien)
CREG	Commission de Régulation de l'Electricité et du Gaz, Regulierungsbehörde für Strom und Gas (Algerien)
CWM	Centre of Waste Management, Abfallwirtschaftszentrum (VAE, Abu Dhabi)
DAAD	Deutscher Akademischer Auslandsdienst
DENA	Deutsche Energie-Agentur GmbH
DEWA	Dubai Electricity and Water Authority, Dubai Strom- und Wasserbehörde (VAE)
Dh	Dirham, Währung Marokkos (1 Dh = 0,08635 Euro, Stand 17.10.2011)
DLR	Deutsches Zentrum für Luft- und Raumfahrt
EAD	Environment Agency Abu Dhabi, Umweltbehörde Abu Dhabi (VAE)
ECO-JEM	Systéme Public de Reprise et de Valorisation des Déchets d'Emballages, Öffentliches Rücknahme- und Verwertungssystem für Verpackungsabfälle (Algerien)
ECRG	Egyptian Commercial Representation in Germany, Ägyptische Wirtschafts- und Handelsvertretung in Deutschland
EEAA	Egyptian Environmental Affairs Agency, Umweltamt Ägypten
EEHC	Egyptian Electricity Holding Company, Ägyptische Elektrizitäts-Holding-Gesellschaft
EET	Energie Electrique de Tahaddart, Gas- und Dampfkraftwerk Tahaddart (Marokko)
EETC	Egyptian Electricity Transmission Company, ägyptische Netzbetreibergesellschaft
EGP	Ägyptisches Pfund, ägyptische Währung (1 EGP = 0,11916 Euro, Stand 17.10.2011)
EIB	Europäische Investitionsbank
EPO	Entwicklungspolitik online
EPS	Environmental Service Providers, Anbieter von Umweltdienstleistungen (VAE, Abu Dhabi)
EUAE	Embassy of the United Arab Emirates, Botschaft der Vereinigten Arabischen Emirate
E-Waste	Elektronikabfall
EWRA	Egyptian Water Regulatory Agency, Ägyptische Wasserbehörde

FAO	Food and Agriculture Organization of the United Nations, Ernährungs- und Landwirtschaftsorganisation der Vereinten Nationen
FHProfUnt	Forschung an Fachhochschulen mit Unternehmen, Förderprogramm des Bundesministeriums für Bildung und Forschung
FNC	Federal National Council, Föderativer Nationalrat der Vereinigten Arabischen Emirate
FNME	Fonds National de la Maîtrise de l'Energie, Nationaler Energieeffizienzfonds (Algerien)
FTP	Fonds pour les Technologies Propres, Fonds für umweltfreundliche (saubere) Technologien (Marokko)
GAFI	General Authority of Foreign Investment, Generalamt für ausländische Investitionen (Ägypten)
GCC	Gulf Cooperation Council, Golf-Kooperationsrat
GEF	Global Environment Facility, Globale Umweltfazilität
Ghorfa	Arab-German Chamber of Commerce and Industry e. V., Arabisch-Deutsche Industrie- und Handelskammer e. V.
GIZ	Gesellschaft für internationale Zusammenarbeit, ehemals GTZ
GJ	Gigajoule, 10^9 Joule, SI-Einheit der Arbeit
gtai	Germany Trade & Invest, Gesellschaft der Bundesrepublik Deutschland für Außenwirtschaft und Standortmarketing
GTZ	Gesellschaft für technische Zusammenarbeit, heute GIZ
GuD	Gas- und Dampf
GW	Gigawatt, 10^9 Watt, SI-Einheit der Leistung
GWh	Gigawattstunde, 10^9 Wattstunden, Maßeinheit für Arbeit, (1 Wh = 3,6 kJ)
HCP	Haut-Commissariat au Plan, Statistisches Landesamt (Marokko)
I.E.S.A.R.	Institute für Environmental Studies and Applied Research, Institut für Umweltstudien und angewandte Forschung
IAEA	International Atomic Energy Agency, Internationale Atomenergie-Organisation
IBM	International Business Machines Cooperation, US-amerikanisches IT- und Beratungsunternehmen
IEA	International Energy Agency, Internationale Energieagentur
IFIM	Institut für Interkulturelles Management
IfNO	Institut für Marketing im Nahen Osten
IHK	Industrie- und Handelskammer
IKT	Informations- und Kommunikationstechnologie
imap	Institut für interkulturelle Management- und Politikberatung
IRENA	International Renewable Energy Agency, Internationale Organisation für erneuerbare Energien
IWF	International Monetary Fund, Internationaler Währungsfonds
JLEC	Centrale thermique de Jorf Lasfar, Kohlekraftwerk Jorf Lasfar (Marokko)

KfW	Kreditanstalt für Wiederaufbau
KG	Kommanditgesellschaft
kgoe	10^3 of oil equivalent, Kilogramm Öläquivalente, Maßeinheit für Energie, die in Heizstoffen enthalten ist, hier verwendet für Primärenergie (1 kg oe = 41,868 MJ = 11,63 kWh)
kJ	Kilojoule, 10^3 Joule, SI-Einheit der Arbeit
KMU	Kleine und mittelständische Unternehmen
ktoe	10^3 tons of oil equivalent, Kilotonne Öläquivalente, Maßeinheit für Energie, die inHeizstoffen enthalten ist, hier verwendet für Primärenergie (1 kg oe = 41,868 MJ = 11,63 kWh)
kW	Kilowatt, 10^3 Watt, SI-Einheit der Leistung
kWh	Kilowattstunde, 10^3 Wattstunden, Maßeinheit für Arbeit, (1 Wh = 3,6 kJ)
KWK	Kraft-Wärme-Kopplung
LDK	LDK Consultants, Firmenname
LPG	Liquefied Petroleum Gas, Flüssiggas
MASEN	Agence Marocaine de l'Energie Solaire, Maroccon Solar Energy Agency, Marokkanische Agentur für Solarenergie
MATE	Ministère de l'Aménagement du Territoire et de l'Environnement, Ministerium für Raumordnung und Umwelt (Algerien)
MEDREP	Mediterranean Renewable Energy Programm, Mittelmeer-Programm für erneuerbare Energien
MEM	Minstère de l'Energie et des Mines, Ministerium für Energie und Bergbau (Algerien)
MEMEE	Ministère de l'Énergie, des Mines, de l'Eau et de l'Environnement, Ministerium für Energie, Bergbau, Wasser und Umwelt (Marokko)
MENA	Middle East & North Africa, Mittlerer Osten und Nordafrika
MHUAE	Minstère de l'Habitat, de l'Urbanisme, et de l'Aménagement de l'Espace, Ministerium für Wohnungs- und Bauwesen, Stadtplanung und Raumplanung (Marokko)
MHUNC	Ministry of Housing, Utilities and New Communities, Ministerium für Wohnungsbau und Stadtentwicklung (Ägypten)
MJ	Minstère de la Justice, Justizminsterium (Marokko)
MoEE	Ministry of Electricity and Energy, Energieministerium (Ägypten)
MoP	Ministry of Petroleum, Erdölministerium (Ägypten)
MSEA	Ministry of State for Environmental Affairs, Umweltministerium (Ägypten)
Mtoe	10^6 tons of oil equivalent, Megatonne Öläquivalente, Maßeinheit für Energie, die in Heizstoffen enthalten ist, hier verwendet für Primärenergie (1 kg oe = 41,868 MJ = 11,63 kWh)
MVV	MVV decon, Firmenname

MW	Megawatt, 10^6 Watt, SI-Einheit der Leistung
MWh	Megawattstunde, 10^6 Wattstunden, Maßeinheit für Arbeit, (1 Wh = 3,6 kJ)
MWRI	Ministry of Water Resources and Irrigation, Ministerium für Wasserressourcen und Bewässerung (Ägypten)
NEAL	New Energy Algerie, Neue Energien Algerien
NGO	Non-governmental organization, Nichtregierungsorganisation
NREA	New & Renewable Energy Authority, Behörde für Neue und erneuerbare Energien (Ägypten)
NWRC	National Water Research Center, Nationales Wasserforschungszentrum (Ägypten)
NWRP	National Water Ressources Plan, Nationaler Plan für Wasserressourcen (Ägypten)
OECC	Overseas Environmental Cooperation Center, Übersee-Umweltkooperationszentrum
OECD	Organisation for Economic Co-operation and Development, Organisation für wirtschaftliche Kooperation und Entwicklung
ONA	Office National de l'Assainissement, Nationale Behörde für Abwasserbehandlung (Algerien)
ONE	Office National de l'Electricité, Nationale Behörde für Elektrizität (Marokko)
ONEP	Office Nationale de l'Eau Potable, Nationale Wasserbehörde (Marokko)
OPEC	Organization of the Petroleum Exporting Countries, Organisation erdölexportierender Länder
ORMVA	Office Régional de Mise en Valeur Agricole, Regionales Amt für Bewirtschaftung (Marokko)
PDD	Project Design Document
PEnREE	Programme des Energies Renouvelables et de l'Efficacité Energétique, Programm für erneuerbare Energien und Energieeffizienz (Algerien)
PERG	Programme d'Electrification Rurale Global, Programm zur Elektrifizierung des ländlichen Raumes (Marokko)
PNA	Programme National d'Assainissement Liquide et d'Epuration des Eaux Usées, Nationales Abwasserreinigungsprogramm (Marokko)
PNAE-DD	Plan National d'Actions pour l'Environnement et le Développement Durable, Nationaler Aktionsplan für Umwelt und Nachhaltige Entwicklung (Algerien)
PNAGDES	Plan National de Gestion des Déchets Spéciaux, Nationaler Sonderabfallplan (Algerien)
PNAP	Plan National des Actions Prioritaires, Nationaler Plan für prioritäre Aktionen (Marokko)

PNDM	Programme National des Déchets Ménagers et Assimilés, Nationales Programm für Haushalts- und haushaltsähnliche Abfälle (Marokko)
PNME	Programme National de Maîtrise de l'Energie, Nationales Energieeffizienzprogramm (Algerien)
PoA	Program of Activities
PPA	Power Purchase Agreement, vertragliche Regelung, mit der die Abnahme von Strom von unabhängigen Versorgern geregelt wird
PROGDEM	Programme National de Gestion des Déchets Solides Municipaux, Nationales Haushaltsabfallprogramm (Algerien)
PV	Photovoltaik
PWSD	Public Works and Service Department, Öffentliche Bau- und Dienstleistungsabteilung (VAE, Fujairah)
RETech	Exportinitiative Recycling- und Effizienztechnik
RLP	Rheinland-Pfalz
SCE	Supreme Council of Energy, Oberster Energierat (Ägypten)
SEAAL	Société des Eaux et de l'Assainissement d'Alger, Wasser- und Abwassergesellschaft Algier
SEEE	Sécrétariat chargé de l'Eau, Staatssekretariat im Wasserbereich (Marokko)
SEMIDE	Systeme Euro-Meditérranéen d'Information sur les Savoir-faire dans le Domaine de l'Eau; Europäisch-Mediterranes Informationssystem zum Know-how im Bereich der Wasserwirtschaft
SHS	Solar-Home-System
SI	Système international d'unités, Internationales Einheitensystem
SIJ	Solarinstitut Jülich
t	Tonne, 10^3 kg, Maßeinheit der Masse
toe	tons of oil equivalent, 10^6 Öläquivalente, Maßeinheit für Energie, die in Heizstoffen enthalten ist, hier verwendet für Primärenergie (1 kg oe = 41,868 MJ = 11,63 kWh)
TS	Trockensubstanz
TWh	Terawattstunde, 10^{12} Wattstunden, Maßeinheit für Arbeit, (1 Wh = 3,6 kJ)
UAE	United Arab Emirates, Vereinigte Arabische Emirate
UIR	Umweltinvestitionsradar
UNDP	United Nations Development Programme, Entwicklungsprogramm der Vereinten Nationen
UNEP	United Nations Environment Programme, Umweltprogramm der Vereinten Nationen
UNFCCC	United Nations Framework Convention on Climate Change
US EPA	United States Environmental Protection Agency, US-amerikanische Umweltschutzbehörde
VAE	Vereinigte Arabische Emirate

1
Einführung

1.1
Marktchancen im Umweltbereich

Eine wachsende Weltbevölkerung, die zunehmende Industrialisierung in Entwicklungs- und Schwellenländern sowie das weltweite Wohlstandstreben erfordern immer größere Anstrengungen im Bereich des Umweltschutzes. Um den Anforderungen des Klimaschutzes gerecht zu werden und den Schutz der natürlichen Ressourcen sicherzustellen, sind Umwelttechnologien mehr denn je gefragt.

Der Markt für Umwelttechnologien ist seit Jahren durch hohe Wachstumsraten gekennzeichnet. Das Gesamt-Weltmarktvolumen betrug im Jahr 2007 ca. 1,7 Billionen Euro. Erwartet wird eine Steigerung der Umsätze bis zum Jahr 2020 auf 3,1 Billionen Euro[1]. Mit über 500 Milliarden Euro floss 2007 fast ein Drittel der Investitionen in den Bereich Energieeffizienz, während auf den Bereich der nachhaltigen Energieerzeugung- und Speicherung 155 Milliarden Euro Umsatz entfielen. Das geschätzte weltweite Marktvolumen im Segment der nachhaltigen Wasserwirtschaft wird mit 361 Milliarden Euro angegeben, das der Kreislaufwirtschaft mit ca. 53 Milliarden Euro[2]. Die im Projekt „clima-pro"[3] untersuchten Bereiche umfassen somit einen erheblichen Teil des Weltmarktvolumens.

Bis zum Jahr 2020 wird für den Markt der nachhaltigen Energieerzeugung von einer Vervierfachung ausgegangen, von 155 Milliarden Euro im Jahr 2007 auf 615 Milliarden Euro.[4] Deutlich überdurchschnittlich sehen die Wachstumsraten im Bereich der Erneuerbaren Energien aus: Für den Bereich Solarthermie wird ein Wachstum von 22 Millionen m^2 im Jahr 2005 auf 486 Millionen m^2 im Jahr 2020 prognostiziert, für die Windenergie von 5 GW installierter Leistung auf 40 GW (+ 9 % p.a.).

Auch im Abfallbereich sind weitere Steigerungen zu erwarten. Der Umsatz mit Abfall- und Recyclinganlagen wird voraussichtlich von 30 Milliar-

---

1 GreenTech made in Germany 2.0. Umwelttechnologie-Atlas für Deutschland. Hrsg.: Bundesministerium für Umwelt, Naturschutz u. Reaktorsicherheit, Verlag Franz Vahlen, München, 2009.

2 GreenTech made in Germany 2.0, 2009

3 Verbesserung des Marktzugangs deutscher Unternehmen bei Umwelt- und Klimaschutzprojekten in Schwellen- und Entwicklungsländern – „clima-pro". Forschungsprojekt im Rahmen des FHProfUnt-Programms des Bundesministeriums für Bildung und Forschung. www.clima-pro.de.

4 GreenTech made in Germany 2.0, 2009

den Euro 2005 auf 46 Milliarden Euro im Jahr 2020 wachsen[5]. Dies entspricht einer jährlichen Wachstumsrate von 3%. Deutlicher zulegen wird der Teilbereich der automatischen Stofftrennung von 190 Millionen Euro 2005 auf 1,4 Milliarden Euro 2020 (+ 15% p .a.).

Die nachhaltige Wasserwirtschaft wird im Jahr 2020 Umsätze in Höhe von 480 Milliarden zu verzeichnen haben. Vor allem in der Wasserversorgung ist ein hoher absoluter Anstieg der Umsätze von 160 Milliarden Euro im Jahr 2005 auf 335 Milliarden Euro im Jahr 2020 zu erwarten (+ 5% p. a.), während in der Abwasserbehandlung jährliche Steigerungsraten um 10% erwartet werden (von 12 Milliarden im Jahr 2005 auf 50 Milliarden Euro im Jahr 2020). Die höchsten Wachstumsraten in diesem Segment wird mit 15% p.a. das nachhaltige Wassermanagement erreichen: Es steigt von 8 Milliarden Euro im Jahr 2005 auf 50 Milliarden Euro Umsatz im Jahr 2020.

Der Marktanteil deutscher Unternehmen ist in den einzelnen Bereichen sehr unterschiedlich ausgeprägt. So bedienen deutsche Unternehmen z. B. 90% des Marktes für Biogasanlagen. Ca. 60% Marktanteil ist bei automatischen Stofftrennungsanlagen zu verzeichnen. Bei der Produktion von Biodiesel betrug der Marktanteil im Jahr 2007 etwa 42%. Dies zeigt, dass deutsche Unternehmen gute Chancen haben, auch in Zukunft eine führende Rolle bei der Vermarktung von Umwelttechnologien zu spielen.

Deutsche Unternehmen bieten im nationalen und europäischen Markt langjährig erprobte, aber auch innovative Technologien zur Lösung unterschiedlicher Umweltprobleme an. Trotz der Exportstärke der deutschen Wirtschaft haben jedoch insbesondere kleine und mittelständische Unternehmen (KMU) Schwierigkeiten, Anlagen und technisches Know-how auf den Märkten in Entwicklungs- und Schwellenländern abzusetzen, wobei Informationsdefizite eine wesentliche Ursache sind.

Eine Besonderheit des Umwelttechnologiemarktes liegt darin, dass es nur in begrenztem Umfang eine „echte Nachfrage" nach diesen Technologien gibt. Ein von „Bedürfnissen" getriebener Markt besteht zum Teil im Bereich der Wasserversorgung. In anderen Sektoren des Marktes – etwa dem Einsatz erneuerbarer Energien sowie der Abwasser- und Abfallentsorgung– entstehen die Märkte vielfach erst im Zusammenspiel von (zivil-)gesellschaftlichem Bewusstsein und gesetzlichen Vorgaben.

In vielen Entwicklungs- und Schwellenländern ist im Bereich Umweltschutz derzeit eine dynamische Entwicklung zu verzeichnen. Internationale Vereinbarungen und zunehmende nationale Anstrengungen lassen er-

---

5   Vgl. GreenTech made in Germany. Umwelttechnologie-Atlas für Deutschland. Hrsg.: Bundesministerium für Umwelt, Naturschutz u. Reaktorsicherheit, Franz-Vahlen-Verlag, München, 2007.

warten, dass die Märkte für Umwelttechnologien in Zukunft weiter stark anwachsen. Zwar ist derzeit nicht absehbar, ob und welcher Form die in Durban Ende 2011 verabredete Nachfolgeregelung für das Kyoto-Protokoll umgesetzt werden wird. Auf nationaler Ebene hat jedoch auch in Schwellen- und Entwicklungsländern ein Umdenkungsprozess in Richtung eines stärkeren Klima- und Umweltschutzes eingesetzt, der zu einer weiter zunehmenden Nachfrage von Umwelttechnologie führen wird.

Wer dort Marktchancen nutzen will, muss im Auge behalten, dass sowohl Fragen der technischen, rechtlichen und wirtschaftlichen Voraussetzungen in den jeweiligen Zielländern eine Rolle spielen, als auch kulturelle Aspekte, deren Nichtbeachtung einem erfolgreichen wirtschaftlichen Engagement entgegenstehen kann. So gehen Schätzungen davon aus, dass ein erheblicher Teil bestehender Kooperationen nicht an Problemen der Übertragbarkeit technischer Lösungen oder ökonomischen Hemmnissen scheitern, sondern vornehmlich an interkulturellen Problemen und Missverständnissen. Über bereits im Vorfeld gescheiterte transnationale Kooperationen liegen keine Schätzungen vor.

Fehlende Kenntnisse über die Rechtslage in Schwellen- und Entwicklungsländern und kulturelle Unterschiede bei begrenzten personellen und materiellen Ressourcen führen häufig dazu, dass es insbesondere für KMU unmöglich erscheint, sich auf diesen Märkten zu engagieren und diese für sich zu erschließen.

1.2
Das Projekt clima-pro

Vor dem dargelegten Hintergrund hat sich das Forschungsprojekt clima-pro das Ziel gesetzt, die bestehenden Informationsangebote durch ein „Umweltinvestitionsradar" zu ergänzen. Dabei stehen neben den rechtlichen, ökonomischen und institutionellen Rahmenbedingungen auch die interkulturellen Aspekte im Vordergrund die für einen Geschäftserfolg von entscheidender Bedeutung sein können.

Das Forschungsprojekt „clima-pro" wurde vom Bundesministerium für Bildung und Forschung finanziert und von dem Institut für Umweltstudien und angewandte Forschung der Fachhochschule Bingen und der Sonderforschungsgruppe Institutionenanalyse der Hochschule Darmstadt durchgeführt. Weitere Partner aus Wirtschaft, Wissenschaft und Behörden waren an dem Forschungsvorhaben beteiligt.[6]

---

6 Ein Projektbeirat konnte die Teilergebnisse des Vorhabens einer laufenden kritischen Überprüfung unterziehen. Ihm gehörten die Vertreter der Exportinitiativen, der Außenhandelskammern, des Umweltministeriums Rheinland-Pfalz und der GTZ an.

Die Märkte, die in dem Projekt beispielhaft betrachtet wurden sind Ägypten, Algerien, Marokko und die Vereinigten Arabischen Emirate. Für diese Länder wurden umwelt- und exportrelevante Informationen aus den Bereichen Energiegewinnung und –versorgung, Abfallwirtschaft und Wasserwirtschaft (Abwasser) erhoben. Diese Bereiche sind für den Export von Umwelttechnologien von besonderer Bedeutung, da hier hohe Wachstumsraten zu verzeichnen und deutsche Anbieter besonders gut qualifiziert sind.

1.3
Dynamische Entwicklungen erfordern aktuelle Informationen

1.3.1
Bestehende Informationsangebote zur Exportförderung

Die Förderung des Exports von Umwelttechnik ist seit längerem ein Ziel der deutschen Politik und Gegenstand verschiedenster Initiativen auf Bundes- und Länderebene. Zu nennen sind hier insbesondere die Exportinitiative erneuerbare Energien der DENA, die Exportinitiative Recycling- und Effizienztechnik des Bundesumweltministeriums und das Verbundvorhaben Wasser 2050 des Bundesforschungsministeriums BMBF. Daneben gibt es auch einige Initiativen auf Landesebene, wie etwa die Bemühungen des rheinland-pfälzischen Umweltministeriums im Kompetenznetzwerk Umwelttechnik RLP oder des Bayerischen Wirtschaftsministeriums.[7]

Bei der Betrachtung dieser Informationsangebote fällt auf, dass Angaben zu den rechtlichen Rahmenbedingungen für den Marktzugang deutscher Umweltschutztechnologien weitgehend fehlen. Ein Schwerpunkt des im Rahmen des Projektes clima-pro entwickelten Umweltinvestitionsradars liegt daher bewusst auf Rechtsinformationen einschließlich relevanter In-

---

7 Informationsangebote werden etwa von folgenden Institutionen bereitgehalten: Germany Trade and Invest – Gesellschaft für Außenwirtschaft und Standortmarketing mbH (GTAI), Auswärtiges Amt, Bundesumweltministerium (Cleaner Production), Deutsche Energie Agentur (DENA), Organisation für wirtschaftliche Zusammenarbeit und Entwicklung (OECD), Wuppertal-Institut, Kreditanstalt für Wiederaufbau (KfW), sowie gewerbliche Beratungsunternehmen. Die Bundesagentur für Außenwirtschaft veröffentlicht länderspezifische Wirtschaftsdaten; das Auswärtige Amt bietet Informationen zu politischen und wirtschaftlichen Beziehungen. Allgemeine, nicht länderspezifische Wirtschaftsinformationen zum Bereich Klimaschutz stellt das Wuppertal-Institut bereit. Das Portal „Cleaner Production" des Umweltbundesamtes publiziert Informationen über die Leistungsfähigkeit deutscher Umwelttechnologie und -dienstleistungen und bietet Kontaktaufnahmemöglichkeiten zwischen deutschen und ausländischen Akteuren an. Darüber hinaus bieten weitere Institutionen wie DIHK, GIZ, AHK u.a. Informationen für Unternehmen und Umwelttechnologieanbieter, die im Ausland aktiv werden wollen.

stitutionen und Förderprogramme. Darüber hinaus fehlen bislang auch konkret zugeschnittene Informationen zu kulturellen Unterschieden. Der soziale und „atmosphärische" Kontext, in dem eine Kooperation mit ausländischen Firmen oder Auftraggebern nur begonnen und erfolgreich fortgeführt werden kann, ist jedoch wichtig und wurde deshalb als ein wesentlicher Schwerpunkt in dem Projekt clima-pro berücksichtigt.

Informationsbedarf besteht auch deswegen, weil Problemlösungen und Technologien, die hierzulande geeignet sind, vielfach der Anpassung für den Einsatz in den Zielländern bedürfen. Denn sie setzen Rahmenbedingungen als selbstverständlich voraus, die in den Ländern nicht gegeben sind, wie beispielsweise die Verlässlichkeit der Energieversorgung für technische Anlagen, die entsprechenden institutionellen Rahmenbedingungen zur Erteilung von Betriebsgenehmigungen oder das Vorhandensein technisch versierten Personals zum Aufbau der Anlagen und zur Sicherung des laufenden Betriebs.

Derartige Voraussetzungen werden vom Anbieter einer Technologie häufig nicht berücksichtigt.

Ein weiteres grundsätzliches Problem besteht darin, das Informationssystem „dynamisch" zu gestalten. Die Rahmenbedingungen, etwa im Bereich der erneuerbaren Energien, entwickeln sich derzeit sehr schnell weiter, so dass eine ständige Verfolgung und Einarbeitung dieser Informationen in den Umwelt-Investitionsradar von entscheidender Bedeutung sind.

1.3.2
Kulturelle Unterschiede in Mentalität und Verhalten

Eine wesentliche Voraussetzung für den geschäftlichen Erfolg in der internationalen Zusammenarbeit ist die Fähigkeit, mit Angehörigen fremder Kulturen kompetent zu verhandeln und deren kulturell andere Sichtweise in die eigenen Strategien einzubeziehen.

Nicht immer werden kulturelle Unterschiede in Mentalität und Verhalten auf den ersten Blick sichtbar, da sich internationale Geschäftskulturen scheinbar angeglichen haben. In einer längerfristigen Zusammenarbeit können diese aber zunehmend in Erscheinung treten und zu Störungen der Interaktion mit den ausländischen Partnern führen. Häufig ist dabei den Akteuren gar nicht bewusst, dass es sich um kulturell bedingte Probleme handelt, und noch weniger, welcher Art diese sind. Unklar bleibt dann, warum ein Geschäft nicht zustande gekommen ist.

Ziel des „clima-pro"-Projektes war es daher auch, die Motivation für interkulturelles Lernen und die interkulturelle Kompetenz der KMU-Angehörigen zu verbessern. Hierzu werden in diesem Buch einerseits grundlegende Informationen über die kulturspezifischen Besonderheiten der Zielländer und die in den Zielländern verbreiteten Erwartungen an deutsche Unternehmen zur Verfügung gestellt. Darüber hinaus werden Informationen zur Relevanz interkultureller Kompetenzen in den Zielländern und zu interkulturellen Lernprozessen, Listen mit Trainingsanbietern für jedes Zielland, Informationen zur Bandbreite interkultureller Trainingsleistungen und zur Feststellung des Trainingsbedarfs sowie Kriterien zur Auswahl von Trainingsangeboten bereitgestellt.

Diese Angaben erleichtern es Unternehmen, sich systematisch auf den geschäftlichen Einsatz in den Zielländern vorzubereiten.

1.4
Methodisches Vorgehen im Projekt

1.4.1
Auswahl der Staaten

Für das Vorhaben wurden 4 Staaten aus der MENA Region ausgewählt. Diese Region ist einerseits aufgrund ihrer Nähe zu Europa und andererseits wegen ihrer umweltpolitischen und –wirtschaftlichen Dynamik interessant.[8] Die beiden Maghreb-Länder Marokko und Algerien stehen dabei auf unterschiedliche Weise für eine Entwicklung, die sich in der Umweltpolitik an Europa orientiert. Die marokkanische Regierung beabsichtigt, in den nächsten 15 Jahren rund 3,7 Milliarden Euro allein in die Abfallwirtschaft zu investieren. Sie möchte den Anteil des Primärenergiebedarfs aus erneuerbaren Energien bis zum Jahre 2012 auf 10% steigern. Mit der Desertec-Initiative ist zudem eine zusätzliche Dynamik entstanden, die eine Kooperation zwischen Europa und der Region befördern kann. Die VAE gehören heute zu den dynamischsten Wirtschaftsregionen der Welt. In den VAE werden in den Bereichen erneuerbare Energien, Wasser und Abfall neue Lösungen für die rasant wachsende Bevölkerung gesucht. Ein sichtbares Zeichen hierfür ist die Gründung der MASDAR-Initiative[9], die über einen Fonds verfügt, der mit 7 Milliarden US-Dollar ausgestattet ist und zahlreiche Aktivitäten finanziert, u. a. im Bereich der Erneuerbaren Energien. Auch in Ägypten sind vor allem im Bereich der Erneuerbaren Energien verstärkte Aktivitäten zu erwarten.

---

8   Die politischen Entwicklungen des letzten Jahres, die mit einem demokratischen Aufbruch in der Region verbunden sind, waren bei Projektbeginn noch nicht absehbar. Sie werden in Kapitel 2 aber berücksichtigt.

9   Die MASDAR-Initiative ist neue staatliche Institution des Emirates Abu Dhabi, die sich der Forschung und Entwicklung sowie der industrienahen Produktion von innovativen Techniken und Produkten auf den Bereichen der Erneuerbaren Energien sowie der Wassertechnologien verschrieben hat. Sie besteht aus den Kernbereichen einer Freihandelszone, einer themenorientierten Universität, einem Research Network sowie einem Finanzierungsfonds für Produktentwicklungen.

1.4.2
Informationsgewinnung

Um Informationen zur aktuellen Rechtslage sowie über die zentralen Akteure vor Ort zu erhalten, nutzte der Forschungsverbund zunächst die öffentlich zugänglichen Informationsquellen (Internet- und Literaturrecherche). Ergänzend wurden bei mehreren Informationsreisen diejenigen Akteure in den Zielländern kontaktiert, die über einschlägige Informationen verfügen oder die bei der Ermittlung der Fakten unterstützend wirken konnten. Dabei handelt es sich um nationale Behörden, Unternehmen und Verbände sowie Institutionen des deutschen Außenhandels (AHK) und der Entwicklungszusammenarbeit (giz). Die Nutzbarmachung der breiten Erfahrung der deutschen Entwicklungszusammenarbeit auch für die Exportförderung ist dabei ein überaus aktuelles Thema.

Um ein zuverlässiges Informationssystem etablieren zu können, sind dauerhafte Kontakte in die Zielländer notwendig. Denn zum einen verfügen die einheimischen Institutionen und Firmen über Informationen, die kaum oder nicht publiziert werden, sei es zu speziellen Verfahrensfragen wie den Erhalt von Genehmigungen oder zu künftigen Regelungen, die sich noch im politischen Abstimmungsprozess befinden. Zum anderen können insbesondere die deutschen Akteure vor Ort die erhaltenen Informationen in einen Kontext stellen, der für deutsche Exportunternehmen besser verständlich ist, als eine reine Sachinformation über Regelungen, Akteure und Verfahren.

1.4.3
Umweltinvestitionsradar

Das „Umweltinvestitionsradar" für Schwellen- und Entwicklungsländer (UIR) ist das wichtigste konkrete Ergebnis des Forschungsprojektes. Er ist als dynamisches Internet-Informationssystem ausgestaltet. Die angebotenen branchen- und länderspezifischen Informationen sind auf KMU zugeschnitten. Sie beziehen sich auf die umweltpolitischen, -rechtlichen und die wirtschaftlichen Rahmenbedingungen für den Technologieexport.

In den UIR wurden Handreichungen zu interkulturellen Kompetenzen und interkulturellem Training integriert, die Informationen über die kulturellen Besonderheiten der Zusammenarbeit in den betrachteten Ländern enthalten. Eine Übertragung des UIR auf andere Zielregionen ist grundsätzlich möglich. Die generierten Informationen werden bereits heute in bestehende Angebote verschiedener Institutionen (etwa der Hessenagentur und der Exportinitiative Recycling und Effizienztechnik) eingespeist und über das Informationsportal www.umweltinvestitonsradar.de kommuniziert. In den folgenden Kapiteln werden die wichtigsten Ergebnisse des Forschungsprojektes dargestellt.

2
Rahmenbedingungen und Marktchancen in den Ländern

Trotz ihrer räumlichen Nähe zueinander weisen die Länder Marokko, Algerien und Ägypten deutliche Unterschiede in den jeweiligen politischen Systemen, im Vollzug der Umweltgesetzgebung und in den aktuellen Marktentwicklungen in den Umwelttechnologiebereichen auf. Gemeinsam ist den Ländern der Wille, sich den Herausforderungen einer wachsenden Bevölkerung und Inanspruchnahme von Ressourcen zu stellen. Bedingt durch den länderspezifischen Wohlstand und die Aktivitäten großer Konzerne, unterscheidet sich der Umweltmarkt in den Vereinigten Arabischen Emiraten von dem in Nordafrika. So ist die Wasserver- und -entsorgung in den wichtigsten Emiraten Dubai und Abu Dhabi schon gut ausgebaut. Zudem ist die Finanzierung von Aktivitäten ausländischer Unternehmer aufgrund der finanziellen Situation der Emirate eher gewährleistet.

Besonders die Länder in Nordafrika wurden Ende 2010 und Anfang 2011 von einem politischen Aufbruch erfasst, der zunächst einmal zu einer Verunsicherung der wirtschaftlichen Akteure führte. Dies gilt vor allem für Ägypten, wo die weitere Entwicklung offen erscheint, während in Marokko eine relativ stabile Situation besteht; hier haben die Revolutionen der Nachbarländer zu einer Beschleunigung von Reformen geführt. Ähnliches gilt für Algerien, wobei die (politische) Lage dort eher stagniert.

Insgesamt ist jedoch zu erwarten, dass sich die Nachfrage nach Umweltschutzmaßnahmen auf mittlere Sicht weiter verstärken wird, auch wenn derzeit grundsätzlichere Themen auf der politischen Agenda stehen. Demokratische Entwicklung und Umweltschutz sind miteinander verknüpft. Maßnahmen zur Versorgung mit Trinkwasser, Energie und Infrastruktureinrichtungen sind für die Verbesserung der Lebensbedingungen der Bevölkerung notwendig, sie schaffen zudem Arbeitsplätze. Gerade jetzt sollten daher Unternehmen die Region nicht meiden, sondern im Gegenteil sich dort engagieren.

2.1
Marokko

2.1.1 Staatsrechtliche Grundlagen

Die neue marokkanische Verfassung aus dem Jahr 2011 definiert Marokko als eine konstitutionelle, demokratische, parlamentarische und soziale Monarchie. In Art. 3 der Verfassung wird der Islam zur Staatsreligion bestimmt. In der politischen Wirklichkeit kommt dem König eine überragende Stellung zu: Er ist nicht nur weltliches, sondern als *Amir Al Moumine* (Emir der Gläubigen) auch geistliches Oberhaupt des Staates. Seit

Beginn der 1990er Jahre wurde das staatliche und politische System behutsam demokratisiert. Diese Entwicklung hat seit dem Amtsantritt des Königs Mohamed VI. im Jahre 1999 eine deutliche Beschleunigung erfahren. Der „arabische Frühling" hat dieser Reformentwicklung zu Beginn des Jahres 2011 einen erneuten Anstoß verliehen. Die neue Verfassung hat Parlament und Regierung weiter aufgewertet und die Macht des Königs etwas beschnitten. Bemerkenswert ist, dass die weltliche Macht des Königs erstmals ausdrücklich in Art. 42 Abs. 2 der Verfassung (2011) einer verfassungsrechtlichen Bindung unterworfen wurde. Er übt (nur) die ihm durch die Verfassung zugewiesenen Befugnisse aus.

Bereits die Verfassungsänderung von 1996 hatte ein Zweikammersystem eingeführt: Die *Chambre des représentants* (Erste Kammer) wird in direkter Wahl vom Volk gewählt, die Mitglieder der zweiten Kammer, der *Chambre des conseillers,* werden zu 3/5 durch Wahlausschüsse der Regionen bestimmt, in denen die Gebietskörperschaften vertreten sind, und zu 2/5 von Wahlausschüssen der regionalen Berufskammern bzw. durch ein auf nationaler Ebene gebildetes Wahlgremium der Arbeitnehmervertreter. Diese 'Ständekammer' hat jedoch weitgehend die gleichen Rechte wie die Erste Kammer: Sie muss insbesondere jedem Gesetz zustimmen, was den Gesetzgebungsprozess sehr langwierig machen kann.

Die Machtfülle des Königs ist trotz der Stärkung der anderen Verfassungsorgane nach wie vor beträchtlich: Der König ernennt nach Art. 47 der Verfassung den Regierungschef und, auf dessen Vorschlag, die übrigen Regierungsmitglieder. Allerdings ist er nunmehr (seit der Verfassungsänderung 2011) verpflichtet, den Regierungschef aus der Partei zu ernennen, die bei den Wahlen zur Ersten Kammer des Parlaments die meisten Stimmen erzielt hat. Dies ist seit der Wahl im November 2011 die gemäßigte islamische Partei für Gerechtigkeit und Entwicklung (PJD). Ihr Chef, Abdelilah Benkirane, wurde vom König Anfang 2012 zum neuen Premierminister der Koalitionsregierung ernannt.

Der König führt darüber hinaus den Vorsitz im Ministerrat, Art. 48, und sichert sich somit einen wesentlichen Einfluss auf die Regierungspolitik: Gesetze müssen, bevor sie von der Regierung dem Parlament zugeleitet werden, im Ministerrat behandelt werden. Der König ist schließlich oberster Befehlshaber der Streitkräfte und ruft den Verteidigungsfall aus.

Nicht nur gegenüber der Regierung, auch gegenüber dem Parlament hat der König unmittelbare Eingriffsbefugnisse. Er kann sich zunächst jederzeit mit einer Botschaft an eine der beiden Kammern wenden, die, anders als die Regierungserklärungen, ausdrücklich nicht Gegenstand einer Debatte sein darf, Art. 52. Er kann weiter nach Art. 95 der Verfassung eine erneute Lesung eines Gesetzesvorhabens verlangen, die nicht verweigert werden kann. Die Möglichkeit, im Falle der Ablehnung oder Annahme des Gesetzes nach erneuter Lesung das Vorhaben einem Referendum zu unterbreiten, wurde in die neue Verfassung jedoch nicht übernommen. Damit ist es immerhin theoretisch möglich, dass ein Gesetz in zweiter Lesung vom Parlament auch gegen den Willen des Königs verabschiedet oder verworfen werden kann. Praktisch ist dies bislang noch nicht vorgekommen. Im Übrigen kann der König beide Parlamentskammern gem. Art. 96 auflösen, ohne dass dies an einschränkende materielle Voraussetzungen gebunden wäre. Die Gesetze werden schließlich vom König gegengezeichnet und verkündet ("dahir").

Der wesentliche Unterschied in der Bedeutung der Verfassung im Rahmen des marokkanischen politischen Systems gegenüber Verfassungen europäischer Prägung ist jedoch, dass die Verfassung selbst letztlich nicht die Quelle staatlicher Macht ist, sondern diese, abgeleitet von der in der islamischen Religion begründeten außerstaatlichen Macht, nur aktualisiert. Konsequenterweise sind auch die beiden tragenden Staatsprinzipien, die konstitutionelle Monarchie und die Einheit von Staat und Religion, unumstößlich und einer Verfassungsänderung nicht zugänglich [Belhaj 1992].

Die Verfassung enthält (bereits seit der Revision 1992) im ersten Abschnitt in den Art. 19 bis 40 einen umfangreichen Grundrechtskatalog. Die Verfassung von 2011 hat dabei die Gleichberechtigung von Mann und Frau in Art. 19 an die erste Stelle des Grundrechtskatalogs gestellt.

Die praktische Sicherstellung der Grund- und Menschenrechte ist durch eine neue Rechtsweggarantie in Art. 118 der Verfassung (2011) gewährleistet. Danach hat jeder Bürger zur Verteidigung seiner Rechte und rechtlich geschützten Interessen Zugang zu den Gerichten. Verwaltungsmaßnahmen können vor den Verwaltungsgerichten angefochten werden. Einen unmittelbaren Zugang des Bürgers zum Verfassungsgericht (Verfassungsbeschwerde) kennt die marokkanische Verfassung jedoch nicht. Ein Fünftel der Parlamentarier kann schließlich die Verfassungsmäßigkeit eines Gesetzes durch das Verfassungsgericht überprüfen lassen. Dessen Entscheidung bindet die öffentliche Gewalt, die Verwaltung und Gerichte gleichermaßen.

Zusammenfassend lässt sich feststellen, dass Marokko eine rechtsstaatliche Entwicklung eingeschlagen hat und dass Gesetze in der Praxis eine zunehmend relevante Bezugsquelle staatlicher Entscheidungen sind. Auch der Aufbau einer unabhängigen Verwaltungsgerichtsbarkeit seit 1994 leistet hierzu einen wichtigen Beitrag [MJ 1999]. Gerade im Bereich des Umweltrechts Nehmen Umfang und Bedeutung rechtlicher Regelungen beständig zu; hier beziehen sich die Akteure häufig sogar auf Gesetzentwürfe, die noch nicht verabschiedet sind, denn staatliche Normen und Standards sind gerade für die Industrie wichtige Voraussetzungen für Investitionsentscheidungen.

2.1.2
Energie

Marokko besitzt nur wenige eigene fossile Ressourcen. Im Jahr 2008 wurden 98 % des marokkanischen Primärenergiebedarfs von 14,7 Mteo aus Importen abgedeckt [MVV/Wuppertal Institute 2010, 3]. Diese Abhängigkeit bringt auch eine starke Abhängigkeit von den Energiepreisen mit sich und soll in den kommenden Jahren gesenkt werden. Dadurch werden erhebliche Auswirkungen auf die wirtschaftlichen Rahmenbedingungen des Landes und auf den Energiemarkt erwartet. Infolgedessen steht Marokko in den Bereichen erneuerbarer Energien und Energieeffizienz vor einem institutionellen und rechtlichen Umbruch.

Primärenergie

Der Primärenergieverbrauch Marokkos ist in den letzten Jahren kontinuierlich angestiegen (44,5% von 2002 bis 2009) und lag im Jahr 2007 bei 15,1 Mtoe[10] [MEMEE 2009, 5]. Auch der Primärenergieverbrauch pro Kopf hat sich von 2002 bis 2009 von 0,38 auf 0,48 teo/Einwohner erhöht. Für die kommenden Jahre wird mit einem weiteren Anstieg gerechnet. Der Bedarf wurde in den letzten Jahren in erster Linie durch Erdöl (60%) und Kohle abgedeckt. Vor allem die Erdölimporte belasten die Außenhandelsbilanz und der Anteil des Erdöls am Primärenergiebedarf soll bis 2030 auf 40% gesenkt werden. Erdgas hat in den letzten Jahren an Einfluss gewonnen und soll bis 2030 30% zur thermischen Stromerzeugung beitragen. Zukünftig sollen 10% des Primärenergiebedarfs aus erneuerbaren Energien abgedeckt werden. Bisher hatte vor allem Wasserkraft mit einem Anteil zwischen 5 und 20% an der Stromerzeugung (je nach Niederschlagsmenge) eine hohe Bedeutung. In den letzten Jahren wurde die Stromproduktion aus Windkraft ausgebaut [MEMEE 2008].

Biomasse wird insbesondere in Haushalten zum Kochen und Heizen verwendet. Der Anteil am Primärenergieverbrauch kann jedoch nur grob abgeschätzt werden und ist häufig nicht in statistischen Quellen enthalten. Die aktuelle Biomassenutzung erfolgt nicht nachhaltig [GTZ 2007, 27].

---

10 Entspricht 632 x 10^6 MJ oder 176 x 10^6 kWh.

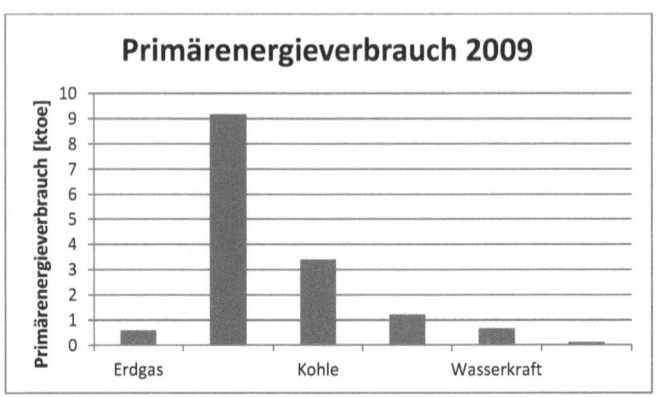

Abbildung 1: Aufteilung Primärenergieverbrauch Marokko 2009
[MEMEE 2009, 7]

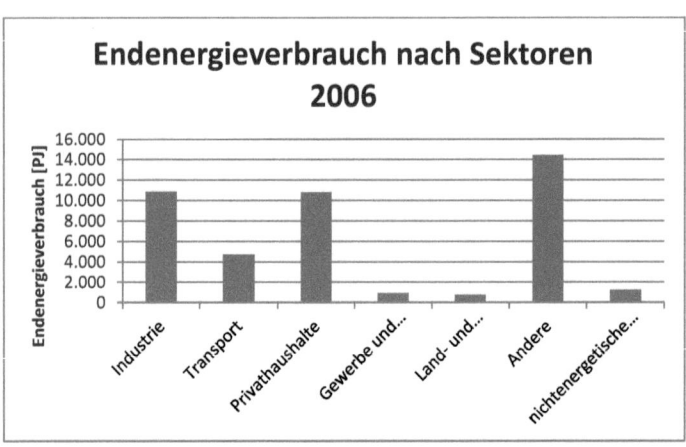

Abbildung 2: Endenergieverbrauch Marokko nach Sektoren 2006
[GTZ 2009, 199]

Strom

Der Stromverbrauch in Marokko ist in den letzten Jahren stark angestiegen (zwischen 4 und 9% pro Jahr) [MEMEE 2009, 16] und wird auch in den kommenden Jahren weiterhin steigen. Dies ist neben Wirtschaftswachstum und erhöhtem Lebensstandard unter anderem auf die zunehmende Elektrifizierung des Landes, die in den vergangen Jahren durch das Programm zur Elektrifizierung des ländlichen Raums erreicht wurde, zurück zu führen. Ende 2009 wurde eine Anschlussrate von 96,5% erreicht [MEMEE 2009, 20], die durch den Ausbau der zentralen und dezentralen Stromnetze (vor allem Photovoltaik) realisiert wurde.

Der Leistungsbedarf stieg von 2.394 MW im Jahr 1999 [MEMEE 2008, 11] auf 4.375 MW im Jahr 2009 [MEMEE 2009, 14]. Der Pro-Kopf-Verbrauch erhöhte sich von 490 kWh/Kopf [GTZ 2007, 36] im Jahr 2000 auf 717 kWh/Kopf im Jahr 2009.

Auf dem Gebiet der Stromerzeugung besteht aktuell ein großes Investitionsdefizit, das durch verstärkte Investitionen in Stromerzeugungs- und -verteilungsanlagen in den vergangenen und in den kommenden Jahren ausgeglichen werden soll. Durch die verzögerten Investitionen bestand im Jahr 2007 ein Defizit von rund 900 MW, das durch Stromimporte aus Spanien (16%) abgedeckt wurde [MEMEE 2008, 13]. Von 2007 bis 2009 wurde die installierte Leistung bereits von 5.292 MW [MEMEE 2008, 11] auf 6.135 MW gesteigert [MEMEE 2009, 14].

Die landeseigene Stromerzeugung basiert hauptsächlich auf fossilen Brennstoffen, wobei Kohle zu mehr als 50% zur Bedarfsdeckung beiträgt. Erneuerbare Energien (Wasser und Wind) hatten dagegen im Jahr 2007 nur einen Anteil von 7% [MVV/Wuppertal Institute 2010, 3]. Bis 2030 soll 30% des Stroms in thermischen Gaskraftwerken erzeugt werden [MEMEE 2008, 6]. Die marokkanische Stromerzeugung sowie die -übertragung und -verteilung wurden ursprünglich ausschließlich von der staatlichen ONE betrieben. Seit 1999 wird der Markt zunehmend liberalisiert. Heute gibt es bereits einige unabhängige Stromerzeuger, die etwa 60 % des Strombedarfs abdecken [MVV/Wuppertal Institute 2010, 3].

Tabelle 1:   Stromerzeugung in Marokko 2002-2009
[MEMEE 2009, 15]

Stromerzeugung in Marokko		2003	2004	2005	2006	2007	2008	2009
1 - Erzeugung ONE								
- Wasserkraft	[GWh]	1.441,1	1.600,3	1.411,9	1.585,3	1.318,1	1.359,5	2.952,3
davon Pumpspeicherkraftwerk	[GWh]		9,0	447,3	602,5	416,3	443,7	383,8
- Pumpspeicherkraftwerk	[GWh]		-9,6	-496,1	-728,1	-528,7	-574,5	-504,8
- Thermisch	[GWh]	4.320,6	4.648,1	5.508,7	5.068,8	5.201,8	5.758,4	4.850,2
- Windkraft	[GWh]	14,8	13,1	15,4	9,0	96,7	145,6	233,5
Gesamt	**[GWh]**	**5.776,5**	**6.251,9**	**6.439,9**	**5.935,0**	**6.087,9**	**6.689,0**	**7.531,2**
2 - konzessionelle Erzeugung	[GWh]	9.563,2	10.122,1	12.222,1	13.159,2	13.021,6	13.042,1	12.773,1
- JLEC (Kohle)	[GWh]	9.375,2	9.936,3	10.027,9	10.472,7	10.016,4	10.022,1	9.771,6
- CED (Wind)	[GWh]	188,0	185,8	190,9	174,2	182,2	152,6	157,9
- EET (Erdgas)	[GWh]			2.003,3	2.512,3	2.823,0	2.867,4	2.843,6
3 - Stromaustausch (Import - Export)	[GWh]	1.437,9	1.534,9	813,7	2.026,8	3.506,5	4.261,4	4.622,6
4 - Erzeugung nationaler Dritter	[GWh]	44,9	76,3	85,5	39,5	32,5	40,0	126,1
5 - Hilfsenergiebedarf	[GWh]	-43,4	-39,9	-42,8	-55,9	-40,4	-29,7	-36,7
Nettostrombedarf	**[GWh]**	**16.779,1**	**17.945,3**	**19.518,4**	**21.104,6**	**22.608,1**	**24.002,8**	**25.016,3**
Zuwachs	**[%]**	**8,0%**	**7,0%**	**8,8%**	**8,1%**	**7,1%**	**6,2%**	**4,2%**

Von den zurzeit knapp 6.000 MW installierter Leistung in Marokko tragen Wind- und Solarenergie nur zu 5% bei. 2020 sollen 42% aus erneuerbaren Energien zur nationalen Stromproduktion erreicht werden [Martin 2010]. Die Kapazität aus Erneuerbaren Energien liegt, je nachdem wie sich der Strombedarf in den kommenden Jahren entwickelt und ob Biomasse in die Stromversorgung einbezogen wird oder nicht, zwischen 37,2% und 58% [GTZ 2007, 108 ff.]

Energieeffizienz

In Marokko sollen durch Energieeffizienzmaßnahmen Einsparungen von 12% bis 2020 und von 15% bis 2030 realisiert werden. Die Anteile verteilen sich wie folgt: Industrie = 48%, Transport = 23%, Haushalte = 19% und Tertiärsektor = 10% [MVV/Wuppertal 2010, 5].

Die Prioritäten bis 2012 sind im Nationalen Aktionsplan (Plan National d'Actions Prioritaires - PNAP) festgesetzt. Die Einsparungen sollen in der Industrie durch Prozessoptimierung, Kraft-Wärme-Kopplung und den Einsatz alternativer Energieträger erzielt werden. Im Verkehrsbereich sind der Einsatz effizienterer Fahrzeuge und der Ausbau des öffentlichen Verkehrs geplant. Im Gebäudebereich sollen Energieeffizienzaspekte wie Gebäudeausrichtung, Isolation (Programm zu Gebäudeenergieeffizienz) und solarthermische Anlagen (Programm Promasol) sowie die Einführung von Standards und Labels (z. B. für Solarwarmwasserbereiter) ganzheitlich in den Planungen Berücksichtigung finden und die Nutzer für den Energieverbrauch sensibilisiert werden [MVV/Wuppertal 2010].

Deshalb wächst der marokkanische Markt für energiesparende Technologien, Geräte und Ausrüstungen. Für Anbieter von solarthermischen Anlagen und von energiesparenden Beleuchtungssystemen sowie für spezialisierte Ingenieurbüros und Beratungsfirmen bieten sich derzeit gute Marktchancen.

Akteure

Wesentliche Akteure in diesem Sektor sind die nationale Agentur zur Entwicklung der erneuerbaren Energien und der Energieeffizienz (ADERE-E, ehemals CDER) und die Nationale Behörde für Elektrizität (ONE). Die ONE und die Agentur für kleine und mittlere Unternehmen (ANPME) unterstützen im Rahmen eines gemeinsamen Förderprogramms KMUs, um ihnen den Zugang zu qualifizierter Beratung in Sachen Energieeffizienz zu erleichtern. Hinzu kommen die sektorspezifischen Entwicklungsprogramme der ADEREE (z. B. im Hotelwesen, in Gesundheitseinrichtungen) und der ONE (im Industriesektor).

Die ONE ist weiterhin für den Ausbau des Stromnetzes zuständig, wodurch u.a. die Verteilverluste gesenkt werden sollen. Im Dezember

2009 wurde dafür von der Afrikanischen Entwicklungsbank ein Kredit in Höhe von 110 Mio. € zur Verfügung gestellt [ADB 2009].

Initiativen

Innerhalb der Regierung wurden 2008 mehrere Initiativen unternommen (Rundschreiben, Abkommen zwischen den Ministerien), um die Begrenzung der Energienachfrage und die Verbreitung von energiesparenden Techniken und Ausrüstungen in den verschiedenen Sektoren zu fördern. In den letzten Jahren war auf diesem Feld zunehmend das Ministerium für Wohnungswesen, Stadtplanung und Raumplanung (MHUAE) tätig. Auf der institutionellen und rechtlichen Ebene ist die Energieeffizienzpolitik gegenwärtig noch unzureichend verankert.

Entwicklungen

Der rechtliche Rahmen dürfte demnächst durch neue gesetzliche Bestimmungen ergänzt werden. Innerhalb des Ministeriums für Energie, Bergbau, Umwelt und Wasser (MEMEE) wird zurzeit ein eigenständiges Gesetz zu Energieeffizienz erarbeitet, das wesentliche Fortschritte aufweist und bedeutende Marktchancen eröffnen sollte.

Der Gesetzesentwurf zur Energieeffizienz sieht Fördermaßnahmen vor. Parallel soll ein neuer Energiefonds (FTP) errichtet worden, der von internationalen Gebern (vornehmlich Weltbank) finanziert wird. Der Mittelanteil, der für die Energieeffizienz zur Verfügung steht, dürfte gering bleiben. Die genauen Förderbedingungen sind noch nicht bekannt.

Durch die Reform des CDER, welches in eine nationale Agentur zur Entwicklung der erneuerbaren Energien und der Energieeffizienz (ADEREE) umgewandelt wurde, sind die Kompetenzen dieser Institution auf die Förderung der Energieeffizienz ausgedehnt worden.

2.1.3
Erneuerbare Energien

Marokko hat sich zum Ziel gesetzt, bis 2012 10% des Primärenergieverbrauchs und 20% der Stromerzeugung aus erneuerbaren Energien abzudecken [MEM 2008, 7]. Bis 2020 ist geplant, 42% der nationalen Stromproduktion aus erneuerbaren Energien zu gewinnen [Martin 2010].

Erneuerbare Energien können dabei auf mehreren Ebenen zur Lösung landesspezifischer Energieprobleme beitragen. Zum einen kann die Abhängigkeit des Landes von Energieimporten gesenkt und auf den steigenden Energieverbrauch reagiert werden. Darüber hinaus bieten erneuerbare Energien die Möglichkeit, eine heimische Industrie aufzubauen, die zur Entwicklung des Landes beitragen kann. Insbesondere Solarenergie eignet sich für den Einsatz in Meerwasserentsalzungsanlagen und kann so einen Beitrag zur Trinkwasserversorgung des Landes leisten.

Durch den Aufbau von sog. Inselsystemen für die Stromversorgungen lassen sich auch netzfern gelegene Regionen mit Strom versorgen. Hierdurch werden in diesen Regionen die Basisdienstleistungen (Gesundheit, Ausbildung, Wasser, etc.) abgesichert. Durch den Einsatz von Solarenergie und Biogas zum Heizen und Kochen kann die Nachfrage nach Brennholz gesenkt werden. Dadurch wird der Druck auf die Ökosysteme vermindert, der Waldwuchs gefördert, der Bodenerosion und Desertifikation vorgebeugt und langfristig die Energieversorgung in den ländlichen Regionen gesichert.

Insgesamt ist Marokko bemüht, den Ausbau der erneuerbaren Energien weiter voranzutreiben. Dazu wird die Kooperation mit Ländern wie Deutschland einen wichtigen Teil beitragen.

Gesetzlicher und institutioneller Rahmen

Der Markt der erneuerbaren Energien in Marokko ist momentan zwar noch relativ begrenzt, wird aber schrittweise geöffnet. Die Nationale Behörde für Elektrizität (ONE), die mit der Herstellung, dem Transport und der Verteilung von elektrischer Energie beauftragt ist, genießt quasi eine Monopolstellung. Geringe staatliche Förderungsmaßnahmen bestehen im Rahmen von Entwicklungsprogrammen der ONE und der Agentur zur Entwicklung der erneuerbaren Energien und der Energieeffizienz (ADEREE), vornehmlich im Kontext der ländlichen Elektrifizierung.

Ende 2008 wurden durch eine Novellierung der gesetzlichen Bestimmungen zur Stromerzeugung die Möglichkeiten der Privatwirtschaft, sich an dem Markt zu beteiligen, erweitert. Diese Erweiterung bezog sich allerdings nur auf die Stromproduktion für den Eigenverbrauch.

Einen erheblichen Fortschritt bringt nunmehr das Gesetz Nr. 13-09 zu erneuerbaren Energien, das im Jahr 2009 verabschiedet wurde. Einerseits werden strengere Anforderungen bei der Errichtung und dem Betrieb von Anlagen zur Stromerzeugung aus erneuerbaren Energien gestellt, andererseits enthält es einen privilegierten Netzzugang für Erneuerbare und öffnet damit teilweise den unabhängigen Stromerzeugern den Markt (Verkauf ihrer Stromproduktion an große Kunden bzw. Kundengruppen, Export).

Das Gesetz Nr. 13-09 zu erneuerbaren Energien sieht selbst keine Fördermaßnahmen vor. Parallel ist aber ein neuer Energiefonds (FTP) errichtet worden, der von internationalen Gebern (vornehmlich der Weltbank) finanziert wird. Der Mittelanteil, der für die erneuerbaren Energien zur Verfügung steht, dürfte allerdings gering bleiben.

16

Für die Realisierung solarthermischer Kraftwerke wurde im November 2009 die Moroccan Solar Energy Agency (MASEN) gegründet.

Wasserkraft

Die Anlage und Nutzung von Stauseen hat in Marokko vor allem in den Bergregionen eine lange Tradition. Die vorhandenen Staudämme werden neben der Wasserspeicherung auch zur Erzeugung von Wasserkraft genutzt. Diese Energieressource trägt in einem Jahr mit normalen Niederschlägen zwischen 5% und 20% zur Gesamtstromerzeugung des Landes bei und stellt damit (bislang) eine der wichtigsten landeseigenen Ressourcen dar.

Die insgesamt installierte Leistung lag 2007 bei 1.265 MW in 26 Wasserkraftwerken und 463 MW in einem Pumpspeicherkraftwerk. Je nach jährlicher Niederschlagsmenge können 500-1.000 GWh produziert werden. Da die Niederschlagsmengen in den letzten Jahrzehnten kontinuierlich zurückgehen, ist zu erwarten, dass die Stromerzeugung aus Wasserkraft in den nächsten Jahren abnehmen wird. Dennoch soll die Leistung bis 2030 auf 2.700 MW ausgebaut werden, was durch neue Staudämme und Pumpspeicherwerke realisiert werden soll. Aktuell befindet sich eine Leistung von 474 MW in Umsetzung und Planung.

Neben den großen Wasserkraftwerken existieren in Marokko zahlreiche Kleinwasserkraftwerke mit einer Leistung von insgesamt 200 kW. Weitere werden aktuell und in den nächsten Jahren gebaut, die durch das Programm zum Ausbau von Kleinwasserkraftwerken gefördert werden [MEMEE 2008, 15].

Windkraft

2009 lag der Anteil der Windenergie an der Stromerzeugung bei 1,6%. Der erste Windpark mit einer Leistung von 54 MW wurde 2000 in der Provinz Tétouan im Norden Marokkos errichtet, der zweite Windpark mit einer Leistung von 60 MW 2007 an der Atlantikküste in der Nähe von Essaouira. 2009 war ein Windpark bei Tanger mit 140 MW und 2010 ein Windpark bei Tarfaya mit 200 MW vorgesehen. Weitere Windparks sind aktuell geplant (z. B. Haouma in der Provinz Tanger und Layoune im Süden Marokkos). Um diese Projekte realisieren zu können, muss jedoch zunächst das Stromnetz ausgebaut werden. Die ONE garantiert die Stromabnahme aus den Windkraftanlagen über 20 Jahre.

Momentan liegt der Schwerpunkt der Förderung erneuerbarer Energien in Marokko auf Windenergie, da diese günstig zu erschließen ist. Bis 2020 soll Windenergie mit 2.280 MW zur Stromversorgung beitragen. Rund 1.000 MW sollen von unabhängigen Versorgern installiert werden. Die ONE nimmt auch den überschüssigen Strom aus Windkraftanlagen von Eigenstromerzeugern im Rahmen des Programms „EnergiePro" ins öffentliche Netz auf und vergütet ihn. Dieses Programm wurde im September 2006 als Instrument eingeführt, um die herkömmliche Eigenproduktion von erneuerbaren Energien gegenüber fossilen Brennstoffen zu fördern und private Industrien anzuregen, in erneuerbare Energiequellen zu investieren. Dadurch soll das Ziel der marokkanischen Regierung unterstützt werden, den Anteil erneuerbarer Energien bis 2012 zu erhöhen. Für die Jahre 2020-2030 wird das realisierbare Windenergiepotenzial mit 7.000 MW abgeschätzt [MEMEE 2008].

Je nach Standort können zwischen 3.000 und 4.000 Vollbenutzungsstunden pro Jahr erreicht werden. Die mittlere Windgeschwindigkeit liegt bei 7,3 m/s. In Küstenregionen und an anderen begünstigten Orten wird diese jedoch stark überschritten. Im vorliegenden Windatlas für Marokko sind die Werte von 37 Wetterstationen über 10 bzw. 20 Jahre ausgewertet.

Das Potenzial an Windkraft (~25.000 MW) überschreitet die Stromnachfrage Marokkos bei weitem. Langfristig ist sogar der Export von Windenergie denkbar. Damit der Strom beim Ausbau von Windkraft ins öffentliche Stromnetz integriert werden kann, muss dieses zukünftig erweitert werden.

Neben den netzgekoppelten Anlagen gibt es in Marokko auch einige Eigenstromerzeuger. Ein Beispiel dafür ist die Firma Lafarge in Tetouan, die seit 2005 einen Windpark mit einer Leistung von 10,2 MW betreibt. Mit diesem Windpark deckt der Betrieb ca. 40% seines Strombedarfs ab. Etwa 10% des erzeugten Stroms verkauft das Unternehmen an die ONE.

Weiterhin gibt es zahlreiche kleine netzunabhängige Windkraftanlagen für Wasserpumpen, Entsalzungsanlagen u.a. Im Jahr 2004 waren es ca. 300 Anlagen mit einer mittleren Leistung von 15 kW und einer insgesamt installierten Leistung von 4,5 MW [GTZ 2007, 49 ff.].

Solarthermie

Im Jahr 2007 waren etwa 200.000 m² Solarkollektoren installiert. Bis 2012 soll die Fläche im Rahmen des Programms Promasol verdoppelt werden [MEMEE 2008, 15]. In Marokko kann von einem Ertrag zwischen 400 und 800 kWh/m²*a ausgegangen werden. Die jährlich neu installierte Fläche ist in den letzten Jahren stark angestiegen. Die Anlagen werden überwiegend importiert. Die entsprechende Industrie ist in Marokko noch sehr schwach ausgeprägt [GTZ 2007, 51].

Photovoltaik

Photovoltaik wird überwiegend in Solar-Home-Systems (SHS) genutzt, d.h. in netzunabhängigen Systemen errichtet. Die insgesamt installierte Leistung im Jahr 2006 lag bei etwa 6 MW und die Stromerzeugung bei ca. 11 GWh pro Jahr. Die Inselanlagen wurden vor allem im Rahmen des Programms für die Elektrifizierung des ländlichen Raums (PERG) installiert [GTZ 2007, 51]. 2007 wurde das erste photovoltaische Kraftwerk in Tit Mellil mit einer Leistung von 50 kW in Betrieb genommen. Bis Ende des gleichen Jahres wurden 44.719 Haushalte in 3.163 Dörfern mit PV-Bausätzen ausgestattet.

Bis 2020 soll die photovoltaische Leistung im Land auf 1.080 MW ausgebaut werden [MEMEE 2008, 7].

Solarthemische Kraftwerke

Marokko eignet sich durch die Lage im Sonnengürtel der Erde sehr gut für solarthermische Kraftwerke. Zwischen 2015 und 2019 soll auf fünf ausgewählten Standorten eine Leistung von insgesamt 2.000 MW installiert werden. Für die Umsetzung dieses Projektes wurde die „Moroccan Agency for Solar Energy" (MASEN) gegründet.

Für ein Parabolrinnenkraftwerk werden zwischen 6 und 8 m²/MWh*a benötigt, für ein Solarturmkraftwerk zwischen 8-12 m²/MWh*a. Die Vollbenutzungsstunden eines Solarkraftwerks liegen bei rund 1.800-2.000 Stunden pro Jahr. Durch entsprechende Wärmespeicher können die Vollbenutzungsstunden bei solarthermischen Kraftwerken auf rund 5.400 Stunden pro Jahr erhöht werden. Die zu erwartenden Erträge liegen damit bei 1.600 MWh/MW*a ohne Wärmespeicherung und bei 3.2000 MWh/MW*a mit Wärmespeicherung.

Da für die Kraftwerkskühlung Wasser benötigt wird (900 kg/MWh), werden entsprechende Anlagen zukünftig in Regionen mit ausreichend Wasser (z. B. in der Nähe des Meeres) errichtet werden. Die Kombination mit einer Entsalzungsanlage ist denkbar.

Das erste Parabolrinnenkraftwerk Aïn Béni Mathar wird aktuell 86 km südlich von Oujda im Norden Marokkos (nahe der Grenze zu Algerien) errichtet. Insgesamt ist auf einer Fläche von 200.000 m² eine Leistung von 472 MW vorgesehen. Die Errichtung der Anlage wurde im Rahmen einer internationalen Ausschreibung von der ONE an die spanische Firma Abengoa vergeben [GTZ 2007, 62 ff.].

Die Weltbank finanziert einen Teil des geplanten Kraftwerks und wird auch den Bau zwei weiterer Kraftwerke unterstützen (Tan Tan 50 MW und Ouarzazate 100 MW) [Wuppertal Institute/CREAD 2010, 18].

Biomasse

Die nachhaltige Biomassenutzung beschränkt sich in Marokko vor allem auf Abfälle und Abwasser.

Die Abfälle Marokkos (~6,5 Mio. t pro Jahr [HCP 2008], 65% organischer Anteil [GTZ 2007, 83]) wurden bisher überwiegend auf wilden Deponien entsorgt. Zukünftig sollen die Abfälle jedoch auf kontrollierte Hausmüll-deponien gelangen, die im Rahmen des Nationalen Abfallprogramms errichtet werden. In einigen Städten wurden bereits neue Deponien errichtet (Fès) bzw. alte modernisiert (Casablanca, Tanger). Auf den kontrollierten Deponien können die Deponiegase gefasst, verbrannt und unter Umständen auch verstromt werden. Für die erste Biogasanlage in Fès wurde Februar 2010 eine entsprechende Studie von der Regierung in Auftrag gegeben [Maraacid 2010]. Konzepte zur Biomassenutzung sind in Zusammenarbeit mit deutschen Firmen erstellt worden (z. B. IFAS).

Alternativ können die Abfälle auch verbrannt werden. Der hohe Feucht-gehalt und der geringe Heizwert (4.200 kJ/kg) erschweren allerdings die Verbrennung von Siedlungsabfällen. Industrieabfälle mit einem höheren Heizwert werden vor allem in Zementwerken mit verbrannt.

Neben der Deponiegasnutzung besteht in Marokko zukünftig auch die Möglichkeit der Klärgasnutzung. Abwässer, die bisher unbehandelt in die Umwelt entlassen wurden, werden im Rahmen des Nationalen Abwasser-reinigungsprogramm gesammelt und aufbereitet.

Gülle aus Stallhaltung und Schlachtabfälle aus kontrollierter Schlachtung stehen zur Gewinnung von Biogas zur Verfügung, werden aktuell jedoch noch nicht genutzt. Im Sommer werden ca. 10% des Viehs in Ställen gehalten. Im Winter sind es ca. 50%. In Marokko gibt es rund 2,6 Mio. Rinder, 15,6 Mio. Schafe und 5,1 Mio. Ziegen. Im Jahr 2007 wurden 200.000 t Fleisch in kontrollierter Schlachtung umgesetzt [HCP 2008].

Landwirtschaftliche Abfälle (aus der Produktion von Weizen, Gerste, Mais, u. a.) werden aktuell meist als Dünger auf den Feldern ausgebracht. Ein Teil davon könnte zukünftig auch energetisch genutzt werden (Verbrennung) [GTZ 2007, 78]. Ein entsprechendes Projekt wurde 2008 von der Firma Sunabel, die Zuckerrohr- und –rüben verarbeitet, umgesetzt. Die Zuckerrohrreste werden in einem Dampfkessel verbrannt und für die Energieversorgung der Zuckerrübenverarbeitung genutzt [Maraacid 2010].

Gräser oder landschaftspflegerische Abfälle stehen in Marokko nur in sehr kleinen Mengen zur Verfügung (0,1 t_{TS}/ha*a) und dienen vor allem als Tierfutter.

Ca. 90% des Heizenergiebedarfs (inkl. Kochen) in den ländlichen Regionen Marokkos wird aus Holz abgedeckt. Mit einem Verbrauch von schätzungsweise 11,3 Mio. t/a übersteigt die genutzte Holzmenge die nachhaltig verfügbare Holzmenge von ~ 3 Mio. t/a um das Vierfache. Es ist daher zwingend erforderlich, Holz durch andere Energieträger, z. B. Solarenergie oder Biogas, zu ersetzen [GTZ 2007].

Energiepflanzen für die Gewinnung gasförmiger, flüssiger und fester Biomasse können auf Brachflächen angebaut werden. Diese Art der Flä-

chennutzung wirkt sich jedoch mittelfristig negativ auf die Nahrungsmittelproduktion aus. Zum einen besteht Flächenkonkurrenz und die Nah-
rungsmittelpreise können negativ beeinflusst werden. Zum anderen fallen
die Erträge auf unbewässerten Flächen sehr niedrig aus (z. B. Weizen
1 t_{TS}/ha). Die entsprechenden Flächen werden also häufig bewässert. Aber
Wasser steht in großen Teilen Marokkos nur unzureichend zur Verfügung. Aktuell gehen die Bestrebungen sogar dahin, die Bewässerung auf
einigen Flächen wieder zu reduzieren, da der Grundwasserspiegel in
manchen Gebieten zu stark abgesenkt wurde. Vor diesem Hintergrund ist
der Energiepflanzenanbau kritisch zu betrachten.

Geothermie

Der Temperaturgradient in Marokko variiert je nach Region zwischen 10
und 100°C pro km. Meist liegt er jedoch zwischen 24 und 45°C/km. Das
Hot-Dry-Rock-Verfahren erscheint aufgrund des geringen Temperaturgra-
dienten und der bisher großen Unsicherheit bei den Bohrungen und den
damit verbundenen hohe Kosten mittelfristig ungeeignet für Marokko.

Denkbar ist die Nutzung hydrothermaler Quellen in Marokko. Die zwei
interessantesten Regionen befinden sich im Nordosten Marokkos und im
Tarfaya Bassin. Die Quelltemperaturen liegen jedoch mit 40-55°C im Nie-
dertemperaturbereich. Aufgrund des Temperaturniveaus eignen sie sich
also nicht für die Stromerzeugung, sondern lediglich für die Niedertemperaturwärmenutzung (z. B. in Gewächshäusern oder Fischzuchten) [GTZ
2007, 93 ff.].

2.1.4
Abfall

Eine geordnete Abfallsammlung findet nach Angaben des Umweltministeriums zu 70-80% statt. In der Vergangenheit wurde aber ein Großteil
des Abfalls auf wilden Deponien ohne vorherige Behandlung abgelagert.
Es werden mehr als 300 wilde Deponien und nur wenige kontrollierte
Deponien betrieben. Um die Situation zu verbessern, hat die Regierung
2007 ein finanziell umfangreich ausgestattetes Programm zur Sanierung
und zum Neubau von Hausmülldeponien aufgelegt (PNDM). In einigen
Städten wurden bereits neue Deponien errichtet (Fès) bzw. alte modernisiert (Casablanca, Tanger) [Neue Zürcher Zeitung AG 2008, IU Info 2011].

Gesetzlicher und institutioneller Rahmen

Im Jahr 2006 wurde das Abfallgesetz Nr. 28-00 erlassen. Dieses regelt die
Abfallwirtschaft und umfasst die Abfallsammlung, -behandlung und -
beseitigung. Im dem Gesetz werden die Abfälle untergliedert in Hausmüll,
industrielle, medizinische und gefährliche Abfälle. Es werden entsprechend der Abfallarten auch Einzelheiten über Verwaltungsverfahren und

technische Anforderungen an kontrollierte Deponien [VO Nr. 2-09-284] festgelegt. Darunter werden Verfahren zur Errichtung, wesentlichen Änderungen und Stilllegung von Deponien inklusive technischer Anforderungen für Standortsuche und Betrieb festgeschrieben. Damit können Sicherheit, Hygiene und Überwachung solcher Deponien gewährleistet werden.

Das Kommunalgesetz (Charte Communale Art. 39) überträgt die Verantwortung für die Sammlung, den Transport, die Lagerung und Aufbereitung der Hausmüll- und hausmüllähnlichen Abfälle an die Kommunen. Diese können die Aufgaben entweder selbst erfüllen, einen eigens damit beauftragten Kommunalbetrieb gründen oder private Betreiber beauftragen.

Spezifische Abfallmengen

In Marokko wird mit einer jährlichen Abfallproduktion von 6,5 Mio. Tonnen, d. h. 18.000 Tonnen/Tag und durchschnittlich 0,75 kg/Person und Tag, gerechnet. Die Mengen unterscheiden sich in den verschiedenen Regionen und Städten. Sie sind abhängig von dem jeweiligen Lebensstandard, der Jahreszeit und der Sammelquote. Im ländlichen Bereich beträgt die durchschnittliche Abfallproduktion rund 0,3 kg/Person und Tag, im städtischen Bereich ca. 1 kg/Person und Tag.

Abfallzusammensetzung

Auf qualitativer Ebene unterscheidet sich die Art der Abfälle in Marokko erheblich von der in industrialisierten Ländern. Dieser Unterschied betrifft den Wassergehalt und den Anteil an gärungsfähigen organischen Anteilen. Es ist festzustellen, dass die Abfälle in Marokko eine hohe Dichte, einen hohen Wassergehalt und einen geringen Heizwert (4.200 kJ/kg) aufweisen (s. a. Tabelle 2).

Verbrennung

Die Abfallverbrennung spielt in Marokko nur eine untergeordnete Rolle. Der hohe Feuchtegehalt und der damit verbundene geringe Heizwert (4.200 kJ/kg) der Haushaltsabfälle erlaubt keine Verbrennung der Abfälle bzw. erschwert diese. In industrialisierten Ländern liegt der Heizwert des Hausmülls vielfach zwischen 6.300 und 11.700 kJ/kg. Hausmüllverbrennungsanlagen gibt es in Marokko daher nicht.

Die Mitverbrennung spielt jedoch zunehmend eine Rolle. So werden industrielle Abfälle in Zementwerken mit verbrannt. Eine umweltverträgliche Abfallmitverbrennung ist Teil des marokkanischen Entsorgungskonzeptes.

Tabelle 2:   Vergleich der Abfallzusammensetzung
[Brahim Soudi 2007, 11]

Vergleich Abfallzusammensetzung				
	Marokko [%]	Tunesien [%]	Frankreich [%]	USA [%]
Organischer Anteil (gärfähig)	60 - 80	68	30	15-20
Feuchtigkeit	60 - 75	-	35	30
Papier	7 - 10	11	30	20
Holz	7	-	-	2
Plastik und Gummi	4 - 7	7	15	10
Textil	3	3	2	2
Leder	0,3	-	-	1
Metall	1	4	6	10
Glas und Keramik	1,5	2	12	10
Asche	10,5	-	-	-

Im Rahmen eines Pilotprojektes der GTZ und der Firma Holcim wurden hierzu Standards erarbeitet. Bereits im Jahr 2000 wurde aufgrund einer Vereinbarung mit dem marokkanischen Umweltministerium die Mitverbrennung von Altreifen im Zementwerke von Holcim in Fès aufgenommen. Die marokkanische Zementindustrie hat im Jahr 1997 eine freiwillige Vereinbarung mit dem Umweltministerium zur Einhaltung von Luftemissionswerten und zur Sanierung von Altanlagen abgeschlossen [Pluschke 2005, 1 ff.]. Im Vollzug dieser Vereinbarung wurden bis 2003 500 Millionen Dirhams (50 Millionen Euro) in die Sanierung von Altanlagen investiert.

Eine verbindliche Rechtsverordnung zur Abfallmitverbrennung, die auch andere Industriezweige betrifft, liegt im Entwurf vor.

Biogas-/Deponiegasproduktion

Seit den 80er Jahren sind in Marokko in mehr als 350 ländlichen Städten kleine chinesische Versuchsreaktoren aufgestellt worden. Diese Systeme sind sehr einfach konzipiert und erlauben eine kontinuierliche oder diskontinuierliche Materialzufuhr in den Reaktorbehälter. Die Anlagen bestehen aus einem Gärbehälter, einer Temperaturregulierung und einer Vorrichtung zur Lagerung des Gases. Diese Reaktoren weisen eine Produktivität von 0,15 bis 0,3 Kubikmeter Biogas pro Kubikmeter Gärbehälter und Tag auf. Darüber hinaus werden einzelne größere Biogasanlagen betrieben [Brahim Soudi 2007, 31].

Auf den kontrollierten Deponien, die im Rahmen des PNDM errichtet werden, können die Deponiegase in größeren Mengen gefasst, verbrannt und unter Umständen auch verstromt werden. Für die erste Biogasanlage in Fes wurde Februar 2010 eine entsprechende Studie von der Regierung in Auftrag gegeben.

Kompostierung

Diese Methode wird aufgrund des hohen Anteils an organischen Stoffen in den Abfällen als eine sinnvolle Option angesehen. Die Kompostierung erlaubt nicht nur die Reduzierung des Massenanteils an Müll durch den biologischen Abbau sondern liefert auch Kompost ohne pathogene Keime. Kompost kann zur Verbesserung der Bodenstruktur beitragen und dadurch eine weitere Versteppung von Flächen verringern [Brahim Soudi 2007, 33].

Damit die Kompostierung einen wesentlichen Anteil zur Entsorgung der Siedlungsabfälle beitragen kann, wäre jedoch eine getrennte Abfallsammlung nötig, die bislang nicht existiert.

Abgesehen von der Stadt Rabat ist keine nach dem europäischen Modell errichtete öffentliche Anlage länger als sechs Jahre in Betrieb gewesen. Im Großraum Agadir gibt es vier private Kompostierungsanlagen.

Gefährliche Abfälle

Die Entsorgung von gefährlichen und Sonderabfällen erfolgt in Marokko aktuell nicht in systematischer Form. Da jedoch das neue Abfallgesetz zwingend vorsieht, dass gefährliche Abfälle nur in dafür zugelassenen Anlagen behandelt werden dürfen, besteht hier ein erheblicher Handlungsbedarf.

Das Umweltministerium plant deshalb die Einrichtung eines nationalen Abfallentsorgungszentrums für Sonderabfälle (CNEDS Centre National d'Elimination des Déchets Spéciaux), das in den letzten Jahren mit einer entsprechenden Studie der KfW vorbereitet wurde.

Aufkommen

Bei gefährlichen Abfällen handelt es sich um Abfälle, die im marokkanischen Abfallkatalog als gefährlich eingestuft werden und die daher nur in speziell hierfür genehmigten Anlagen entsorgt werden dürfen.

Der Anteil an gefährlichen Abfällen lag im Jahr 2008 bei 256.045 Tonnen. Es wird davon ausgegangen, dass die Abfallmengen in Zukunft ansteigen werden. Zur Einrichtung von Behandlungsanlagen entsprechend den verschiedenen Abfallklassen in Marokko wurde das Abfallaufkommen auch nach Behandlungsverfahren geschätzt.

Das größte Abfallaufkommen findet sich in der Region um Casablanca und Rabat, in der auch ein Großteil der Industrie Marokkos angesiedelt ist. Im Süden des Landes fallen aufgrund der geringen industriellen Dichte nur in geringem Maße gefährliche Abfälle an.

Tabelle 3:   Abfallaufkommen nach Behandlungsverfahren 2008
[SEEE 2010, 2]

Abfallaufkommen nach Behandlungsverfahren	
Behandlungsverfahren	jährliche Abfallmenge [t]
Recycling	54.908
Mülldeponie ohne Vorbehandlung	47.640
Mülldeponie nach Vorbehandlung	3.083
Physikalisch-chemische Behandlung (anorganisch)	82.667
Trennung Öl-Wasser	12.804
Behandlung von Lösungsmitteln	152
Thermische Abfallbehandlung	51.401
Gesamt	**256.045**

Die gefährlichen Abfälle fallen zwar meist im Industriesektor an; aber auch andere Sektoren wie z. B. Gemeinden und Krankenhäuser erzeugen gefährliche Abfälle. Generell verfügen diese nicht über angemessene Ablagerungsmöglichkeiten für die gefährlichen Abfälle. Die Umweltrisiken sind auf diesen Lagerstätten erheblich.

Sonderabfälle

Unter Sonderabfällen versteht man Abfälle, die im marokkanischen Abfallkatalog als nicht gefährlich eingestuft werden, die aber nicht wie Haushaltsabfälle behandelt werden können. Sonderabfälle entstehen vor allem bei der Herstellung von chemischen Erzeugnissen, bei der Nahrungsmittelproduktion und bei der Metallerzeugung und -bearbeitung.

Sie setzen sich insbesondere aus Flugaschen, Schlacken und Kalziumkarbonaten zusammen. Die Flugaschen und Schlacken stammen vor allem aus der Stromerzeugung. Das Kalziumkarbonat fällt bei der Herstellung von gezuckerten Säften an. In der Metallindustrie entstehen Schlacken in den Hochöfen.

Die Sonderabfälle beinhalten also kein brennbares Material. Die Schlacke kann jedoch in der Zementindustrie verwertet werden. Das Kalziumkarbonat dient als Rohstoff für die Klinker- und Ziegelherstellung.

25

E-Waste

Das Aufkommen an Elektronikabfall aus dem Bereich Informations- und Kommunikationstechnologie (IKT) wurde für das Jahr 2007 auf rund 30.000 t geschätzt. Ein weiterer Anstieg der Abfallmengen wird erwartet. Das höchste Aufkommen ist in den Regionen mit der höchsten Bevölkerungsdichte und der größten wirtschaftlichen Aktivität (Casablanca, Souss, Marakkesch, Tanger/Tetouan und Rabat) zu finden [Laissaoui 2008, 39 ff.].

2.1.5
Abwasser

Der Wasserverbrauch und damit auch der Abwasseranfall steigen in Marokko kontinuierlich an. Die Niederschläge variieren zeitlich und geographisch sehr stark. Aus diesem Grund steht in einigen Regionen Marokkos nur sehr wenig Wasser zur Deckung des ansteigenden Verbrauchs zur Verfügung. Die Ressourcenengpässe sind in erster Linie durch das seit Jahren anhaltende Bevölkerungswachstum begründet. Schätzungen zufolge wird das verfügbare Wasservolumen pro Kopf von 2.764 m³/a im Jahr 1955 auf 689 m³/a im Jahr 2025 sinken [Schneider 2004].

Wasserknappheit wirkt sich, insbesondere aufgrund der wirtschaftlichen Bedeutung der Landwirtschaft, auch unmittelbar auf das Wirtschaftswachstum aus. Deshalb wurden vor allem die Trinkwasserversorgung und die landwirtschaftliche Bewässerung in den letzten Jahrzehnten stark ausgebaut. Heute findet eine starke Übernutzung des Grundwassers statt. Häufig ist das Grundwasser verschmutzt. Verantwortlich für die Degradation des Grundwassers sind die starke Mineralisierung und Nitrifizierung durch Haushaltsabwässer, Landwirtschaft und Industrie.

Der Erhalt der Wasserressourcen, der Schutz der Gewässer und die Vermeidung unnötigen Wasserverbrauchs haben hohe Priorität in der marokkanischen Umweltpolitik. Das Wassergesetz war dementsprechend auch das erste moderne Umweltgesetz, welches 1995 verabschiedet wurde.

Die Wassernachfrage wird zunehmend z. B. durch Sensibilisierungsmaßnahmen, Wasseruhren und Abgaben gelenkt. Um regionale und zeitliche Disparitäten bei der Verfügbarkeit von Wasser auszugleichen, werden in Marokko zahlreiche Staudämme und Aquädukte für den Wassertransport errichtet. Die Meerwasserentsalzung stellt zukünftig ebenfalls eine Perspektive dar und wird bereits in zwei Versorgungsanlagen im Süden des Landes (Laâyoune und Boujdour) durchgeführt.

Der Bereich der Abwasserentsorgung wurde gegenüber dem Bereich der Trinkwasserversorgung lange Zeit vernachlässigt, was zu einem enormen Defizit im Bereich der abwassertechnisch erforderlichen Infrastruktur führte. Aktuell werden nur 70% des städtischen Abwassers abgeleitet und 9% des Abwassers aufbereitet. In ländlichen Gebieten liegt diese Quote auf einem deutlich niedrigeren Niveau. Aktuell werden 600 Mio. m³ ohne Aufbereitung in die Umwelt entlassen. Für das Jahr 2020 wird insgesamt mit ca. 900 Mio. m³ Abwasser gerechnet [Mahi 2008]. Bestehende kommunale Abwasserbehandlungsanlagen sind häufig nicht in Betrieb [Schneider 2004]. Im Oberflächen- und Grundwasser sind starke Verschmutzungen durch Haushalts- und Industrieabwässer und durch Landwirtschaft zu finden, wodurch Gewässer und menschliche Gesundheit gefährdet sind. Insbesondere große Städte wie Casablanca und Rabat sind davon betroffen.

Um die steigenden Abwassermengen zu bewältigen und die Missstände bei der Abwasserentsorgung zu beheben, sind insbesondere bei neueren Planungen stufenweise Ausbaupläne der Abwasserbehandlungsanlagen vorgesehen. Schon im Jahr 2004 wurden 3,1 Milliarden Dh (entsprechen knapp 270 Mio. Euro) zur Finanzierung von Projekten im Bereich Trinkwasser und Wasseraufbereitung investiert [SEMIDE 2005]. Im Jahr 2005 wurde eine Verordnung über das Genehmigungsverfahren für Einleitungen erlassen und erst kürzlich wurden allgemeine und branchenbezogen Einleitegrenzwerte für die Unternehmen verabschiedet. Im Jahr 2005 wurde das Nationale Abwasserreinigungsprogramm (Programme National d'Assainissement Liquide et d'Epuration des Eaux Usées - PNA) vom Innenministerium (Ministère de l'Intérieur) und dem Umweltministerium (Département de l'Environnement) beschlossen. Durch das Programm soll der Netzanschluss erhöht, die Verschmutzung durch Abwasser bis ins Jahr 2020 um 80% und bis ins Jahr 2030 um 90 % reduziert und die Wiederverwendung der Abwässer erhöht werden.

Ausgehend von dieser Neuorientierung im Abwasserbereich, ist für die kommenden Jahrzehnte im marokkanischen Abwassersektor (Sammlung, Entsorgung und Wiederverwendung von Abwasser) mit erheblichen Investitionen zu rechnen.

Auf politischer Ebene spielt vor allem das Energie-, Wasser- und Umweltministerium für das Management der Wasserressourcen sowie das Innenministerium Abteilung Wasser und Abwasserreinigung für die Wasserver- und -entsorgung eine Rolle. Die Leistungen selbst erbringt vor allem der nationale Dienstleister ONEP (28%), vier private Betreiber (38%) und 12 kommunale Unternehmen (Régies autonomes, 31%) bzw. die Kommunen selbst (Régies directes, 3%). Zusätzlich sind neun Regionale Wasserbehörden (Agences des Bassins Hydrauliques) für das regionale Management der Wasserressourcen verantwortlich.

Nach dem Kommunalgesetz (Charte Communale) sind die Kommunen für Wasserversorgung, Abwasserbeseitigung und die Stromversorgung zu-

ständig. Ab 1987 gab es zunächst die ersten selbstständigen Kommunal-
betriebe zur Abwasserbeseitigung in Eigenregie, 10 Jahre später wurden
die Aufgaben mehr und mehr an private Betreiber abgegeben.

2.1.6 Zusammenfassende Bewertung der Marktchancen

In Marokko herrscht aktuell besonders im Umweltsektor ein günstiges Investitionsklima. Das Land erlebt zurzeit einen Modernisierungsschub, der
sich sehr stark auf den Umweltsektor auswirkt. Die Regierung Marokkos
und alle relevanten gesellschaftlichen Gruppen sehen die Notwendigkeit
einer zielgerichteten Umweltpolitik. Zudem ist die politische Lage in Marokko stabil, da politische Reformprozesse bereits seit längerem von der
Regierung und dem Königshaus eingeleitet und unterstützt wurden.

Im Energiesektor soll dem steigenden Bedarf durch Energieeffizienzmaßnahmen entgegengewirkt werden. Die hohe Abhängigkeit vom Import
energetischer Rohstoffe wird durch den Ausbau erneuerbarer Energien
gesenkt. Der Fokus liegt dabei auf Wind-, aber auch auf Solarenergie. Zur
Verfolgung der Ziele im Energiesektor wurden in den letzten Jahren bzw.
werden aktuell zahlreiche neue Gesetze verabschiedet und Institutionen
gegründet. Zur finanziellen Unterstützung wurde ein Energiefonds eingerichtet, dessen Ausstattung in Anbetracht der gesetzten Ziele jedoch gering ausfällt.

Im Abfallsektor gibt es seit einigen Jahren Bestrebungen, die Abfallsammlung, -aufbereitung, -verwertung und -lagerung zu verbessern und wilde
Deponien zu schließen. Im Jahr 2000 wurde ein Abfallgesetz erlassen,
2007 folgte ein Programm zur Sanierung und zum Neubau von Hausmülldeponien. Im Bereich der gefährlichen Abfälle sind ebenfalls Verbesserungen geplant. Die Arbeiten an einem nationalen Entsorgungszentrum
für gefährliche Abfälle gehen allerdings nur langsam voran. Es besteht ein
hoher Investitionsbedarf, um den Abfallsektor an den heutigen technischen Stand anzupassen.

Vor dem Hintergrund rückläufiger Niederschläge, knapper Wasserressourcen und wachsender Bevölkerung liegt ein besonderes Augenmerk des
Landes bereits seit langer Zeit auf der Trinkwasserversorgung. Im Gegensatz dazu wurde die Abwasserentsorgung jedoch stark vernachlässigt,
was sich nun auch auf die Trinkwasserqualität auswirkt und die Trinkwasserversorgung gefährdet. In den Jahren 2004 und 2005 hat die Regierung
deshalb das Ziel festgelegt, die Abwasserverschmutzung bis 2030 um
90% zu reduzieren. Dazu wurde der finanzielle und gesetzliche Rahmen
gestärkt. Für die kommenden Jahrzehnte ist im marokkanischen Abwassersektor daher mit erheblichen Investitionen zu rechnen.

Marokkos Umweltsektor stellt insgesamt einen sehr interessanten und offenen Markt für ausländische Investoren dar.

2.2
Algerien

2.2.1
Staatsrechtliche Grundlagen

Algerien war bis 1962 ein französisches Departement. Seit 1962 ist Algerien eine Präsidialrepublik. Die neue Verfassung ist seit 1996 in Kraft. Staatsoberhaupt ist der für fünf Jahre gewählte Präsident. Er ernennt den nur ihm verantwortlichen Premierminister, der das Oberhaupt der Exekutive ist. Die letzten Präsidentschaftswahlen fanden im April 2009 statt, aus der Abd Al-Aziz Bouteflika mit einer Mehrheit von 90% als Präsident hervorging [Boukrine 2009]. Er ist bereits seit 1999 im Amt. Premierminister ist Ahmed Ouyahia, der dieses Amt mit einigen Unterbrechungen seit 1995 innehat.

Das Zweikammerparlament setzt sich aus der Nationalversammlung (Assemblé Populaire National) mit 389 Mitgliedern, die für fünf Jahre gewählt werden, und dem Senat (Conseil de la Nation / Majilis al-'Umma) mit 144 Mitgliedern zusammen. 96 Mitglieder des Senats werden alle sechs Jahre vollständig und alle drei Jahre zur Hälfte von den Kommunalräten gewählt. Die restlichen 48 Mitglieder werden vom Staatsoberhaupt ernannt.

Das Land ist in 48 Regierungsbezirke (Wilaya) untergliedert.

Amtssprache ist Arabisch, das von 70% der Bevölkerung gesprochen wird. Die restliche Bevölkerung, vor allem im Süden des Landes, spricht Berbersprachen. Geschäfts- und Behördensprache ist Französisch als ehemalige Kolonialsprache [Transafrika 2010].

Die politischen Herausforderungen und entsprechend auch die Ziele des Landes umfassen derzeit vor allem drei Punkte:

1. Nutzung der Öl- und Gasreserven um einen langfristigen Nutzen für die algerische Bevölkerung zu sichern;
2. Schaffung von Arbeitsplätzen außerhalb der Gas- und Ölwirtschaft, um die Wirtschaft zu stabilisieren und soziale Spannungen, die durch Arbeitslosigkeit verursacht werden, (zukünftig) zu vermeiden;
3. Bereitstellung verbesserter öffentlicher Dienstleistungen, damit die gesamte Bevölkerung an der Marktwirtschaft des 21. Jahrhunderts teilhaben kann [World Bank 2010].

2.2.2
Energie

Der algerische Energiemarkt wird von den hohen landeseigenen Erdgas- und Erdölvorkommen bestimmt. Algerien ist Mitglied der OPEC und ist der drittgrößte Erdgasversorger Europas. Die Erdgas- und Erdölgewin-

nung ist der wichtigste Wirtschaftssektor des Landes und ausschlaggebend für das hohe Bruttoinlandsprodukt. Da Energiekosten sehr niedrig
sind, wurden der Energieeffizienz und den erneuerbaren Energien lange
Zeit keine Bedeutung beigemessen. Sie spielen jedoch eine zunehmende
Rolle in der algerischen Politik. Durch die Ausschöpfung von Energieeffi-
zienzpotenzialen und den Ausbau erneuerbarer Energien sollen die
Haupteinnahmequelle des Landes geschont, die Energieversorgung langfristig abgesichert und neue Arbeitsplätzen geschaffen werden.

Primärenergie

Der Primärenergieverbrauch in Algerien wird von den landeseigenen Reserven an Erdöl und Gas dominiert. 2008 wurden mit Erdgas 60,8% des
Primärenergiebedarfs (22,5 ktoe) und mit Erdöl 37% (13,7 ktoe) gedeckt.
Trotz des hohen Potenzials der erneuerbaren Energien, insbesondere der
Solarenergie, trugen diese lediglich zu 0,2% zur Abdeckung des Primärenergiebedarfs bei. 0,1% (0,04 ktoe) entfallen dabei auf Wasserkraft und
0,1% (0,04 ktoe) auf brennbare erneuerbare Energien und Abfälle [IEA
2010].

Von 1990 bis 2003 stieg der Primärenergieverbrauch im Mittel jährlich
um 2,5% an. Die International Energy Agency (IEA) geht von einem ähnlichen Anstieg in den kommenden Jahren aus und prognostiziert für 2030
einen Primärenergiebedarf von 70 Mtoe [Wuppertal Institute / Adelphi
Consult, 2009, 58].

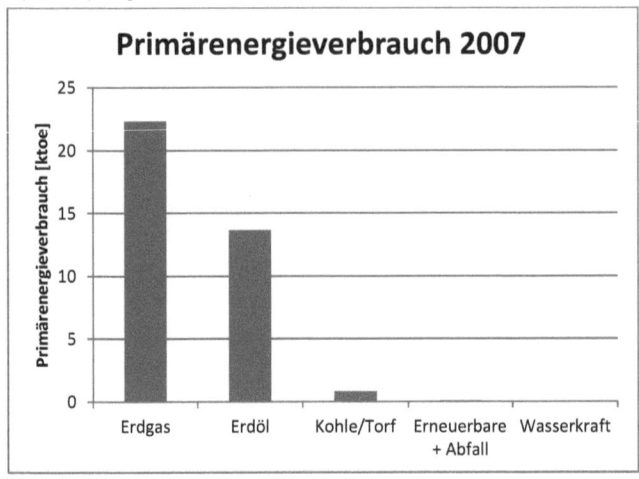

Abbildung 3:   Aufteilung des Primärenergieverbrauchs in Algerien 2008
                [IEA 2010]

Endenergie

Der Endenergieverbrauch verteilt sich wie folgt auf die Sektoren:

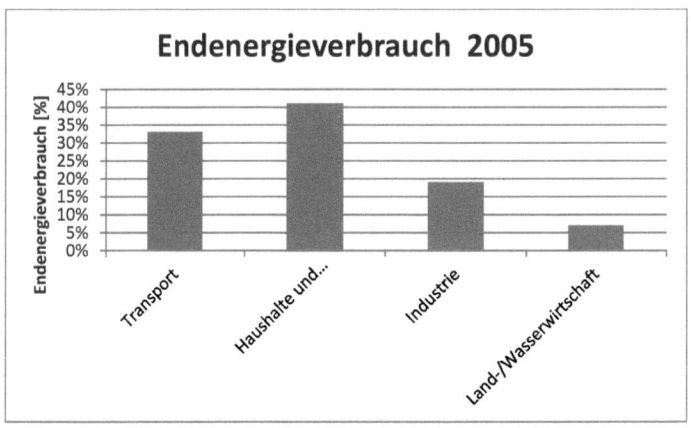

Abbildung 4:   Endenergieverbrauch Algerien nach Sektoren 2005
[MEM/APRUE 2005, 3]

Strom

Aufgrund der zunehmenden Urbanisierung, des steigenden Lebensstandards und des Wachstums des Tertiärsektors hat der Stromverbrauch Algeriens in den vergangenen Jahren stark zugenommen. Auch für die kommenden Jahre kann von einem weiteren Anstieg ausgegangen werden: Bis 2017 wird ein jährlich steigender Stromverbrauch zwischen 7,8 und 9,1% prognostiziert [Hergenröthe 2010, 40].

Im Jahr 2007 betrug die Stromerzeugung in Algerien rund 37 TWh und basiert in erster Linie auf dem Einsatz von Erdgas (97%). Erdöl (2%) und Wasserkraft (1%) tragen nur marginal zur Deckung des Strombedarfs bei.

In den Jahren 2008-2010 werden die Kraftwerkskapazitäten um 5.676 MW erhöht und für die Jahre 2013-2017 wird eine weitere Erhöhung von 800-1.200 MW benötigt [Hergenröther 2010, 41]. Bis 2030 soll eine regenerative Leistung von 22.000 MW aufgebaut werden, von der 12.000 MW für den Eigenbedarf und 10.000 MW für den Export bestimmt sind. Der Anteil der Stromerzeugung aus erneuerbaren Energien zur Abdeckung des nationalen Bedarfs soll bis 2030 bei 40% liegen [MEM 2011, 4].

Der Elektrifizierungsgrad der Haushalte liegt bei 98%. Die Strompreise des Landes liegen im internationalen Vergleich gesehen sehr niedrig (0,023-0,045 Euro/kWh im Haushaltssektor). Der niedrige Preis erklärt sich zum einen durch die Stromerzeugung aus dem landeseigenen Erdgas durch eine staatliche Gesellschaft. Zum anderen wurde der Stromsektor kurz nach der Unabhängigkeit des Landes subventioniert, um die sozialen Bedingungen zu verbessern. Aktuell verfolgt die Regierung das Ziel, die Strompreise an die realen Preise anzupassen [Wuppertal Institut / Adelphi Consult 2009, 63]. Die Strompreise werden aber weiterhin staatlich festgelegt. Die Regulierungsbehörde CREG kann Preis und Menge des zu produzierenden Stroms festlegen und erneuerbare oder hybride Produktionstechniken fördern. Erneuerbare Energien werden nach dem Décret N° 04-92 subventioniert.

Algerien verfügt über ein ausgedehntes Wechselstromnetz, durch das nicht nur die Küstenregionen, sondern auch das nahezu unbesiedelte Landesinnere erschlossen ist. Eigentümer und Netzbetreiber ist Sonelgaz. Das Netz wird aktuell weiter ausgebaut und es werden insbesondere Verbindungen zu den Nachbarländern Marokko, Tunesien und Libyen verstärkt. Zudem bestehen bereits seit Ende der 1990er Jahre Überlegungen zu Netzverbindungen mit Spanien und Italien [Wuppertal Institute / CREAD 2010, 27].

2.2.3
Energieeffizienz

Aufgrund der hohen Verfügbarkeit von landeseigenen Ressourcen stand die Energieeffizienz in Algerien meist im Hintergrund. So lag beispielsweise der Gesamtwirkungsgrad des algerischen Kraftwerkparks im Jahr 2006 unter 30%. Der Gesamtwirkungsgrad des weltweiten Kraftwerkparks lag dagegen bereits bei 34% und in Europa bei 40%. Dies verdeutlicht das Energieeinsparpotenzial, das auf der Erzeugerseite zukünftig noch erschließbar ist.

Das höchste Einsparpotenzial ist wie in den meisten Entwicklungsländern aber auf der Verbraucherseite und hier im Haushalts- und Dienstleistungssektor zu finden. Traditionelle Brennstoffe wurden bisher nicht bzw. nur in geringem Maß durch neue, effiziente Brennstoffe ersetzt. Bei Haushaltsgeräten wie z. B. Kühlschränken wurde der Markt im Jahr 2002 noch von Geräten aus den Labelklassen C, B und G dominiert. Produkte zur Energieeinsparung im Gebäudebereich wie Dämmstoffe, 2-fach-verglaste Fenster, Energiesparlampen, energieeffiziente Geräte und Solaranlagen sind erst seit kurzem auf dem algerischen Markt zu finden [Wuppertal Institute / Adelphi Consult 2009, 59].

1999 wurde ein Gesetz zur Energieeinsparung (Gesetz Nr. 99-09) erlassen, durch das neben der Energieeffizienz auch erneuerbare Energien, die Brennstoff substituieren, gefördert werden. Durch das Gesetz wird Energieeffizienz als öffentliches Interesse gewichtet und die folgenden Rahmenbedingungen für die Erhöhung der Energieeffizienz geschaffen:

- Einrichtung einer Nationalen Agentur für Energieeffizienz (APRUE)
- Einführung neuer Energieeffizienzstandards
- Einführung eines Nationalen Programms zur Energieeffizienz
- Einrichtung eines Energiemanagement-Fonds
- Verpflichtung zur Kennzeichnung jedes neuen oder gebrauchten elektrischen Geräts, das innerhalb des Landes verkauft wird
- Überwachung der Energieeffizienz
- Einführung von vorgeschriebenen Energie-Audits
- Unterstützung von Forschung und Entwicklung im Bereich der Energieeffizienz
- Anreize zu Verbesserungen im Bereich der Energieeffizienz
- Maßnahmen zur Sensibilisierung der Öffentlichkeit.

2003 wurde zur Durchführung des Gesetzes eine nationale Energieeffizienzpolitik beschlossen. Die Hauptelemente dieser Politik sind das Nationale Energieeffizienzprogramm (PNME), der Energiemanagement-Fonds (FNME) und das branchenübergreifende Energieeffizienzkomitee (CIME).

Energieeffizienz- und Erneuerbare-Energien-Projekte können durch einen Energiemanagement-Fonds finanziert werden, der vor allem auf den Verbrauch im Haushalts- und Dienstleistungssektor ausgerichtet ist [Wuppertal Institute / Adelphi Consult 2009, 64 ff. / Wuppertal Insitute / CREAD 2010, 32].

Im Frühjahr 2011 wurde weiterhin ein Programm für erneuerbare Energien und Energieeffizienz (PEnREE) verabschiedet. Im Programmteil für Energieeffizienz sind dabei folgende Bausteine vorgesehen:

- Wärmedämmung an Gebäuden
- Warmwasserbereitung mit Solarenergie
- Einsatz von Energiesparlampen (bis 2020 Verbot von Glühbirnen und Fertigung von Energiesparlampen im eigenen Land)
- Ersatz von Quecksilber durch Natrium in der Beleuchtung
- Förderung von Energieberatungen und -einsparmaßnahmen in der Industrie
- Verstärkter Einsatz von LPG und CNG im Transportsektor
- KWK-Förderung
- Wenn möglich Umrüstung von Kraftwerken auf GuD-Technik
- Kühlung mit Solarenergie
- Meerwasserentsalzung

Die Programmumsetzung erfolgt unter der Leitung des Ministeriums für Energie und Bergbau. Es können sich sowohl staatliche als auch private Akteure daran beteiligen. Daneben soll auch der Bereich Forschung und Entwicklung sowie das Bildungssystem im Bereich der Energieeffizienz ausgebaut werden.

Zur Förderung und Beschleunigung der Energieeffizienz sind weiterhin steuerliche Begünstigen vorgesehen, unter anderem Abschläge bei den Zöllen und der Einfuhrumsatzsteuer für Bauteile, Rohstoffe und Halbfertigprodukte, die in die Herstellung von Anlagenteilen einfließen [MEM 2011, 28].

2.2.4
Erneuerbare Energien

Der Markt für erneuerbare Energien ist in Algerien kaum entwickelt und das Interesse an dessen Ausbau steht bei vielen Akteuren im Hintergrund. Ursache dafür sind die hohen landeseigenen Erdgas- und Erdölvorkommen und die niedrigen Energiepreise [Wuppertal Institute / CREAD 2010]. Im Jahr 2005 wurden lediglich 0,028% des Stroms aus erneuerbaren Energien erzeugt.

Um die landeseigenen Ressourcen zu schonen und damit die Haupteinnahmequelle des Landes und langfristig die Energieversorgung abzusichern sowie um die wirtschaftliche und soziale Entwicklung des Landes zu fördern (z. B. durch den Aufbau von Arbeitsplätzen), stellt die Energie- und Umweltpolitik jedoch einen Eckpfeiler der algerischen Politik dar. Im Frühjahr 2011 wurde eigens dafür ein Programm für erneuerbare Energien und Energieeffizienz (PEnREE) verabschiedet. Es ist vorgesehen, bis 2030 eine regenerative Leistung von 22.000 MW aufzubauen, von der 12.000 MW für den Eigenbedarf und 10.000 MW für den Export bestimmt sind. Der Anteil der Stromerzeugung aus erneuerbaren Energien zur Abdeckung des nationalen Bedarfs soll bis 2030 bei 40% liegen. Der Fokus liegt dabei insbesondere auf dem Ausbau der Solarenergie und auf der Ansiedlung landeseigener Produktionskapazitäten zur Schaffung von Arbeitsplätzen und zur regionalen Wertschöpfung.

2011 bis 2013 sollen zur Technologieerprobung erste Pilotanlagen errichtet werden (110 MW), von 2014 bis 2015 wird mit dem Aufbau der programmierten Kapazitäten begonnen (650 MW) und von 2016 bis 2020 ist die breit angelegte Umsetzung vorgesehen (2.600 MW für Export, 2.000 MW für Eigenproduktion). Für den Ausbau der erneuerbaren Energien wird ein Kommissariat für erneuerbare Energien eingerichtet, das den Ausbau koordinieren soll. Im Bereich der erneuerbaren Energien sollen Forschung und Entwicklung sowie das Bildungssystem ausgebaut werden [MEM 2011, 9].

Erneuerbare Energien sind auch geeignet, Siedlungen im dünn besiedelten Süden des Landes mit Strom zu versorgen, für die sich die Anbindung an das nationale Stromnetz nicht lohnt. Durch die Energieversorgung mit Inselsystemen kann in diesen Regionen das wirtschaftliche und soziale Wachstum gefördert werden. Ein Programm zur ländlichen Elektrifizierung aus dem 10 Mio. Euro für Photovoltaik-Inselanlagen bereit gestellt werden sollen, ist in Vorbereitung. Zudem werden dezentrale Diesel-kraftwerke seit 2008 zu Hybridkraftwerken (mit Wind und Solar) ausge-baut [AHK 2010, 3].

Gesetzlicher und institutioneller Rahmen

Um die politischen Ziele im Bereich der erneuerbaren Energien zu errei-chen, wurden zunächst die entsprechenden politischen und gesetzlichen Rahmenbedingungen geschaffen sowie Förderprogramme erarbeitet.

1999 wurde ein Gesetz zur Energieeinsparung (Gesetz Nr. 99-09) erlassen (s.o.), durch das auch die erneuerbaren Energien gefördert werden. Er-neuerbare-Energien-Projekte können durch einen Energiemanagement-Fonds finanziert werden, der besonders auf Projekte im Haushalts- und Dienstleistungssektor ausgerichtet ist.

Im Jahr 2002 wurde der algerische Stromsektor durch das Gesetz Nr. 02-01 liberalisiert und im Erzeugungsbereich für private Investoren geöffnet. Dadurch werden die Stromerzeugung aus erneuerbaren Energien und die Integration des erzeugten Stroms in das öffentliche Netz ermöglicht und gefördert. Für den Bau einer Stromerzeugungsanlage ist allerdings auch weiterhin die Genehmigung des Energieministeriums (MEM) oder der Re-gulierungsbehörde (CREG) erforderlich. Eine Ausnahme bilden Anlagen zur Abdeckung des Eigenbedarfs < 25 MW.

2008 wurden Konzessionen für Strom- und Gastransport eingeführt, die aber weitestgehend in der Hand von Sonelgaz geblieben sind. Zahlreiche der vorgesehenen Umstrukturierungen des Stromsektors sind bisher noch nicht umgesetzt worden (z. B. Einführung eines unabhängigen Marktre-gulierers).

2004 wurde ein Gesetz zur Förderung erneuerbarer Energien erlassen (Gesetz Nr. 04-09), das ein Nationales Förderprogramm begründet. Wei-terhin ist in dem Gesetz die Einrichtung einer nationalen Behörde zur Be-obachtung der Entwicklung Erneuerbarer Energien (Observatoire national des énergies renouvelables) vorgesehen. Im Frühjahr 2011 wurde weiter-hin ein Programm für erneuerbare Energien und Energieeffizienz (PEnREE) verabschiedet (siehe oben).

Unter anderem basierend auf dem Gesetz zur Förderung erneuerbarer Energien (Gesetz Nr. 04-09) wurde im Jahr 2004 eine Verordnung erlas-sen, in der Einspeisevergütungen für erneuerbare Energien und Stromer-zeugung aus KWK-Anlagen festgeschrieben sind (Verordnung Nr. 04-92). Die Einspeisevergütungen werden allerdings in der Praxis derzeit nicht ausgezahlt (Stand 11/2010).

Zur Förderung und Beschleunigung des Ausbaus der erneuerbaren Ener-gien sind weiterhin steuerliche Begünstigen unter anderem Abschläge bei

den Zöllen und der Einfuhrumsatzsteuer für Bauteile, Rohstoffe und Halbfertigprodukte, die in die Herstellung von Anlagenteilen vorgesehen
[Wuppertal Institute / CREAD 2010, MEM 2011, 28].

Bewertung
Der hier beschriebene gesetzliche Rahmen lässt darauf schließen, dass die
algerische Erneuerbare-Energien-Politik im Vergleich zu anderen Schwellenländern sehr fortschrittlich ist. Bisher haben die neuen Gesetze und
auch die Einspeisevergütung aber noch keine Wirkung entfaltet. Projekte
in diesem Bereich werden bisher nicht von privaten Investoren, sondern
immer aus öffentlichen Geldern der algerischen Regierung oder von internationalen Institutionen finanziert. Für die Einspeisevergütung steht die
Festlegung des Grundtarifs, aus dem sich die Höhe der Einspeisevergütung berechnet, aus. Aufgrund der niedrigen Gaskosten und des daraus
resultierenden niedrigen Strombasispreises werden Erneuerbare-Energien-
Anlagen voraussichtlich nicht wirtschaftlich zu betreiben sein, es sei denn,
der Strom wird in das europäische Stromnetz eingespeist. Die algerische
Regierung diskutiert infolgedessen bereits die Novellierung des Gesetzes
zur Förderung erneuerbarer Energien (Gesetz Nr. 04-09), die jedoch voraussichtlich erst in einigen Jahren durchgeführt wird. Bis dahin soll die
Lücke durch das Finanzgesetz 2010 (Loi de finances) geschlossen werden,
in dem ein Fonds für erneuerbare Energien vorgesehen wurde.
Es bleibt abzuwarten, wie sich das Im Frühjahr 2011 verabschiedete Programm für erneuerbare Energien und Energieeffizienz (PEnREE) auswirken
wird.

Wasserkraft
Rund 2% des Strombedarfs werden im Land durch Wasserkraft abge-
deckt. Die installierte Leistung beträgt ca. 259 MW. Der geringe Anteil
der Wasserkraft an der Stromproduktion ist zum einen auf das niedrige
Potenzial des Landes zurück zu führen, zum anderen werden die verfüg-
baren Ressourcen nur wenig genutzt [Liberté 2010a].
Das wirtschaftlich erschließbare Potential an Wasserkraft wurde vom
Deutschen Zentrum für Luft- und Raumfahrt mit 0,5 TWh/a bei 1.000
Vollbenutzungsstunden abgeschätzt. Das Potenzial von Kleinwasserkraft-
anlagen ist nur sehr gering [Wuppertal Institute/Adelphi Consult 2009,
56].
Die Einspeisevergütung des Stroms aus Wasserkraft ist in der Verordnung
Nr. 04-92 geregelt und liegt bei 100% des üblichen Strompreises (0,023-
0,045 Euro/kWh im Haushaltssektor). Die Einspeisevergütungen werden
in der Praxis derzeit nicht ausgezahlt (Stand 11/2010).

Windkraft

Algerien verfügt über ein hohes Windenergiepotenzial. Die mittlere Windgeschwindigkeit liegt im Süden des Landes über 4 m/s und um Adrar über 6 m/s. So werden im Mittel etwa 4.000 Stunden pro Jahr erreicht. Im Norden liegen die Windgeschwindigkeiten des Landes meist niedriger. Nur vereinzelt finden sich aufgrund des Mikroklimas höhere Windgeschwindigkeiten (Oran, Béjaia, Annaba). Zudem variieren die Windgeschwindigkeiten übers Jahr: im Frühling werden meist die höchsten Windgeschwindigkeiten erreicht, im Herbst und Winter die niedrigsten [Hamane, 2003 / Bensaad 2007].

Das wirtschaftlich erschließbare Potenzial Algeriens in Regionen mit ausreichend Wind in denen auch eine Netzanbindung möglich ist, wird auf 38 TWh [Kasbadja Merzouk 2009] pro Jahr geschätzt, bzw. vom Deutschen Zentrum für Luft- und Raumfahrt auf 35 TWh bei 1.789 Vollbenutzungsstunden pro Jahr [Wuppertal Institut / Adelphi Consult 2009, 56].

Ende September 2008 wurde der erste Windpark Algeriens im Südwesten des Landes in Tindouf mit einer Leistung von 10 MW ausgeschrieben. Mitte Januar 2010 wurde der Vertrag über 30 Mio. Euro mit dem französischen Anlagenbauer Vergnet unterzeichnet. Bis 2012 soll der Park ans Netz gehen.

Bis 2030 sollen 3% des erzeugten Stroms aus Windkraft stammen. Dafür wird bis 2013 in Adrar ein Windpark mit 10 MW, bis 2015 zwei weitere Anlagen mit je 20 MW errichtet werden. Von 2016 bis 2030 soll die Windkapazität auf 1.700 MW erweitert werden.

Neben dem Anlagenbau sollen Produktionskapazitäten geschaffen werden, die die landeseigene Nachfrage bis 2020 bis zu 50% und bis 2030 bis zu 80% abdecken können [MEM 2011, 21]. Die Einspeisevergütung des Stroms aus Windkraft ist in der Verordnung Nr. 04-92 geregelt und liegt bei 300 % des üblichen Strompreises (0,023-0,045 Euro/kWh im Haushaltssektor). Die Einspeisevergütung für Wind ist damit de jure die höchste für erneuerbare Energien in Algerien [Wuppertal Institut / Adelphi Consult 2009, 64], sie wird allerdings in der Praxis derzeit nicht ausgezahlt (Stand 11/2010).

Weiterhin werden dezentrale Dieselkraftwerke seit 2008 zu Hybridkraftwerken (mit Wind und Solar) ausgebaut [AHK 2010, 3].

In der Hochebene gibt es einige Projekte, bei denen Windräder zum Pumpen von Wasser genutzt werden. Das Energie- und Kosteneinsparpotenzial im Vergleich zu brennstoffbetriebenen Pumpen liegt hier sehr hoch. Es wird davon ausgegangen, dass im Süden des Landes rund 15.000 Brunnen mit Windrädern ausgestattet werden könnten [Bensaad 2007, 3].

Solarenergie

Algerien befindet sich im Sonnengürtel der Erde und verfügt damit über ein sehr hohes Potenzial an Solarenergie (> 5 Mrd. GWh/Jahr). Die mittlere Sonnenscheindauer beträgt rund 2.600 Stunden pro Jahr im Norden des Landes und bei 3.600 Stunden im Süden des Landes. Die mittlere Globalstrahlung liegt zwischen 1.700 und 2.650 kWh/m² [Le Maghreb 2010a]. Bis 2030 sollen 37% der Stromerzeugung aus Solarenergie stammen [MEM 2011].

Tabelle 4: Solarenergiepotenzial Algeriens

[Dena 2007, 14]

Solarenergiepotenzial Algerien			
Region	Fläche [%]	Anzahl Sonnenstunden im Jahr [h/a]	Durchschnittliche Globalstrahlung auf horizontale Fläche [kWh/m²*a]
Küstengebiet	4	2.650	1.700
Hochebene	10	3.000	1.900
Sahara	86	3.500	2.650

Solarthermie

Solarthermische Systeme zur Warmwassererzeugung werden bisher nur sporadisch genutzt. Insgesamt ist übers Land verteilt eine Fläche von etwa 1.000 m² Solarkollektoren installiert [Wuppertal Institute/Adelphi Consult 2009, 58]. Die Produkte werden dabei vor allem nach Frankreich importiert. Seit Januar 2007 wird der Kauf einer solarthermischen Anlage zu 50% aus dem nationalen Energie-Effizienzprogramm (PNME) gefördert [Dena 2007, 12].

Die APRUE will noch im Jahr 2010 mit der Unterstützung des „Mediterranean Renewable Energy Programm" (MEDREP) ein Programm zur finanziellen Förderung von solarer Warmwassererzeugung auflegen. Dabei sind die Ausstattung von 5.500 Haushalten mit Warmwasserbereitern und die Errichtung von 16.000 m² Kollektoren im Dienstleistungssektor geplant. Die Anschaffungskosten der Haushalte sollen zu über 40% subventioniert werden; im Dienstleistungssektor sind Subventionen von 50% vorgesehen. Das Programm umfasst weitere Finanzierungshilfen und der Bankensektor soll für entsprechende Investitionen sensibilisiert werden [AHK 2010, 39 ff.].

Darüber hinaus ist auch im Programm für erneuerbare Energien und Energieeffizienz der Ausbau der Warmwasserbereitung mit Solarstrom vorgesehen. [MEM 2011, 14]

Photovoltaik

Abgelegene Siedlungen im Süden des Landes, bei denen sich die Anbindung ans nationale Stromnetz nicht rentiert, sollen durch PV-Inselsysteme versorgt werden. Dadurch kann in diesen Regionen das wirtschaftliche und soziale Wachstum gefördert werden. Ein Programm zur ländlichen Elektrifizierung, aus dem 10 Mio. Euro für PV-Inselanlagen bereitgestellt werden, ist in Vorbereitung. Zudem werden dezentrale Dieselkraftwerke seit 2008 zu Hybridkraftwerken (mit Wind und Solar) ausgebaut [Le Maghreb 2010a].

Von 1998 bis 2000 wurden im Rahmen eines ähnlichen Programms bereits 18 Dörfer (etwa 1.000 Haushalte) mit PV-Inselsystemen ausgestattet. Bis 2002 lag die installierte Leistung bei 453 kW, Ende 2006 bereits bei 2,3 MW. Die Akzeptanz für die Anlagen ist sehr groß, da nur selten Störfälle auftreten. Neben der Stromversorgung von Haushalten und öffentlichen Gebäuden wird die Technologie auch für Pumpstationen, Telekommunikationsanlagen und öffentliche Beleuchtung eingesetzt [Dena 2007, 21].

Im Rahmen des „Wirtschaftsförderprogramms 2010-2014" sollen Photovoltaikanlagen in 16 Dörfern für 3.000 Haushalte in den Hochebenen Algeriens gebaut werden. Zudem soll die Stromversorgung von Gendarmerie-Stützpunkten in Südalgerien mit Photovoltaik erfolgen. In Planung befindet sich Naftal (Stromversorgung von Tankstellen) und die Beleuchtung von Autobahnstrecken (Pilotprojekt: Autobahn-Rocade Algier) [Hergenröther 2010, 36].

Das wirtschaftlich erschließbare Potenzial wurde vom DLR mit 13,9 TWh/a bei einer horizontalen Solarstrahlung von 1.970 kWh/m²*a abgeschätzt. Es wird davon ausgegangen, dass die installierte PV-Leistung bis ins Jahr 2015 auf 5 MW ansteigen wird [Wuppertal Institute / Adelphi Consult 2009, 56]. Durch das neu aufgelegt Programm für erneuerbare Energien soll der Ausbau auf ca. 800 MW bis 2020 beschleunigt werden. Von 2021 bis 2030 ist ein Zubau von rund 200 MW pro Jahr vorgesehen [MEM 2011, 10].

Neben dem Anlagenbau wird ein eigener Wirtschaftszweig geschaffen, der die landeseigene Nachfrage bis 2013 zu 60% und bis 2020 bis zu 80% abdecken kann. Danach ist ein weiterer Ausbau bis hin zum Export geplant. Die Gruppe Sonelgaz sieht derzeit eine Produktionsanlage für Photovoltaikmodule mit einer Produktionskapazität von 120 MW in Rouiba vor. Die Produktion wird Ende 2013 in Betrieb gehen. Bis 2020 ist weiterhin eine Silizium-Anlage geplant. Zudem soll sich ein Netzwerk für Zulieferer weiterer Komponenten und Leistungen (Planung, Ausführung, Wechselrichter, Batterien, Kabel, etc.) aufbauen. Der Aufbau einer Prüfbehörde für die Anlagen und die Einrichtung einer Entwicklungsanstalt für Silizium-Technik sind ebenfalls vorgesehen. [MEM 2011, 18 ff.].

Die Einspeisevergütung des Stroms aus Solarenergie ist in der Verordnung Nr. 04-92 geregelt und liegt bei 300 % des üblichen Strompreises (0,023-0,045 Euro/kWh im Haushaltssektor). [Wuppertal Institute / Adelphi Consult 2009, 64]. Die Einspeisevergütungen werden in der Praxis derzeit allerdings nicht ausgezahlt (Stand 11/2010).

Solarthermische Kraftwerke

Solarstrom aus Solarthermischen Kraftwerken soll zukünftig zur Abdeckung des steigenden landeseigenen Energiebedarfs genutzt und mittel- bis langfristig auch nach Europa exportiert werden (Desertec-Projekt) [LibertéAlgérie 2009]. Das wirtschaftlich erschließbare Potenzial wurde vom Deutschen Zentrum für Luft- und Raumfahrt mit 168.972 TWh/a bei einem Ertrag von 2.700 kWh/m²*a geschätzt [Wuppertal Institute / Adelphi Consult 2009, 56].

In Algerien wird derzeit das weltweit erste Solar-Gas-Hybridkraftwerk mit einer Leistung von 150 MW errichtet. Die Solarenergie wird durch Parabolrinnenkollektoren gewonnen und liegt bei 25 MW. Das Kraftwerk befindet sich bei Hassi R'mel, etwa 420 Kilometer südlich der Hauptstadt Algier. Es soll im August 2010 in Betrieb gehen [LibertéAlgérie 2009]. Die Anlage wird von Abengoa, einem internationalen Unternehmen, das Erneuerbare-Energien-Anlagen betreibt, und der algerischen Agentur für erneuerbare Energien (NEAL) betrieben [Wuppertal Institut / Adelphi Consult, 2009, 63]. Das Deutsche Zentrum für Luft- und Raumfahrt (DLR) führt an dem Kraftwerk gemeinsam mit der NEAL Forschungs- und Entwicklungsprojekte durch [DLR 2008].

Bis 2013 ist die Errichtung von zwei weiteren Pilotanlagen mit einer Speicherleistung von je 150 MW geplant. Von 2016 bis 2020 werden vier Solarkraftwerke mit insgesamt rund 1.200 MW folgen. Von 2021 bis 2023 sind 500 MW pro Jahr und bis 2030 600 MW pro Jahr vorgesehen.

Neben dem Anlagenbau sollen Produktionskapazitäten geschaffen werden, die die landeseigene Nachfrage bis 2020 bis zu 50% und bis 2030 bis zu 80% abdecken können. [MEM 2011, 19 ff.]. Die Einspeisevergütung des Solarstroms aus den Hybridkraftwerken ist in der Verordnung Nr. 04-92 geregelt und richtet sich nach dem Anteil der Solarenergie an der Stromerzeugung. Die Einspeisevergütungen werden in der Praxis derzeit allerdings nicht ausgezahlt (Stand 11/2010).

Tabelle 5: Einspeisevergütung für Strom aus Solar-Hybridkraftwerken
[Wuppertal Institute / Adelphi Consult, 2009, 63]

Anteil Solarenergie [%]	Einspeisevergütung (% des üblichen Strompreises: 0,023 - 0,045 €/kWh im Haushaltssektor) [%]
0 - 5	0
5 - 10	100
10 - 15	140
15 - 20	160
20 - 25	180
> 25	200

Aufgrund der Wasserknappheit in Algerien ist beim Betrieb von Solar-kraftwerken vor allem auch die Kombination mit Meerwasserentsalzungs-anlagen von Interesse. Aktuell befinden sich 12 Anlagen zur Meerwasser-entsalzung in Planung, von denen sich einige bereits in Betrieb, Bau oder Ausschreibungsphase befinden. Insgesamt soll ein Produktionsvolumen von 1,2 Mio. m³/Tag erreicht werden [Dena 2010, 19].

Das Solarinstitut Jülich (SIJ), die IATech GmbH, die Fa. Kraftanlagen Mün-chen und das Deutsche Zentrum für Luft- und Raumfahrt e.V. (DLR) er-stellen zurzeit eine Machbarkeitsstudie für den Bau eines Solarturmkraft-werkes in Algerien (Blida) [Ökonews 2009].

Biomasse

Wie auch in Marokko, beschränkt sich die nachhaltige Biomassenutzung in Algerien vor allem auf Abfälle und Abwasser. Das Potenzial wird mit 1,33 Mtoe bzw. das ökonomisch erschließbare Potenzial zur Stromerzeu-gung vom Deutschen Zentrum für Luft- und Raumfahrt mit 12,1 TWh/a (landwirtschaftliche und kommunale Abfälle, feste Biomasse) abgeschätzt [Liberté 2010a, Wuppertal Institute / Adelphi Consult 2009, 56].

Das CDER betreibt seit Ende 2001 eine Versuchsanlage zur Vergasung von Rindergülle mit 800 Litern [Igoud 2002, 2]. Gräser stehen in Algerien nur in sehr kleinen Mengen zur Verfügung (~0,1 t_{TS}/ha*a) und dienen vor allem als Tierfutter [Chehma 2008].

Weiterhin steht Waldholz als energetische Biomasse zur Verfügung. Das Potenzial wird mit 37 Mtoe geschätzt, von denen nur ca. 3,7 Mtoe nach-haltig genutzt werden können [Liberté 2010].

Es bestehen Überlegungen, aus den Resten und Überschüssen der Dattel-produktion Bioethanol herzustellen, das dem Kraftstoff beigefügt werden kann. Die erzielbaren Mengen werden jedoch als sehr gering angesehen [Benachour 2006].

Die Einspeisevergütung des Stroms aus Abfällen ist in der Verordnung Nr. 04-92 geregelt und liegt bei 200 % des üblichen Strompreises (0,023-0,045 Euro/kWh im Haushaltssektor) [Wuppertal Institute / Adelphi Consult 2009, 64]. Die Einspeisevergütungen werden in der Praxis derzeit nicht ausgezahlt.

Geothermie

Der jurassische Kalkstein im Norden Algeriens stellt ein großes geothermisches Reservoir dar. Dem Gestein entspringen mehr als 200 geothermale Quellen, die sich überwiegend im Nordwesten und Nordosten des Landes befinden. Die Quelltemperaturen liegen meist über 40°C. Die heißeste Quelle (Hammam Meskhoutine) weist eine Temperatur von 96°C auf. Die natürliche Schüttleistung liegt häufig bei mehr als 2 m³/s.

Weiter im Süden des Landes erstreckt sich großflächig die „nappe albienne" (artesische Grundwasserschicht der interkontinentalen Grenzschicht). Brunnenbohrungen in diesem Gebiet zeigten einer Schüttleistung von mehr als 4 m³/s mit einer mittleren Wassertemperatur von 57°C [Fekraoui 2003]. Der mittlere Temperaturgradient liegt hier bei 3°C/100m. Im Osten gibt es eine thermische Anomalie. Der Temperaturgradient steigt hier auf 3-4°C/100m an. Im Becken von Béchar liegt der Temperaturgradient mit mehr als 7°C/100m ungewöhnlich hoch [Ouali 2010].

Die Quelltemperaturen in Algerien liegen also im Nieder- bis Mitteltemperaturbereich. Sie eignen sich vor allem für die Niedertemperaturwärmenutzung (z. B. Trocknung landwirtschaftlicher Produkte, Beheizung von Gewächshäusern oder Fischzuchten). Nur wenige Standorte kommen für die Stromerzeugung mit einer Organic-Rankine-Cycle-Anlage in Frage.

1984 wurde die erste geothermale Quelle für die Beheizung des Hammam Meskhoutine verwendet. Später wurden Erdwärme aus der „nappe albienne" in Ouargla und Touggourt erfolgreich für die Beheizung von Gewächshäusern (18 Stück, 7.200 m²) genutzt.

Im Jahr 2003 wurde ein Geothermieatlas für den Norden des Landes erstellt [Fekraoui 2003]. Das ökonomisch erschließbare Potenzial zur Stromerzeugung wird vom DLR mit 4,7 TWh/a abgeschätzt [Wuppertal Institute / CREAD 2010, 21].

Die Einspeisevergütung des Stroms aus geothermischen Anlagen ist in der Verordnung Nr. 04-92 geregelt [Wuppertal Institute / Adelphi Consult 2009, 64]. Die Einspeisevergütungen werden in der Praxis derzeit allerdings nicht ausgezahlt.

2.2.5
Abfall

Die Abfallentsorgung stellt in Algerien vor allem in den Ballungszentren an der Mittelmeerküste ein großes Problem dar. Dort drängen sich auf 4% der Landesfläche rund 65% der Bevölkerung [Solid Waste Management Centre 2010]. Aufgrund der unzureichenden Entsorgung häufen sich die Müllberge, was nicht nur zu Verunreinigungen des Bodens und des Grund- und Oberflächenwassers führt, sondern auch hygienische und gesundheitliche Risiken für die Bevölkerung in sich birgt. Von Seiten der Regierung wird dem Abfallsektor deshalb aktuell eine hohe Bedeutung beigemessen.

Gesetzlicher und institutioneller Rahmen

Die Missstände im Bereich der Abfallentsorgung sind in erster Linie auf die in der Vergangenheit fehlenden institutionellen, organisatorischen, technischen und auch gesetzlichen Rahmenbedingungen zurück zu führen. Zahlreiche politische Maßnahmen, wie z. B. Gesetze, die in den 1980er Jahren erlassen wurden, entfalteten keine Wirkung. Zuständigkeiten waren nur ungenügend definiert und auf der kommunalen Ebene standen nicht ausreichend Gelder für die Abfallentsorgung zur Verfügung.

Am 12. Dezember 2001 wurde deshalb das Gesetz Nr. 01-19 zur Verwaltung, Kontrolle und der Beseitigung von Abfällen erlassen und 2002 eine nationale Abfallagentur (AND) eingerichtet, die die Kommunen bei der Abfallentsorgung mit Know-how unterstützen soll. Im Rahmen des Gesetzes wurde zunächst ein allgemeiner Rahmen zur Abfallbeseitigung und –aufbereitung geschaffen [Mutations 2 2007, 4]. Zur Umsetzung des Gesetzes hat die Regierung im Jahr 2002 ein Programm zur Abfallbeseitigung aufgelegt (PROGDEM). Im Rahmen des Programms wird die Sammlung, der Transport sowie die Verwertung und Entsorgung der kommunalen Abfälle verbessert. Daneben sind Maßnahmen zur Sanierung und zum Neubau von Deponien enthalten [Mutations 4 2007, 1 ff.]. Insgesamt sind im Rahmen des Programms 65 neue Deponien vorgesehen [Rebah M'hamed 2008]. Das Programm ist zusammen mit dem Plan zur Behandlung von Sonderabfällen (PNAGDES) Teil des Nationalen Aktionsplans für die Umwelt und die Nachhaltige Entwicklung (PNAE-DD) [Mutations 3 2007]. Weiterhin wurde ein Programm zur Sammlung wieder verwertbarer Stoffe gestartet (ECO-JEM).

Das Ministerium für Stadt- und Raumplanung und Umweltschutz (MATE) arbeitet die übergeordneten Gesetze, Regelungen und Leitfäden im Bereich der Abfallentsorgung aus bzw. überarbeitet diese. Mit Hilfe der nationalen Abfallagentur (AND) werden die Kommunen von Regierungsseite aus bei der Abfallentsorgung unterstützt.

Die Aufgabe der Abfallentsorgung obliegt traditionell den Kommunen, die für die Hygiene und die Gesundheit der Bevölkerung zuständig sind. Die Zuständigkeit ist im Code Communal und dem Abfallgesetz Nr. 01-19 geregelt. In der Vergangenheit konnten die Kommunen der ihnen obliegenden Aufgabe nur ungenügend nachkommen. Aufgrund fehlender Finanzierung zeigt bisher auch das PROGDEM nur wenig Erfolg [Mutations 2 und 3 2007].

Die Investitionskosten für die adäquate Abfallentsorgung werden von den zuständigen Umweltbehörden auf 50 US-Dollar bzw. auf 4.000 Dinar/Tonne geschätzt [Mutations 3 und 4 2007]. Im Rahmen des „Wirtschaftsförderprogramms 2010-2014" werden Mittel für den Bau von 50 Deponien bereitgestellt [Hergenröther 2010].

Die weiteren laufenden Kosten (1.500-2.000 Dinar/Tonne [GTZ/ERM/ GKW 2004, 2]) sollen nach dem Verursacherprinzip durch die Kommunen abgedeckt werden. Dafür wurden im Jahr 2002 die Steuer für die Abfallentsorgung erhöht (500-1.000 Dinar/Jahr und Haushalt, 1.000-10.000 Dinar/Jahr für kommerzielle Aktivitäten, 5.000-20.000 Dinar/Jahr für Campingplätze, 10.000-100.000 Dinar/Jahr für industrielle und große kommerzielle Betriebe). Trotz der Aufstockung der Steuern tragen die Mittel nur geringfügig zur Abdeckung (20-30%) des aktuell existieren Abfallentsorgungssystems bei [Solid Waste Management Centre 2010]. Rund ein Drittel der Nutzer (Stand 2007) zahlen keine Steuern [Mutations 3 und 4 2007].

Es ist vorgesehen, dass die Kommunen für die Abfallsammlung, -entsorgung, –aufbereitung und -verwertung öffentliche Einrichtungen mit industriellem und wirtschaftlichem Charakter gründen, denen auch der Betrieb der Abfalldeponien obliegt [Rebah M'hamed 2008]. Zudem soll der Eintritt privatwirtschaftlicher Unternehmen in den Abfallsektor gefördert werden, die durch Verträge und Konzessionen mit Abfallsammlung, -entsorgung und –verwertung betraut werden. Entsprechende Firmengründungen werden von staatlicher Seite unterstützt. Die Deutsche Gesellschaft für Internationale Zusammenarbeit (GIZ) leistet durch Ausbildung von Multiplikatoren Unterstützung beim Ausbau des Abfallsektors [Adelphi 2011].

Privatwirtschaftliche Unternehmen sind im Abfallsektor bisher kaum zu finden. Allerdings hat sich ein informeller Parallelmarkt durch die private Abfallsammlung wiederverwertbarer Abfälle auf Ebene der öffentlichen Deponien ausgebildet. Im Vergleich zu den verfügbaren Abfallmengen werden hier jedoch nur geringe Mengen Wertstoffe umgesetzt. Dabei handelt es sich überwiegend um Metall, Papier und Textilien.

Neben der Schaffung gesetzlicher Grundlagen werden Sensibilisierungs-maßnahmen der Bevölkerung über NGOs und lokale Umweltgruppen durchgeführt und die Integration von Umweltbelangen in das Bildungs-system vorangetrieben [Solid Waste Management Centre 2010].

Spezifische Abfallmengen

In Algerien wird mit einer jährlichen Menge an Hausmüll und haus-müllähnlichen Abfällen von 8,5 Mio. Tonnen, d. h. ~23 kg/Tag und durchschnittlich 0,75 kg/Person und Tag, gerechnet [Sweep-Net 2010, 5]. In der Hauptstadt Algier sind es 1 kg/Person und Tag. Die Abfallmengen werden aufgrund der Entwicklung des Landes, d.h. durch zunehmende Bevölkerungszahl und zunehmenden Lebensstandard, in den kommenden Jahren voraussichtlich noch ansteigen.

Das Abfallwirtschaftssystem wurde in den vergangenen Jahren stark aus-gebaut; dies soll auch in den kommenden Jahren fortgesetzt werden. Bis-her werden aber nur 85 % der städtischen Abfälle und 60 % der ländli-chen Abfälle eingesammelt [Sweep-Net 2010, 5] und die Abfallsammlung erfolgt in vielen Gebieten unregelmäßig. Es stehen nur ungenügend aus-gebildetes Personal und wenige Sammelfahrzeuge zur Verfügung. Abfall-behälter und –sammelfahrzeuge sind nicht standardisiert, wodurch die Abfallsammlung erschwert wird.

In der Vergangenheit wurde ein Großteil der Abfälle auf rund 3.000 wil-den Deponien (150.000 ha [Mutations 1 2007]) oder auf kontrollierten Deponien abgelagert, die ohne jegliche Berücksichtigung von Umweltbe-langen errichtet und betrieben wurden. Die Entsorgungssituation soll in den kommenden Jahren verbessert werden.

Der Wert der wieder verwertbaren Abfallmengen wird auf 3,5 Milliarden Dinar pro Jahr geschätzt (jährlich 385.000 Tonnen Papier, 130.000 Ton-nen Kunststoff, 100.000 Tonnen Metall, 50.000 Tonnen Glas und 95.000 Tonnen diverser Materialien, insgesamt 760.000 Tonnen). Das Umwelt-ministerium hat die finanziellen Verluste aus der unzureichenden Abfall-sammlung und -entsorgung auf 0,32 % des PIB geschätzt (0,19 % auf-grund gesundheitlicher Schäden und Lebensbedingungen und 0,13 % aufgrund wirtschaftlicher Aspekte, z. B. fehlende Wiederverwertung) [Mutations 2 2007].

Spezifische Abfallzusammensetzung

Auf qualitativer Ebene unterscheidet sich die Art der Abfälle in Algerien erheblich von der in industrialisierten Ländern. Insbesondere der Wasser-gehalt und der Anteil an gärungsfähigen organischen Anteilen liegen deutlich höher.

Die Abfallzusammensetzung variiert von Region zu Region.

Behandlungswege

Bisher werden nur 4-5% der Abfälle in Algerien recycelt. Etwa 15% gelangen in Abfallbehandlungsanlagen und 80% auf Deponien [Sweep-Net
2010, 5].

Es gibt eine Wiederverwertungsanlage für Glas in Oran von der Firma Al-
ver, einer Tochterfirma von Enava. Papierverwertung übernimmt die Firma
Tonic [Mutations 3 2007].

Tabelle 6: Abfallzusammensetzung in Algerien
[Sweep-Net 2010, 5]

Abfallzusammensetzung Algerien	
Fraktion	Anteil [%]
Organischer Anteil	60 -65
Papier	9 - 10
Plastik	11 - 13
Textilien	10 - 12
Glas	1 - 1,5
Metall	1 - 2
Rest	2 - 4

Gefährliche Abfälle

In Algerien werden drei verschiedene Abfallarten unterschieden:

1. Gefährliche Abfälle: toxische und radioaktive Abfälle,
2. Industrielle Abfälle: unterteilt in inerte Abfälle, gewöhnliche industrielle bzw. hausmüllähnliche Abfälle und industrielle Sonderabfälle,
3. Hausmüll- und hausmüllähnliche Abfälle.

In der algerischen Industrie fallen jährlich 2,6 Mio. Tonnen Abfälle an.
Rund 4,5 Mio. Tonnen werden aktuell noch gelagert. Davon sind jährlich
rund 325.000 Tonnen pro Jahr bzw. 2 Mio. Tonnen der gelagerten Abfälle gefährliche Abfälle. Vier verschiedene Branchen sind für 86% der gefährlichen industriellen Abfälle verantwortlich: der Kohlenwasserstoffsek-
tor, die chemische Industrie, die Eisen- und Stahlindustrie und der
Bergbau [Belherazem 2010, 11]. Die Abfälle fallen in erster Linie in den
industriellen Ballungszentren Algier, Oran, Béjaia, Skikda, Annaba und
Tlemcen an (87% der gefährlichen und 95% der gelagerten Abfälle).

Nach dem Abfallgesetz Nr. 01-19 dürfen gefährliche und Sonderabfälle
nur noch in den dafür bestimmten und genehmigten Anlagen entsorgt

werden. Vor-Ort-Recherchen haben jedoch gezeigt, dass eine fachgerechte Entsorgung der Abfälle trotz gesetzlicher Vorschriften häufig nicht möglich ist. Möglichkeiten zur Abfallentsorgung im industriellen Bereich fehlen. Abfälle werden oft auf ungeeigneten, außerbetrieblichen Plätzen gelagert und es gibt keine Sammel- und Transport- und Behandlungsmöglichkeiten für Sonderabfälle [Dahlab 2007].

Deshalb wurde infolge des Abfallgesetzes ein Programm zur Behandlung von Sonderabfällen, darunter giftige nicht verwertbare Abfälle (Asbest, Quecksilber, Zink, Pflanzenschutz- und Arzneimittel u.a.), ins Leben gerufen (PNAGDES und/oder Programme d'Élimination des Déchets générés par les Activités industrielles). Zur Vorbereitung des Programms wurden im Jahr 2002 im Rahmen eines Abfallkatasters zunächst die Abfallmengen und die Zusammensetzung der gefährlichen Abfälle ermittelt [Mutations 4 2007].

Nach Vorgaben des Programms müssen die Verursacher für gelagerte gefährliche Abfälle Steuern bezahlen. Durch diese sollen die Verursacher dazu motiviert werden, die gefährlichen Ablagerungen abzubauen [Samir 2006]. In der Praxis wird diese Steuer allerdings häufig nicht erhoben.

2.2.6
Abwasser

Algerien gehört zu den wasserärmsten Gebieten der Mittelmeerregion. 80% des Landes sind als aride und semiaride Gebiete von Bodendegradation und -erosion betroffen. Die Niederschläge sind in den letzten Jahren stark zurückgegangen. Hinzu kommt, dass durch Bevölkerungszuwachs und den Wirtschaftsaufschwung die Nachfrage nach Trinkwasser kontinuierlich ansteigt und somit permanenter Wassermangel herrscht.

Die Belastung des Grund- und Oberflächenwassers durch Abwässer und Abfälle aus der Industrie und den Haushalten sowie durch die landwirtschaftliche Nutzung nimmt stetig zu. Die Wasserqualität in den Küstenregionen ist durch den Bauboom in den Hafenstädten und die Aktivitäten in den Häfen stark beeinträchtigt [Deutsche Botschaft Algier 2010]. Die Verlustraten in Trinkwasser- und Abwassersystemen sind aufgrund des schlechten Zustands der Leitungen beachtlich.

Aus den genannten Gründen besteht hoher Investitionsbedarf in den Bereichen Sanierung und Neubau von Anlagen zur Abwasserentsorgung und Trinkwasserversorgung. Bestehende Anlagen sind häufig unterdimensioniert oder weisen technische Probleme auf. Deshalb werden in- und ausländische Firmen gesucht, die sich in diesem Sektor engagieren [gtai 2009].

Jährlich fallen ca. 730 Mio. m³ Abwasser an (Stand 2007) und es wird erwartet, dass die Abwassermengen bis 2020 auf 1 Milliarde m³ ansteigen.

Es ist vorgesehen, dass mindestens jede Siedlung mit mehr als 100.000 Einwohnern über eine Abwasseraufbereitungsanlage verfügt. Ende 2010 wurde eine Entsorgungskapazität von 700 Mio. m³/a erreicht. Das Abwassernetz Algeriens umfasst rund 40.000 km, mit dem 86% des Abwassers erfasst werden [MRE 2010-1 und MRE 2010-2, 14]. Aufgrund von häufigen Pannen und Problemen in den Kläranlagen kann jedoch von einer deutlich niedrigeren Aufbereitungsrate ausgegangen werden. Aufgrund der mangelnden Aufbereitung ist das Grundwasser mit Schadstoffen, z. B. mit Nitrat, angereichert [Mutations 2007]. Bis 2020 soll die Abwasseraufbereitungskapazität auf 990 Mio. m³ und bis 2030 auf 1.100 Mio. m³ erhöht werden [Baghdali 2007, 9].

Aufbereitetes Abwasser soll zunehmend wiederverwertet werden, insbesondere zur Bewässerung in der Landwirtschaft. [Le Maghreb 2010]. Die erste Abwasserreinigungsanlage in Reghaia, mit der täglich 80.000 m³ Abwasser aufbereitet werden, wurde im Jahr 2008 fertig gestellt [Wabag 2008]. Aktuell (April 2010) werden 4.000 ha mit aufbereitetem Abwasser bewässert. Kurzfristig soll diese Art der Bewässerung auf 40.000 ha und langfristig auf 100.000 ha ausgedehnt werden [Le Maghreb 2010]. Häufig gelangen aber auch nicht aufbereitete Abwässer im Rahmen illegaler kommunaler Entwässerung [All Africa 2010] oder illegaler Bewässerung auf landwirtschaftliche Flächen. Dadurch sind Lebensmittel und Tiere häufig mit Bakterien, toxischen Substanzen und Schwermetallen belastet. Derart belastete Nahrungsmittel, die auf den Märkten verkauft werden, stellen ein hohes Gesundheitsrisiko für die Bevölkerung dar [Liberté 2010].

In den Kläranlagen der ONA entstehen bei der Abwasseraufbereitung monatlich 2.000 t Klärschlamm. Diese sind nach dem Abfallgesetz Nr. 01-19 und der VO Nr. 2006-104 als Spezialabfälle anzusehen, die entsprechend entsorgt werden müssen. Die Klärschlammverwertung befindet sich aktuell noch im Versuchsstadium [ONA 2010].

Die rechtlichen und institutionellen Rahmenbedingungen im Bereich der Wasserver- und der Abwasserentsorgung wurden in den letzten Jahren im Rahmen einer Reform des Wassersektors, die im Jahr 2000 begonnen hat, verbessert. Das Wassergesetz (Gesetz Nr. 05-12) wurde aktualisiert und staatliche Unternehmen zur Wasserversorgung (ADE) und zum Abwassermanagement (ONA) sowie eine Regulierungsbehörde eingerichtet. Rund 40% des nationalen Abwassernetzes werden von der ONA betreut. Der Rest befindet sich aktuell noch in kommunaler Verwaltung, soll zukünftig aber auch an die ONA übergeben werden. In einigen großen Städten hat die ONA die Betreuung der Abwasserentsorgung an Privatbetriebe (z. B. SEAAL in Algier) abgegeben und überwacht lediglich den entsprechenden Betrieb [ONA 2010].

Zusätzlich wurde eine Finanzreform eingeleitet. Die Verwaltung der regionalen Wasserressourcen erfolgt durch fünf Regionale Wasserbehörden. Für eine nachhaltige, integrierte Wasserbewirtschaftung mangelt es jedoch bisher immer noch an organisatorischem und technischem Fachwissen [GTZ 2010].

2.2.7 Zusammenfassende Bewertung der Marktchancen

Algerien hat als erstes afrikanisches Land bereits in den 1980iger Jahren moderne Umweltgesetze erlassen, deren Wirkung aufgrund mangelnder Umsetzung bisher jedoch begrenzt ist.

Im *Energiesektor* haben die hohen landeseigenen Erdgas- und Ölvorkommen und die damit einhergehende niedrige Energiepreise den Ausbau erneuerbarer Energien und die Einführung von Energieeffizienztechnologien lange Zeit gehemmt. Heute jedoch sollen Energieeffizienzpotenziale ausgeschöpft und erneuerbare Energien ausgebaut werden. Im Vordergrund steht dabei insbesondere die Stärkung der landeseigenen Wirtschaft. Es sollen nicht nur die Ressourcen als Haupteinnahmequelle des Landes geschont und erneuerbare Erzeugungskapazitäten aufgebaut, sondern auch Produktionsanlagen, insbesondere für Solar- und Windkraftanlagen, geschaffen werden. So wurde Anfang 2011 ein großer Auftrag zum Bau einer Solarmodulfabrik an ein deutsches Konsortium vergeben.

Die *Abfallentsorgung* stellt insbesondere in den Ballungszentren im Norden des Landes ein Problem dar. Aufgrund des Vollzugsdefizites der bestehenden gesetzlichen Regelungen wurden 2001 ein nationales Abfallgesetz verabschiedet sowie in der Folgezeit zahlreiche neue Programme für Haushalts-, Sonderabfälle und Recyclingabfälle aufgelegt. Darüber hinaus wurde eine nationale Abfallbehörde aufgebaut, deren Ausstattung allerdings im Vergleich zu anderen Vollzugsbehörden bescheiden ist. Das Abfallwirtschaftssystem muss zudem in den kommenden Jahren stark ausgebaut werden, um den Anforderungen an eine nachhaltige Abfallwirtschaft gerecht zu werden.

Im Bereich der *Trinkwasserversorgung* und Abwasserentsorgung zielt die Reform des Wassersektors seit dem Jahr 2000 darauf ab, bestehende Missstände zu beheben. Sowohl der gesetzliche als auch der institutionelle Rahmen wurden gestärkt und zunehmend werden privatwirtschaftliche Unternehmen einbezogen. Für eine nachhaltige, integrierte Wasserbewirtschaftung mangelt es teilweise auch an organisatorischem und technischem Fachwissen. Mangelnder administrativer Wille in der Zentralverwaltung kommt gelegentlich hinzu.

Generell herrscht im Umweltsektor aktuell zwar ein günstiges Investitionsklima. Dem steht jedoch die jüngst wieder verstärkte staatliche Kontrolle des algerischen Marktes zugunsten einheimischer Unternehmen gegenüber. So besteht einerseits ein erhebliches Interesse bei algerischen Marktteilnehmern an Kooperationen, andererseits haben sich die rechtlichen Rahmenbedingungen hierfür eher verschlechtert. Insbesondere das am 1.1.2010 in Kraft getretene Haushaltsgesetz, welches für die Gründung von Gesellschaften eine 51% algerische Beteiligung vorschreibt, hat Investoren zunehmend verunsichert. Zudem können sich reine ausländische Unternehmen nicht an Vergabeverfahren beteiligen. Sie müssen gemeinsam mit einem algerischen Partner anbieten, der mindestens 25% der Leistungen erbringt. Wer auf dem algerischen Markt aktiv werden möchte, ist deshalb mit einem algerischen Partner vor Ort gut beraten.

2.3
Ägypten

2.3.1
Staatsrechtliche Grundlagen

Gemäß der Verfassung von 1971, zuletzt geändert 2011, ist die Arabische Republik Ägypten eine Präsidialrepublik. Der Staatspräsident wird mit einer Zweidrittelmehrheit vom Parlament nominiert und anschließend vom Volk für eine Zeit von sechs Jahren gewählt. Er ist zuständig für die Ernennung des Ministerpräsidenten, der Mitglieder des Kabinetts sowie der Gouverneure und der hohen Richter. Das ägyptische Staatsoberhaupt hat ebenfalls ein Vetorecht bei der Gesetzgebung, kann Dekrete erlassen und das Parlament auflösen. Ihm obliegt die Oberaufsicht über die Streitkräfte. Der Präsident war von 1981 bis 2011 Muhamed Hosni Mubarak. Die gesetzgebende Gewalt liegt beim Parlament, bestehend aus der Volksversammlung sowie dem beratenden Shura-Rat [Ghorfa 2009, 14].

Das Mehrparteiensystem wurde als De-facto-Einparteiensystem kritisiert, denn die Befugnisse von Mubarak und der Nationalen Demokratischen Partei (NPD) waren weitreichend, da auf der Grundlage von Notstandgesetzen regiert wurde, die 2010 um weitere zwei Jahre verlängert wurden. Die Opposition besaß nur ein Prozent der Sitze im Parlament. Der Ministerpräsident war von 2004 bis Januar 2011 Ahmad Mahmud Muhammad Nazif.

Durch die „Revolution vom 25. Januar 2011" hat sich bisher an den prinzipiellen Normen nichts geändert. Die Hauptquelle der Gesetzgebung ist die ägyptische Verfassung. Gesetze werden als formelle Parlamentsgesetze (qawânîn) oder Verordnungen (qarârât) erlassen. Das ägyptische Rechtssystem basiert im Wesentlichen auf islamischem Recht und dem französisch geprägten Zivilrecht. Jedoch kommt der Sharî'a, die in der Verfassung als prinzipielle Rechtsquelle ausgewiesen wird, im Wirtschaftsrecht bislang nur eine geringe praktische Bedeutung zu [Sievert/Klaiber 2011, 3].

Eine neue Verfassung wurde unter dem nach der „Revolution" eingesetzten Militärrat durch eine Volksabstimmung angenommen. Jedoch sind am 10. September 2011 die Notstandgesetze erneut in Kraft getreten, so dass die Verfassung (erneut) außer Kraft gesetzt wurde. Die Erarbeitung einer neuen Verfassung ist nun nach dem Abschluss der Parlamentswahlen und der dieses Jahr (2012) vorgesehenen Präsidentenwahlen zu erwarten.

2.3.2
Energie

Die Energiewirtschaft in Ägypten ist weitgehend staatlich organisiert. Derzeit existieren 15 Gesellschaften, die jeweils spezifische Aufgaben abdecken: den Betrieb von thermischen Kraftwerken und von Wasserkraftwerken, den nationalen Stromtransport sowie die regionale Stromverteilung. Als Muttergesellschaft dient die Egyptian Electricity Holding Company (EEHC), die wiederum dem ägyptischen Energieministerium (MoEE) zugeordnet ist. Das Ministerium für Erdöl (MoP) ist für den ägyptischen Energiesektor ebenfalls von Bedeutung. Die Produktion und Verteilung von Energie ist mehrheitlich staatlich organisiert und das MoEE ist über die EEHC der einzige Käufer von Elektrizität. Um die einzelnen Ministerien zu koordinieren, wurde der Oberste Energierat (SCE) gegründet. Dieser stellt unter dem Vorsitz von Premierminister Ahmed Nazif „die höchste politische Instanz bezüglich Energiefragen dar" [econetnorthafrica 2011].

Energie wird in Ägypten aufgrund des Bevölkerungs- und Einkommensstruktur stark subventioniert. So lag die Höhe der Subventionen in den Jahren 2007/2008 bei mehr als 43 Milliarden Ägyptische Pfund (EGP). Der Energieverbrauch steigt jährlich um 7% und die Energieintensität ist im Vergleich zu Deutschland viermal so hoch. Zu den Hauptenergiekonsumenten zählen Industrie, private und öffentliche Haushalte sowie Verkehr [econetnorthafrica 2011].

Der Strommarkt ist teilweise liberalisiert. Private Akteure sind auf dem Markt zugelassen. Deren Hauptgeschäftsfelder sind die Errichtung und der Betrieb von Kraftwerken, zum Teil sind sie bereits an der Stromverteilung beteiligt. Das neue Energiegesetz, welches zur Abstimmung im Parlament vorliegt, sieht erstmals spezifische Regelungen für die Energieeffizienz vor.

Primärenergie

Im Jahr 2008 betrug der Primärenergieverbrauch Ägyptens 822 TWh. Mit 49,0% hatte Erdgas daran den höchsten Anteil zu verzeichnen. Erdöl weist mit 45,7% eine ähnliche Bedeutung auf [OECD/IEA 2010]. Somit basiert die Energieversorgung Ägyptens nahezu vollständig auf fossilen Energieträgern. Inklusive der Energieerzeugung aus Kohle summiert sich der fossile Anteil der Energieträger auf über 95%. Die Energieerzeugung aus Erneuerbaren Energien steht noch am Anfang. Dies soll sich aber in Zukunft erheblich ändern.

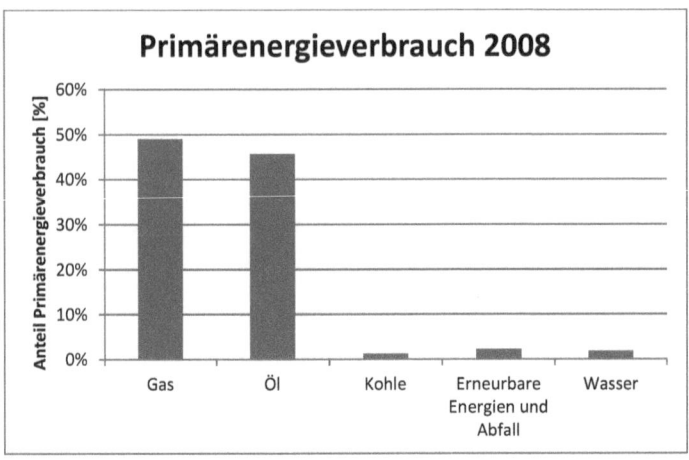

Abbildung 5: Primärenergieverbrauch Ägypten 2008
[Quelle: OECD/IEA 2010]

Ressourcen

Ägypten verfügt über eigene Öl- und Gasreserven. Die Höhe der Ölreserven lag Ende 2009 bei 4,4 Milliarden Barrel. Dies sind ca. 0,3% der Weltölreserven. Bei einer Förderung auf dem Niveau der letzten Jahre ergibt sich eine statische Reichweite von 16,7 Jahren. Allerdings geht die Ölförderung bereits zurück: Die Förderspitze wurde mit 941.000 Barrels pro Tag im Jahr 1993 erreicht. In den letzten fünf Jahren wurden durchschnittlich lediglich noch 710.000 Barrels pro Tag gefördert.

Anders sind die Verhältnisse im Gassektor. Ägypten verfügte im Jahr 2010 über Reserven in Höhe von 2,2 Billionen m^3. Der Anteil an den Weltgasreserven liegt damit bei 1,2%. Die statische Reichweite der Vorräte beträgt 36,0 Jahre. Die Gasproduktion wurde in den vergangenen Jahren erheblich ausgeweitet. Im bisherigen Rekordjahr 2009 wurden 62,7

Milliarden m³ gefördert. Innerhalb von nur fünf Jahren war dies eine Verdopplung der Fördermenge [BP 2011].

Strom

Die Stromerzeugung betrug im Jahr 2010 130.752 GWh. Die Kapazität wurde gegenüber 2008 um mehr als 6% gesteigert. Die benötigte Spitzenlast betrug bislang 21.330 MW und wurde im Jahr 2009 nachgefragt [EEHC 2010, 9]. Der Großteil der installierten Leistung wird von thermischen Kraftwerken vorgehalten.

Tabelle 7:   Stromerzeugungskapazitäten Ägypten in GWh

[EEHC 2010, 9]

Stromerzeugungskapazitäten in Ägypten			
	2008/2009 [GWh]	2009/2010 [GWh]	Veränderung [%]
Wasserkraft	14.682	12.863	-12,39
Thermische Kraftwerke	101.898	111.576	9,50
Windenergie (Zafarana)	931	1.133	21,70
Privater Sektor (BOOT)	13.241	13.184	-0,43
Gesamt	130.752	138.756	6,12

Einen besonderen Bereich stellt der private Sektor dar. In Build-Own-Operate-Transfer-Projekten (BOOT-Projekten) übernehmen private Unternehmen staatliche Aufgaben und errichten und betreiben Kraftwerke zur öffentlichen Versorgung. Vom Staat erhalten sie dafür eine Investitionsgarantie. Das Eigentum an den errichteten Anlagen verbleibt hingegen beim Staat. Die installierte Kapazität in diesem Sektor basiert ebenfalls auf thermischen Kraftwerken, die mit fossilen Energien betrieben werden.

Energieeffizienz

Es gibt zurzeit keine spezifischen gesetzlichen Regelungen in Bezug auf Energieeffizienz. Es finden sich Ausführungsbestimmungen für Energieeffizienz im Bausektor, die in Art. 26 des Baugesetzes (08.04.2009), im Baugesetz in der Fassung von 2008 sowie in den Richtlinien für „Grüne Gebäude" (1999) verankert sind [econetnorthafrica 2011 a]. Mit Hilfe internationaler Unterstützung erfolgte die Erarbeitung eines umfangreichen Gesetzentwurfes zur Energieeffizienz in Wohngebäuden. Dieser wurde jedoch bis heute nicht umgesetzt.

Um die Energieeffizienz in der ägyptischen Energiepolitik auf der Verbraucherseite zu erhöhen, wurde das Energiegesetz erarbeitet. Das Gesetz sieht die Verbreitung von energieeffizienten Anwendungen, das Abschalten besonders ineffizienter Verbraucher sowie das Labeling für energieeffiziente Energiegeräte vor.

Das neue Energiegesetz, welches zur Ratifizierung im Parlament vorliegt, sieht folgende Regelungen zur Förderung der Energieeffizienz vor:

- Alle elektronischen Geräte müssen eine Energieverbrauchskennzeichnung haben.
- Die Regierung verpflichtet sich, für Energieeffizienz zu werben und diese zu fördern.
- Geräte, Technologien etc. mit hohem Stromverbrauch sollen nach und nach ersetzt werden.
- Lizenzen zur Stromerzeugung (über BOOTs, Feed-Ins etc.) werden nur vergeben, wenn Energieeffizienzvorgaben beachtet werden.
- Gebäude und Industrieanlagen erhalten ihre Lizenzen nur, wenn Energieeffizienzvorgaben beachtet werden.

Zusätzlich müssen Konsumenten mit einem hohen Stromverbrauch (über 500 kW) der Verpflichtung nachkommen, einen Energiemanager einzustellen [econetnorthafrica 2011].

Weitere Instrumente zur Förderung von Energieeffizienz sind die Einrichtung eines ägyptischen Environmental Protection Fund (hier werden 125 Milliarden US Dollar über die nächsten 20 Jahre zur Verfügung gestellt), das UNDP/GEF Programm zur Umsetzung des Building Code sowie des Green Label Programmes, die Planung eines Energiesparprogrammes für den Tourismussektor durch das UNEP [BMWi/AHK 2009, 3].

Erneuerbare Energien

Ägypten bietet ein großes Potential für Erneuerbare Energien. Insbesondere für die Nutzung der Wind- und Solarenergie sind die natürlichen Gegebenheiten hervorragend, aber auch in der Biomassenutzung sind Fortschritte zu verzeichnen. Aufgrund der relativ geringen Öl- und Gasvorräte ist die Nutzung der Erneuerbaren Energien ein wesentlicher Baustein in der ägyptischen Energiepolitik. Die ägyptische Regierung hat sich zum Ziel gesetzt, bis 2020 20% des ägyptischen Strombedarfs durch sauberen Strom aus erneuerbaren Energiequellen zu decken [State of Environment Report 2008].

Um den privaten Sektor an der Entwicklung des erneuerbaren Energiesektors verstärkt zu beteiligen, hat die Regierung rund 7.600 m² Wüstenland für Projekte bereitgestellt. Die Genehmigungen für die Flächennutzung erfolgen über die Behörde für Neue und erneuerbare Energien (NREA).

Die ägyptische Regierung sieht weitere Maßnahmen zur Förderung des Sektors der erneuerbaren Energien vor:

- Eine Umweltverträglichkeitsstudie, inklusive einer Vogelzugstudie, die von der NREA angefertigt wurde.
- Das finanzielle Risiko für die Investoren soll durch die Unterzeichnung eines langfristigen Power Purchasement Agreement (PPA) reduziert werden. Gleichzeitig bürgt die Regierung für die finanziellen Verpflichtungen des öffentlichen Sektors.
- Die Einführung der Erneuerbaren-Energien-Technologien ist zollfrei [BMWi/AHK 2010, 5].

Tabelle 8:   Energienutzung in Ägypten

[BMWi/AHK 2010, 2]

Energiemix Ägypten	
Aktuell	**[%]**
Fossile Brennstoffe und Erdgas	94
Wasserkraft	5
Windenergie und andere	1
Vorgesehen 2021/2022	
Fossile Brennstoffe	20
Erdgas	41
Energieeffizienzimplementierung	8
Erneuerbare Energien/ Wasser	2
Erneuerbare Energien/ Wind	7
Kernenergie	6
übrige Energiequellen	15

Gesetzlicher Rahmen

Der Energiemarkt in Ägypten ist weitgehend in staatlicher Hand. Private Investoren können allerdings bereits seit 1996 (Gesetz Nummer 100) eine Konzession zur Errichtung und zum Betrieb von Kraftwerken beantragen.

Das neue Energiegesetz regelt die Verantwortlichkeiten und den Zugang zum ägyptischen Elektrizitätsmarkt. Zudem enthält es Vorgaben zur Nutzung erneuerbarer Energien sowie zur Energieeffizienz. Der Anteil an erneuerbaren Energien soll mittels Ausschreibungen erhöht werden und mit dem ägyptischen „Energy Strategic Plan" abgestimmt sein. Der erzeugte Strom wird vom Netzbetreiber EETC ins Netz eingespeist. Die Einspeisevergütung wird für 15 Jahre gezahlt und darf sich nicht mehr als um 2% verringern.

Wasserkraft

Wasserkraft wird in Ägypten seit der Errichtung des Assuan-Stausees 1960 zur Erzeugung von Elektrizität genutzt. Die drei Wasserkraftwerke Assuan I, Assuan II und der Assuan-Hochdamm tragen insgesamt mehr als 11% zur elektrischen Energieerzeugung bei [KfW 2011].

In Ägypten sind derzeit Wasserkraftwerke mit einer Leistung von 23.000 MW installiert. Die Leistung wird unter anderem durch die folgenden Kraftwerke erbracht:

Tabelle 9:   Wasserkraftwerke und ihre Leistung in Ägypten

[BMWi/AHK 2010, 3]

Wasserkraft in Ägypten	
Anlage	Leistung [MW]
Assuan Hochdamm	2.100
Wasserkraftwerk Assuan I	270
Wasserkraftwerk Assuan II	270
Esna Damm	90
Naga Hamady Damm	94

Ein weiteres Wasserkraftwerk mit einer Leistung von 32 MW ist am Assiut-Staudamm in Planung. Die Inbetriebnahme wird voraussichtlich 2016 erfolgen [EEHC 2010, 23]. Die Errichtung des Staudamms sowie des Kraftwerks sind Teil eines von der KfW finanzierten Projektes. Damit soll die Wasserversorgung zur Bewässerung eines Gebietes von 672.000 Hektar sichergestellt werden [EPO 2010].

Windkraft

Ägypten weist ein großes Potential für die Nutzung der Windenergie auf. Insbesondere an der Küste am Golf von Suez herrschen Windgeschwindigkeiten von durchschnittlich über 10 m/s, so dass hier Strom zu sehr geringen Gestehungskosten erzeugt werden kann. Das Potential allein dieser Region wird auf 20.000 MW geschätzt [Jensch 2011]. Ökonomisch realisierbar ist die Erzeugung von 90 TWh pro Jahr. Das entspricht ca. 70% der gesamten Stromproduktion Ägyptens, die im Jahr 2008 bei 931 GWh lag [IEA 2008].

Bis 2020 sollen Windkraftprojekte mit einer Kapazität von 2.750 MW umgesetzt werden [Mortensen et al. 2005, 2]. Entsprechende Ausschreibungen für Windparks im Jahr 2011 sollen u.a. in Kooperation mit der KfW-Entwicklungsbank erfolgen. Die Privatwirtschaft wurde aufgerufen 1.370 MW an Windkraftleistung zu entwickeln. Nach dem Sturz von Präsident Mubarak im Februar verzögern sich die geplanten Ausschreibungen voraussichtlich bis nach den Neuwahlen [DENA 2011]. Derzeit beträgt die installierte Kapazität an Windenergieanlagen 490 MW. Dazu trägt unter anderem der Windpark in Zaafarana 430 MW bei, der mit finanzieller Unterstützung von Spanien, Dänemark und Deutschland realisiert wurde. Es werden pro Windpark insgesamt 300 GWh für das nationale Netz produziert und dadurch etwa 620.000 t CO_2 vermieden [BMWi/AHK 2010, 3].

Ein Windpark ("Golf von El Zayt") mit einer Leistung von 200 MW befindet sich aktuell in Planung. Die Projektkosten werden auf 340 Mio. Euro (2.720 Mio. Ägyptische Pfund) geschätzt. Deutschland stellt mit einem KfW-Darlehen von 192 Mio. Euro den höchsten Anteil der Finanzierung. Die Europäische Kommission gibt einen Zuschuss in Höhe von 30 Mio. Euro und die Europäischen Investitionsbank (EIB) stellt ein Darlehen über 50 Mio. Euro bereit. Der ägyptische Eigenbeitrag liegt bei 68,5 Mio. Euro (20%) [Umweltdialog 2010].

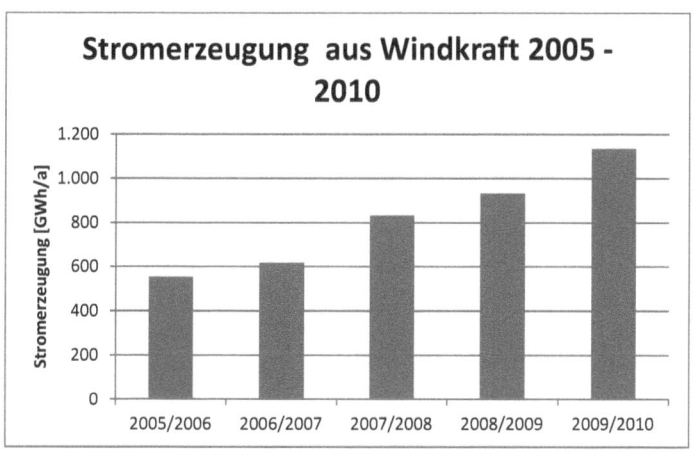

Abbildung 6:   Entwicklung der Windkraft in Ägypten 2005 – 2010
[EEHC 2009/10, 28]

Solarenergie

Die Einstrahlung der Sonnenenergie beträgt nach dem ägyptischen Solaratlas auf zwei Drittel des Landes mehr als 6,4 kWh pro m² und Tag. Pro Jahr lassen sich auf einen Quadratmeter ca. 2.300 kWh Strom erzeugen [Marks 2009].

Theoretisch könnte auf 0,1% der Landesfläche genug Strom für ganz Ägypten erzeugt werden. Da mehr als 60% der Landesfläche aus wei-

testgehend ungenutzter Wüste besteht, wäre dies technisch sogar um-
setzbar. Aktuell wird die Solarenergie nur in geringfügigem Maß genutzt.
Zu nennen ist vor allem das solarthermische Hybridkraftwerk Al Kuraymat,
mit einer Gesamtleistung von 150 MW, von denen 20 MW auf Solarenergie und 120 MW auf Erdgas entfallen. [Comsan 2010, 7]

Darüber hinaus wird eine weitere Solarenergieanlage in '6th of October
City' errichtet. Aktuell sind ca. 5 MW Photovoltaik zur Stromproduktion
installiert [Marks 2009].

Die Warmwasserproduktion erfolgt häufig mit solaren Warmwassersys-
temen. Insgesamt sind in Ägypten 200.000 solcher Anlagen in Betrieb.
Für solarthermische Anlagen sind vom Gesetzgeber Standards gesetzt
worden. Der Einsatz wird von der NREA unterstützt [BMWi/AHK 2010,
GTZ 2007].

Biomasse

Biomasse wird in Zukunft ebenfalls einen Beitrag zur Stromproduktion
Ägyptens leisten. Die ägyptische Landbevölkerung gewinnt mehr als 70%
der genutzten Energie aus dem Verbrennen von Pflanzen und getrockne-
tem Dung. Der Wirkungsgrad der traditionellen Öfen, mit denen die Biomasse verbrannt wird, ist mit 5 - 10% äußerst niedrig [GTZ 2007, 13]. Die
Gesamtmasse wird jährlich auf 60 Mio. Tonnen geschätzt. Dies entspricht
einem Energiewert von 855 Mio. GJ bzw. 20 Mtoe pro Jahr [AHK 2010,
2].

Auf staatlicher und kommunaler Ebene sind einige Projekte zur energeti-
schen Nutzung der kommunalen und landwirtschaftlichen Abfälle (Gaser-
zeugung und Verbrennung) vorgesehen. In einer Anlage in El-Gabal El-
Asfer wird bereits Biogas aus Klärschlamm gewonnen. Die Anlage hat eine Leistung von 23 MW [Marks 2009].

2.3.3
Abfallwirtschaft

Ägypten hat mit einer Bevölkerung von 78,2 Mio. Einwohnern ein Abfallaufkommen von 19,7 Mio. Tonnen pro Jahr. Das entspricht einer Wachstumsrate des Abfalls von 36% seit dem Jahr 2000 [Sweep-net 2010, 11].
Durch den steigenden Konsum werden die Abfallmengen jedes Jahr um
geschätzte 3-4% ansteigen [RETech 2009, 1]. Diese Prognose macht das
Land interessant für deutsche Firmen, die erprobte moderne Methoden
und Techniken des Abfallmanagements anbieten.

Die Probleme liegen in der Unterversorgung der Bevölkerung in Städten
und Gemeinden durch bereits bestehende Entsorgungssysteme, in der
unwirksamen Kontrolle der gesammelten Abfälle in Anlagen und in der
nicht wirksamen Umsetzung der Kompostierung in vielen Gebieten. Wei-

terhin besteht das Problem, dass gefährliche Abfälle zum Teil mit ungefährlichen Siedlungsabfällen vermischt werden.

Der Erfassungsgrad des Hausmülls schwankt in Ägypten stark. Er liegt in
den ländlichen Regionen bei 25%. In vielen Gebieten erfolgt hingegen
keine Erfassung. In den Städten beträgt der Erfassungsgrad des Hausmülls
zwischen 30% und 95% [RETech 2009, 3].

Gesetzliche und institutionelle Rahmenbedingungen

Ägypten besitzt kein spezielles Abfallgesetz. Vielmehr sind die einzelnen
Regelungen für die Abfallentsorgung in verschiedenen Gesetzen „ver-
streut" zu finden:

Die grundlegenden Regelungen für die Abfallwirtschaft enthält das Umweltgesetz Nr. 4/1994 („The Environmental Law") und dessen Ausführungsbestimmungen.

Vor allem in den Ausführungsbestimmungen sind Vorgaben für das Abfallmanagement enthalten, die in erster Linie die Lizenzierung von Abfall-
anlagen und die Erstellung von Umweltgutachten regeln. Das Gesetz
weist zudem den lokalen Behörden die Zuständigkeiten für das Abfallmanagement zu. Das Ministerium für "Housing, Utilities and Urban Communities" bestimmt und überwacht die Errichtung von Abfallentsor-
gungsanlagen sowie die Bedingungen für die Lizenz zur Beseitigung von
gefährlichen Abfällen (Artikel 31 Umweltgesetz Nr. 4/1994).

Das Gesetz Nr. 38/1967 enthält spezifischere Regelungen zum Abfallmanagement. Die zentralen Bestimmungen sind:

- Die örtlichen Behörden sind zuständig für die Abfallsammlung und -
  entsorgung.
- Die Gebäudeinhaber sind verpflichtet, die Abfälle zur Abholung auf
  die Straße zu stellen.
- Die Abfallsammler benötigen eine Lizenz, die sie bei den örtlichen Behörden beantragen können.
- Von den Haushalten wird eine Gebühr in Höhe von 2% des Gebäu-
  dewertes für die Abfallsammlung erhoben.

Das Gesetz Nr. 10/2005 enthält die Regelungen für die Errichtung eines
Systems für Abfallgebühren. Die Gebührenrichten sich nach dem Einkommen und dem Wohnsitz der Einwohner.

Das Gesetz Nr. 09/2009, welches die Änderungen des Gesetzes Nr.
4/1998 beinhaltet, hat folgende neue Inhalte:

Die Kontrolle, Behandlung und Entsorgung von gefährlichen Abfällen
wird in Artikel 29-33 geregelt. Weiterhin verbietet Artikel 37 Absatz 2 die
offene Verbrennung von Hausabfall und anderem Feststoffabfall. Ebenfalls wird die Behandlung, Ablagerung und Sortierung an dafür vorgese-
hene Orte gebunden, die sich außerhalb von Wohn-, Industrie- und

Landwirtschaftsgebieten und in bestimmter Entfernung zu den Wasserwegen befinden müssen.

Ein neuer Erlass des Präsidenten (86/2010) vom 15. April 2010 regelt die Schließung von Mülldeponien und Abfallabladeplätzen in Greater Cairo. Er sieht den Neubau von fünf neuen Standorten für Sortierung, Recycling und finaler Entsorgung des Kommunalen Abfalls außerhalb des Wohn- und Handelsgürtels von Greater Cairo vor [Sweep-Net 2010, 14].

Die Verantwortlichkeiten im Abfallsektor sind aufgeteilt zwischen dem Umweltamt (EEAA) bzw. dem Umweltministerium (MSEA), dem Ministerium für lokale Entwicklung, dem Ministerium für Stadtentwicklung, Wohnen und Verkehr, dem Gesundheitsministerium, dem Ministerium für Wasserressourcen und Bewässerung und dem Landwirtschaftsministerium.

Das Umweltministerium (EEAA) gibt die Richtlinien vor, agiert als Vermittler zwischen den verschiedenen Ministerien und Behörden und ist zuständig für die Implementierung der Gesetze. Weiterhin ist das Umweltministerium den Gouvernements behilflich, adäquate Standorte für Abfallentsorgungseinrichtungen zu finden.

Die Gouvernements, die kommunalen Behörden oder die Stadtreinigungen in größeren Städten wie Giza und Kairo sind für die Abwicklung und Umsetzung der Entsorgungssysteme direkt oder indirekt durch vertraglich verpflichtete internationale oder lokale Firmen oder NGOs verantwortlich.

Die Verantwortlichkeiten der kommunalen Behörden umfassen die folgenden Punkte:

- Die Erteilung von Lizenzen an private Unternehmen, den informalen Sektor (NGOs und Zabaleen (Müllsammler),
- die Straßenreinigung, die Entsorgung von Abfall von unbebauten Grundstücken und von Gartenabfällen etc.,
- den Betrieb von Kompostieranlagen, direkt oder durch private Unternehmen,
- die Endlagerung von Abfällen durch die Überwachung von Deponien oder durch private Auftragnehmer [Sweep-Net 2010, 15 ff.].

Ägypten verfolgt eine nationale Abfallstrategie, die im Jahr 2000 vom Umweltamt (EEAA) bzw. dem Umweltministerium (MSEA) aufgestellt wurde. Zentrale Ziele dieser Strategie sind: Verstärkung der Einflussnahme der Zentralregierung im Abfallbereich, stärkere Einbeziehung privater Unternehmen in die Abfallwirtschaft, Einführung des Verursacherprinzips, höhere ökonomische Wertstellung für Abfälle als Sekundärrohstoffe sowie Stärkung des öffentlichen Bewusstseins und der gesellschaftlichen Teilnahme in Bezug auf Abfallmanagementsysteme.

Die Privatisierung ist eines der zentralen Instrumente für die Umsetzung der Strategie. Denn häufig scheitert die Umsetzung von Gesetzen und Verordnungen am Vollzug. So werden die gesammelten Abfälle in der Regel ohne wirksame Kontrolle gelagert. Der Wirtschaft wird aufgrund des bestehenden Eigeninteresses die Umsetzung von abfallwirtschaftlichen Instrumenten stärker zugetraut. Ägypten strebt an, die Entsorgung von Hausmüll weiter zu privatisieren. Dazu soll auch das Instrument CDM genutzt werden [RETech 2009, 6].

Ein weiteres Programm wurde mit dem Ägyptischen Umwelt-Regierungsprogramm von 1999 bis 2002 aufgelegt, um institutionelle und regulatorische Reformen im Umweltbereich zu fördern. Das Ziel im Abfallbereich war, die Performance und Effektivität des Abfallmanagements durch verbesserte Administration und erhöhtes Bewusstsein der Bevölkerung zu verbessern [Sweep-Net 2010, 15 ff.].

Spezifische Abfallmengen

Das gesamte Abfallaufkommen betrug im Jahr 2006 ca. 66 Mio. Tonnen [RETech 2009, 2]. Der Hausmüll macht mit 16 Mio. Tonnen nur ca. 26% der Abfallmenge aus. Prognosen gehen aber von einer Verdopplung der Mengen bis 2025 aus.

Die weiteren Quellen des Abfalls sind in Tabelle 10 aufgeführt:

Tabelle 10: Herkunft der Abfälle in Ägypten
[RETech 2009, 2]

Abfälle in Ägypten	
Art	Menge [Mio. t/a]
Haushalte	16,0
Landwirtschaft	16,5
Bauschutt	4,0
Industrie	6,2
Gesundheit	0,1
Flussreinigung	29,4
Klärschlamm	2,0

Unterschiede im Abfallaufkommen bestehen zudem zwischen urbanen und ländlich geprägten Regionen. Während auf dem Land das jährliche Pro-Kopf-Aufkommen durchschnittlich 220 Kilogramm beträgt, sind es in städtischen Regionen bereits 300 Kilogramm jährlich pro Einwohner. Die Abfallmenge steigt zudem um ca. 3-4% pro Jahr.

Abfallzusammensetzung

Der Hausmüll wird in Ägypten nicht getrennt und enthält demzufolge auch zahlreiche Stoffe, die potentiell wieder verwertbar wären. Die Zusammensetzung des Hausmülls ist in Tabelle 11 dargestellt.

Tabelle 11: Abfallzusammensetzung in Ägypten
[Sweep-Net 2010, 1]

Abfallzusammensetzung	
Abfallart	Anteile [%]
Organisches Material	50 - 60
Papier	8 - 12
Kunststoffe	10 - 15
Glas	3 - 4
Metalle	1,5 - 2
Textilien	1,2 - 7
Sonstiges	7 - 27

Behandlungswege

Eine geordnete Entsorgung von Abfällen gibt es in Ägypten ansatzweise erst seit zwei Jahrzehnten. Wilde Deponien sind noch weit verbreitet. Die Abfälle auf den Deponien werden häufig verbrannt, um die Menge zu verringern. Die Lagerung auf wilden Deponien stellt nach wie vor den Hauptentsorgungspfad dar (88%). Lediglich 2% der Abfälle werden auf kontrollierte Deponien verbracht. Weitere 8% gelangen in die Kompostierung, 2% des Abfallaufkommens werden recycelt [RETech 2009, 5]. Die Regierung strebt eine verstärkte Kompostierung von Abfällen an. Die Politik hat sich zum Ziel gesetzt, zwei Kompostierungsanlagen in jedem der 27 Gouvernements zu bauen. Die bestehenden Anlagen sollen effizienter arbeiten und ihre Kapazitäten besser ausgenutzt werden. Der Schwerpunkt liegt auf der Kompostierung, weil Kompost als Bodenverbesserungsmittel zur Fruchtbarmachung von Wüstenland Verwendung findet und aus diesem Grund als ein attraktives Produkt angesehen wird.

Die Abfallsammlung erfolgt in den Städten zum Teil durch Abfallsammler (Zabaleen), die den Abfall nach wieder verwertbaren Materialien durchsuchen. Der Abfall wird sortiert und die Wertstoffe werden an lokale Unternehmer verkauft. Organisches Material wird als Schweinefutter verwendet. In Greater Cairo und Alexandria werden auf diese Weise ca. 10% des Abfalls gesammelt; 80% davon werden wieder verwertet [RETech 2009, 4]. Die Abfallsammler bekommen von ihren Gemeinden eine Lizenz für die Sammlung in einer bestimmten Region. Es ist zulässig, mehrere Lizenzen zu erwerben.

Es wurden bereits mehrere geordnete Deponien errichtet, jedoch gibt es keine Normen oder Richtlinien, die eine Überwachung der Deponien sicherstellen. Zurzeit erfolgt die Ausarbeitung von nationalen Richtlinien durch das Umweltamt (EEAA).

Gefährliche Abfälle

In Ägypten werden jährlich etwa 60 Mio. Tonnen gefährlicher Abfall produziert. Es gibt nur eine Deponie im ganzen Land für die Entsorgung gefährlicher Industrieabfälle [GIZ 2011]. Gefährliche Abfälle werden teilweise mit ungefährlichen Siedlungsabfällen vermischt. Die vorhandenen Regelungen des Umweltgesetzes Nr. 4/94 werden nur unzureichend umgesetzt.

2.3.4
Abwasser

Ägypten ist aufgrund der geringen Niederschläge und Grundwasservorräte eines der wasserärmsten Länder der Welt. Da rund 95% des Landes aus Wüste bestehen, sind Landwirtschaft, Industrie und die Bewohner Ägyptens abhängig vom Wasser des Nils, welcher die zentrale Wasserquelle des Landes darstellt [BMZ 2011]. Ca. 85 % der Wasserressourcen Ägyptens entstammen aus dem Nil. Aus diesem Grund ist die Bevölkerung vor allem entlang des Nildeltas angesiedelt. Nur 3% des verfügbaren Wassers werden als Trinkwasser verwendet, hingegen werden ca. 80% für die Bewässerung in der Landwirtschaft und 10% in der Industrie genutzt. Aufgrund des prognostizierten Bevölkerungswachstums von 2% pro Jahr wird der Bedarf an Trinkwasser und Wasser für die Industrie steigen [NWRC 2008]. Deshalb müssen Wege gefunden werden, das Wasser effizienter als bisher zu nutzen. Probleme liegen insbesondere in der Verschmutzung durch Abwasser und Pestizide. Aufgrund des Bevölkerungswachstums, der zunehmenden industriellen Produktion sowie der Mängel in der Wasserversorgung und Abwasserentsorgung steigt also die Nachfrage nach Technologien der Wasserwirtschaft.

Da Wasser in Ägypten die kostbarste Ressource darstellt, existiert ein Gesetz, das die Einleitung von Abwasser in Flüsse und Meere verbietet. Trotzdem produziert Ägypten jährlich 2,6 Mrd. m³ Abwässer. Das entspricht etwa der Hälfte der Abwässer in Deutschland [Wolf 2010].

Im Jahr 2004 gab es mehr als 200 Kläranlagen in Ägypten. Die Kapazität betrug 11 Mio. m³/d, was für das Abwasser von ca. 18 Mio. Menschen ausreicht. In den letzten 20 Jahren hat sich die Anzahl der Kläranlagen verzehnfacht [NWRC 2008]. Die größte Kläranlage befindet sich in Gabal el Asfar in Nordwesten von Kairo; über diese wird das Abwasser von ca. 6 Mio. Menschen entsorgt.

Im Umweltrahmengesetz sind Regelungen enthalten, die das Abwasser betreffen (Law No. 4 / 1994 amended by Law No. 9 / 2009 regarding Protection of Environment).

Das Gesetz Nr. 48 aus dem Jahr 1982 regelt den Schutz des Nils und anderer Wasserwege vor Verschmutzung. Das Gesetz und die zugehörige Verordnung setzen Standards für Abwassereinleitung in den Nil und andere Wasserwege. Zuständig sind das Ministerium für Gesundheit und Bevölkerung und das Ministerium für Wasserressourcen und Bewässerung (MWRI). Es werden Standards gesetzt für die Wasserqualität nach Einleitung industrieller Abwässer, die Grenzwerte für industrielle Abwässer, die in Gewässer eingeleitet werden, die Qualität von Drainagewasser gemischt mit Grundwasser, sowie die Qualität von häuslichen und industriellen Abwässern, die in Abwasserkanäle und –sammler eingeleitet werden (brakish water bodies).

Die rechtlichen Bestimmungen für Bewässerung und Abwasser sind im Gesetz Nr. 12/1984 und in dem ergänzenden Gesetz Nr. 213/1994 zu finden. Sie legen die Nutzung und Bewirtschaftung von öffentlichen und privaten Bewässerungs- und Drainagesystemen einschließlich der Hauptkanäle und Bewässerungskanäle fest. Das Gesetz regelt ebenfalls den Betrieb und die Instandhaltung von privaten und öffentlichen Wasserstraßen und spezifiziert die Regelungen für die Kostenerstattung in Be- und Entwässerungsnetzen [FAO 2009].

Weitere Gesetze im (Ab-)Wasserbereich sind:

- Gesetz Nr. 27/1978 für die Regulierung von Wasserressourcen und die Behandlung von Abwasser im Hinblick auf den Schutz vor Gewässerverschmutzung
- Die Resolution Nr. 458 von 2007 definiert die Bedingungen bei der Festlegung der Kriterien für Trinkwasser und Wasser für den häuslichen Gebrauch
- Gesetz Nr. 12 /1984 für Bewässerung und Drainage und das ergänzende Gesetz Nr. 213/1994 reguliert die Bewässerung, Wasserversorgung, Grundwassermanagement im Nil-Tal und die Errichtung und Instandhaltung von Drainagekanälen
- MD 44/2000 reguliert die Einleitung von Abwasser in öffentliche Kanäle
- Das Gesetz Nr. 57/1978 legt die Kriterien für Klärteiche und -sümpfe fest [OECC 2005].

Die ägyptische Regierung hat den „Nationalen Plan für Wasservorkommen" (NPWR), der auf einem integrierten Wassermanagement und nachhaltigen Entwicklungsprinzipien basiert, ins Leben gerufen.

Das Ministerium für Gesundheit und Bevölkerung hat in Zusammenarbeit mit dem Ministerium für Verkehr und Bauwesen ein Abwasserentsorgungsprogramm entwickelt. Durch die Errichtung eines integrierten Systems für die Abwassersammlung und -behandlung sollen die Umwelt und die öffentliche Gesundheit geschützt werden. Das Programm zielt auf eine institutionelle Reform, die sich für die Implementierung von nichtkonventionellen Low-Cost-Technologien einsetzt, die Vereinfachung der bereits vorhandenen Strukturen fördert und eine Beteiligung der Bevölkerung, speziell von Frauen, vorantreibt.

Weitere angestrebte Ziele sind die Bewertung der umwelt- und gesundheitlichen Auswirkungen sowie die Bestimmung des sozioökonomischen Nutzens der Abwasseraufbereitung. Das Ziel der Abwasserpolitik besteht in der Reduzierung der Verschmutzung, die durch das Einleiten von Abwasser aus den Städten und Dörfern in den Nil, in die Kanäle und Abläufe verursacht wird [LDK 2006, 74].

Die Wasserwirtschaft wird von verschiedenen Ministerien und Behörden verwaltet und beaufsichtigt. Das Ministry of Water Resources and Irrigation (MWRI) ist das hauptverantwortliche Ministerium und für die gesamte Wasserversorgung, die Verfügung über nationale Wasserressourcen und für Abwasser zuständig. Die ägyptische Wasserbehörde (EWRA) überwacht und prüft alle Aktivitäten im Wasser- und Abwassersektor.

Die Wasserversorgung und sanitäre Einrichtungen werden vom Ministerium für Wohnungsbau und Stadtentwicklung (MHUNC) verwaltet.

2.3.5 Zusammenfassende Bewertung der Marktchancen

Im Bereich der *Umwelttechnologie* strebt Ägypten den Anschluss an internationale Standards an. In den zentralen Bereichen Abwasser, Abfallwirtschaft und Energie hat die Regierung jeweils spezifische Zielsetzungen formuliert, die auf die Verbesserung der aktuellen Situation ausgerichtet sind und die zu einer nachhaltigen Entwicklung beitragen werden.

Im *Energiebereich* hat sich das Land das Ziel gesetzt, die Stromerzeugung bis 2050 zu 50% auf Erneuerbare Energien umzustellen. Der Fokus liegt dabei auf dem Ausbau von Windkraft und Solarenergie. Durch den politischen Umbruch des Landes haben sich einzelne Ausschreibungen zwar verzögert, die Zielsetzung zum Ausbau der erneuerbaren Energien wurde jedoch beibehalten und das Vergabeverfahren scheint im zweiten Halbjahr 2011 wieder in Gang gekommen zu sein. So hat die New and Renewable Energy Authority (NREA) kürzlich zur Interessensbekundung qualifizierter Berater für ein 100-MW-Projekt zur Solarenergiegewinnung aufgerufen. Privatwirtschaftliche Unternehmen können, obwohl der Energiemarkt weitgehend in staatlicher Hand ist, Energieerzeugungsanlagen betreiben. Im Bereich der Energieeffizienz ist ein Gesetz vorgesehen, aufgrund dessen Gebäude, Industrie- und Erzeugungsanlagen Effizienz-kriterien einhalten und elektronische Geräte mit einer Energieverbrauchs-kennzeichnung versehen werden müssen.

In Ägyptens *Abfallsektor* besteht erheblicher Optimierungsbedarf. Der ge-setzliche Rahmen ist zersplittert und lückenhaft. Zudem werden die ge-setzlichen Vorgaben bisher nur unzureichend umgesetzt. Probleme liegen insbesondere in unterdimensionierten Entsorgungssystemen, in der unzu-reichenden Kontrolle der gesammelten Abfälle in den Entsorgungsanla-gen, sowie in der nicht wirksamen Umsetzung der Kompostierung in vie-len Gebieten. Weiterhin besteht das Problem, dass gefährliche Abfälle zum Teil mit ungefährlichen Siedlungsabfällen vermischt werden. Die na-tionale Strategie sieht u. a. vor, dass Abfälle zunehmend stofflich verwer-tet und private Unternehmen verstärkt in die Entsorgung und Verwertung einbezogen werden. Dabei ist jedoch insbesondere der etablierte infor-melle Abfallsektor zu berücksichtigen.

Ägypten hat seit jeher mit Wasserknappheit zu kämpfen. Bevölkerung und Wirtschaft hängen unmittelbar von der zentralen Wasserquelle des Landes, dem Nil, ab. Bedingt durch Bevölkerungs- und Wirtschaftswachs-tum steigt der Trinkwasserbedarf immer weiter an. Daneben gibt es zu-nehmend Probleme mit Verschmutzung von Abwasser durch Pestizide. Die Nachfrage nach Technologien der Wasserver- und -entsorgung wird deshalb weiter steigen.

Grundsätzlich bestehen daher positive Marktchancen für Umwelttechno-logieanbieter in Ägypten.

2.4
Vereinigte Arabische Emirate - VAE

2.4.1
Staatsrechtliche Grundlagen

Die Vereinigten Arabischen Emirate (VAE) sind ein Zusammenschluss von sieben Emiraten Abu Dhabi, Dubai, Ajman, Ras Al Khaimah, Fujairah, Sharjah und Umn Al Quwain.

Die VAE wurden 1971 als konstitutionelle Monarchie gegründet. Sie sind als föderalistischer Staat organisiert, der sich aus den sieben Emiraten zu-sammensetzt. Jedes der Emirate hat eine eigene Regierung und eigene Gesetzgebungskompetenzen. Das politische System der VAE basiert auf der Verfassung von 1971, die zunächst nur vorläufigen Charakter hatte, 1996 aber als offizielle Verfassung festgeschrieben wurde.

Der Präsident der VAE wird von den Herrschern der sieben Emirate ge-wählt. Das Auswärtige Amt Deutschlands bezeichnet die VAE als „patri-archalisches Präsidialsystem mit traditionellen Konsultationsmechanismen". Dabei handelt es sich um eine Kombination aus Tradition und Moderne.

Das höchste staatliche Organ ist der Oberste Rat der Herrscher. Er setzt sich aus den Emiren der sieben Emirate zusammen und wählt aus seiner Mitte sowohl den Präsidenten als auch den Premierminister. Der Herrscherrat bestimmt die politischen Leitlinien und ist auch zuständig für Ratifizierung von Bundesgesetzen.

Der föderative Nationalrat, der Federal National Council (FNC) setzt sich aus 40 Personen zusammen, die zur einen Hälfte gewählt, zur anderen Hälfte von den Emiren ernannt werden. Die Anzahl der Abgeordneten, die ein Emirat in das FNC entsenden kann, ist abhängig von der Bevölkerungszahl des jeweiligen Emirates. Parteien gibt es in den VAE nicht. Dem FNC kommt nur eine beratende Funktion zu. Er wird an den Gesetzgebungsverfahren beteiligt und kann Änderungsvorschläge einbringen.

Die Rechtsetzung erfolgt auf Bundesebene in unterschiedlichen Formen. Zu unterscheiden sind Gesetze (qawânîn), Durchführungsverordnungen (marâsîm bi qânûn), Verordnungen (marâsîm), Entscheidungen des Ministerrates (qarârât majlis al-wuzarâ') und Entscheidungen der einzelnen Minister (qarârât al-wazâriyya). Diese Rechtsakte werden im Bundesamtsblatt „Al-Jarîda Ar-Rasmiyya" veröffentlicht.

Aufgrund dieser besonderen Strukturen kommt dem geschriebenen Recht in den VAE eine geringere Bedeutung zu, als in den anderen hier behandelten Ländern. Die Kenntnisse der rechtlichen Grundlagen spielt für den Geschäftserfolg in den VAE daher eine geringere Rolle. Zudem ist es sehr viel schwieriger, relevante Texte zu beschaffen, die teilweise nur bei den zuständigen Behörden vorliegen und nicht englisch veröffentlich sind.

Deshalb und insbesondere aufgrund der föderalen Struktur wurde abweichend von den weiteren hier betrachteten Ländern in den Bereichen Abfall- und Abwasserwirtschaft von der Darstellungsstruktur abgewichen und anstelle dessen die Besonderheiten des jeweiligen Emirates dargestellt.

2.4.2
Energie

Auf Grund des starken Wirtschaftswachstums der VAE innerhalb der letzten Jahre ist der Energiebedarf sprunghaft gestiegen und wird in den nächsten Jahren noch weiter ansteigen. Der Energieverbrauch pro Person ist der Höchste weltweit. Mit über 10 toe ist er etwa 2,5mal so hoch wie der Verbrauch in Deutschland. Der Energiekonsum von Abu Dhabi und Dubai, den beiden Emiraten mit dem größten Wirtschaftswachstum und den größten Ölvorkommen, beträgt etwa 85% des Energieverbrauchs der gesamten VAE.

Die Gründe für den hohen Energieverbrauch liegen zum einen in der Infrastruktur: Zwischen den Städten sind große Distanzen zu überwinden, öffentliche Verkehrsmittel fehlen hier fast gänzlich. Die Kraftfahrzeuge haben im Durchschnitt einen hohen Verbrauch. Außerdem benötigen die Emirate viel Energie zum Kühlen und zur Klimatisierung von Gebäuden, die zum Teil unzureichend isoliert sind. Zum anderen erfordert die Meerwasserentsalzung große Mengen an Energie.

Als eine der ersten Ölnationen haben die VAE 2005 das Kyoto-Protokoll unterzeichnet. Um den Bedarf zu decken und gleichzeitig auch die Pflichten des Kyoto-Protokolls zu erfüllen, unterstützt die Regierung der VAE die Energiegewinnung aus alternativen Energien.

Zwar regeln die einzelnen Emirate ihre Energiepolitik unabhängig voneinander, jedoch werden emiratübergreifende Regelungen vom National Ministry of Energy erlassen. Abu Dhabi, als das mächtigste Emirat, hat hierbei eine führende Rolle übernommen.

Die Energiepreise variieren in den VAE stark. Einheimische zahlen für Energie weitaus niedrigere Preise als Ausländer. Letztere stellen jedoch rund 75-80% der Bevölkerung.

Öl und Gas

Die VAE besitzen knapp 10% der gesamten weltweiten Rohölvorkommen und das fünftgrößte Vorkommen an Erdgas. Über 90% der Ölexporte werden nach Asien, primär nach Japan (ca. 70%) verkauft.

Zur Energiegewinnung wird insbesondere Erdgas als Rohstoff verwendet, das trotz der großen eigenen Vorräte aufgrund einer erheblichen Nachfrage teilweise aus Quatar importiert wird [Dargin, 2010].

Durch Anstrengungen der Politik, das Land unabhängiger vom Öl- und Gashandel zu machen und neue Wirtschaftszweige aufzubauen, hängt das BIP der VAE nun nur noch zu 30% vom Öl- und Gasmarkt ab. Die Politik steuert in Richtung erneuerbare Energien und Energieeffizienz.

Die sieben Emirate verwalten ihre Öl- und Gasvorkommen eigenständig und unabhängig voneinander. Mehr als 90% der gesamten Ölvorkommen der Emirate - 92,2 Billionen Barrel - liegen in Abu Dhabi, gefolgt von Dubai mit ca. 4 Billionen Barrel, Sharjah mit 1,5 Billionen und Ras Al Khaimah mit 100 Millionen Barrel.

Während in einigen Ölnationen in den letzten Jahren die Produktion rückläufig war, ist sie in den VAE um 31% gestiegen. Kohle, Uran oder andere Energiequellen besitzen die VAE nicht.

Alternative Energien

Die Förderung von regenerativen Energien sowie der Nuklearenergie ist zum einen in der absehbaren Erschöpfung der Öl- und Gasvorkommen begründet, zum anderen im Ziel, durch Reduzierung der Verwendung von fossilem Brennstoff den derzeit extrem hohen Carbon Footprint zu verringern. Aber auch bei steigender Energiegewinnung aus alternativen Quellen werden die VAE weiterhin Öl und Gas exportieren.

Erneuerbare Energie

Für erneuerbare Energien besteht großes Potential in den Emiraten und so wird deren Ausbau in letzter Zeit stark vorangetrieben.

Masdar City in Abu Dhabi soll die erste weltweite kohlendioxidfreie und abfallfreie Stadt werden und gleichzeitig auch der Sitz der IRENA, der International Renewable Energy Agency. Abu Dhabi strebt an, bis zum Jahr 2020 rund 7% Energie aus regenerativen Quellen zu gewinnen. Dies wären 1,5 GWh bei einer Gesamterzeugung von 20 GWh. 1,5 GWh könnten durch sechs große Solaranlagen mit einer installierten Leistung von je 250 MW Leistung erzeugt werden. Diese Ziele sind Absichtsbekundungen der Masdar Initiative. Die erste Solaranlage, 120 km von Abu Dhabi City, ist bereits im Bau.

Der Dubai Strategic Plan 2015 beinhaltet auch Green Building Standards, Energiemanagement und saubere Energiegewinnung. Einige beispielhafte Projekte sind in Dubai bereits umgesetzt. So benutzt der Burj Khalifa, das höchste Haus der Welt, Solarenergie zur Wassererwärmung, mit der täglich 140.000 Liter Heißwasser erzeugt werden können. Ein Hotel in Bur Dubai ist das erste weltweit, das auch für den Betrieb der Klimaanlage Solarenergie nutzt.

Nuklearenergie

Kernkraft ist Teil der Energieplanung in den VAE. Es laufen bereits Vorbereitungen für den Bau des ersten Reaktors, der 2017 begonnen werden soll. Hierbei arbeitet die Regierung eng mit der Internationalen Atomenergie-Organisation (IAEA) zusammen und kooperiert mit den Regierungen der Vereinigten Staaten, Englands, Frankreichs und Japans.

2.4.3
Abfall

Industrielle Entwicklung, Bevölkerungswachstum und Wachstum der Städte sowie ein gehobener Lebensstil führen zu steigendem Abfallaufkommen in den Vereinigten Arabischen Emiraten,das bereits jetzt mit einem täglichen Aufkommen von 3,4 – 3,8 kg pro Kopf [Beeah 2009] zu einem der höchsten der Welt zählt.

Obwohl die Zusammensetzung des Abfalls weitestgehend biologisch ab-
bau- und verwertbar ist (52% Speisereste, 16% Papier, 14% Kunststoffe
und 7% Glas) [Beeah 2009], wird dennoch der überwiegende Anteil des
Abfalls auf Mülldeponien abgelagert. Im Vergleich zu den anderen Staaten der Region sind die VAE gleichwohl im Abfallbereich schon relativ
weit vorangeschritten.

Für medizinischen Abfall gelten seit 2002 gesonderte Regeln. Während
der Abfall bis zu diesem Zeitpunkt noch auf Deponien gelagert wurde,
muss er seither getrennt von Haushaltsabfällen in von den Stadtverwal-
tungen besonders gekennzeichneten Abfallcontainern gesammelt werden
[CITD 2007].

Die Sammlung wird in den Emiraten Ajman, Sharjah und Dubai von Privatunternehmen übernommen, welche den Abfall den städtischen Verbrennungsöfen zuführen, während sich die Emirate Umn al Quwain, Fujairah und Ras al Khaimah selbst um die Entsorgung kümmern
[Ukradeinvest 2010].

Krankenhäuser, die dem Gesundheitsministerium angehören, sind für den
Transport ihres Abfalls zu den Verbrennungsöfen selbst verantwortlich.

Abfall in Abu Dhabi

Allein im Emirat Abu Dhabi fielen in den Jahren 2007/2008 ca. 5,9 Millionen Tonnen Abfall an [CWM 2010]. Pro Kopf wurden hier schon vor 15
Jahren täglich 1,76 kg Abfall produziert [Abu Qdais 1997].

Um das Abfallsystem zu verbessern, errichtete die Regierung Abu Dhabis
im Dezember 2008 das Zentrum für Abfallmanagement (Centre of Waste
Management, kurz CWM). CWM ist sowohl für die Kontrolle als auch für
die Koordination des Abfallmanagements in Abu Dhabi zuständig.

Der Abfall der Greater Abu Dhabi Area wird auf der Mülldeponie Al
Dhafra entsorgt, die für eine Aufnahmekapazität von 450-730 Ton-
nen/Tag konzipiert wurde, auf der es aber keine Brückenwaage und somit
keine Aufzeichnung über die Menge der angelieferten Abfälle gibt. Im
Westen Abu Dhabis existiert eine Anzahl kleinerer Deponien, die insgesamt täglich etwa 342-409 Tonnen Abfall aufnehmen.

Die Stadt Al Ain hat zurzeit 4 kleine Deponien in den Teilgemeinden Al
Wagan, Al Hayer, Al Khazna und Sweihan in Betrieb. Auf diesen Deponien wurden insgesamt ca. 350.000 – 500.000 Tonnen landwirtschaftliche Abfälle abgelagert. Daneben existieren inoffizielle Deponien in der
Wüste, auf denen auch weiterhin Abfälle abgelagert werden.

Die Deponien in Al Dhafra und in der Region Al Ains können auf Grund
zahlreicher Mängel internationale Standards nicht erfüllen: mangelhafte
Bauweisen, die Gefährdung der Gesundheit und Sicherheit der Arbeiter,

die Verunreinigung von Grundwasserressourcen und unkontrolliertes Abladen von flüssigen und gefährlichen Stoffen.

Im Jahr 2004 fielen in Abu Dhabi zudem 6.000 bis 12.000 Tonnen gefährlicher Abfall an. Gemäß Artikel 5 Nr. 2 des Law Nr. 21 (2005) for Waste Management in Abu Dhabi Emirate, haben die Abfallproduzenten dafür Sorge zu tragen, dass gefährliche und ungefährliche Abfälle getrennt werden.

Die Behandlung von gefährlichem Abfall steht in Abu Dhabi erst am Anfang; bisher gibt es nur sehr wenige Anlagen, die diese Art von Abfall behandeln können.

Für die Entsorgung von gefährlichem Abfall sind die Environmental Service Providers (EPSs) zuständig. Diese sind mit der Sammlung, Lagerung, Behandlung und Endlagerung dieser Abfälle beauftragt. Geregelt ist dies in Artikel 3 Nr. 6 des Law Nr. 21 (2005) for Waste Management in Abu Dhabi Emirate. Die EPSs erhalten hierfür eine Lizenz der Competent Authority, dies ist in diesem Fall die Environment Agency Abu Dhabi (EAD).

Eine Endlagerstätte für gefährlichen Abfall findet sich neben der ehemaligen Deponie Zakher in Al Ain. Eine Behandlungs- und Endlagerstätte für Ölabfälle ist in Ruwais im Bau [CITD 2010].

Für radioaktive Abfälle gilt u.a. das Federal Law Nr. 1 (2002) Regulation and Control of the Use of Radioactive Sources and Protection against their Hazards.

Abfall in Dubai

Im Emirat Dubai fallen täglich ca. 10.000 Tonnen Abfall an [Goumbook 2010]. Für die Behandlung und Deponierung der Abfälle ist die Stadtverwaltung Dubais (Dubai Municipality) zuständig. Ein erheblicher Teil der Entsorgung wird jedoch von privaten Abfallunternehmen durchgeführt. So wurden im Jahr 2003 ca. 49% der gesamten Abfallsammlung von Privaten übernommen, im Jahr 2004 waren es bereits 53% und 70% im Jahr 2009 [CITD 2010].

Weiterhin werden die Privatunternehmen in die Sammlung von Bauschutt einbezogen und führen auch die Sammlung von gefährlichem und medizinischem Abfall durch [Uktradeinvest 2010].

Die organisierte Erfassung von recyclebaren Abfällen durch Privatunternehmen hat bereits in den frühen 90er Jahren begonnen und wird auch heute weitergeführt [CITD 2010]. So errichtete beispielsweise die Emirate Environmental Group so genannte Recycling Center, in denen man Abfälle zur Wiederaufbereitung abgeben kann.

Seit kurzer Zeit finden sich auch neben Bushaltestellen in Dubai Recyclingcontainer, deren Inhalt durch die Stadtverwaltung entsorgt wird. Die Abfälle werden allerdings nicht der Verwertung zugeführt, sondern zusammen mit herkömmlichen gemischten Abfällen auf einer Deponie abgelagert [Raouf 2010].

Die Stadtverwaltung Dubais unterhält Abfalldeponien an fünf unterschiedlichen Standorten im Emirat. Auf drei Anlagen wird ausschließlich kommunaler Abfall deponiert. Ein Standort ist speziell für Bauschutt vorgesehen, während gefährlicher Abfall in der Jebel Ali Hazardous Waste Treatment Facility behandelt und entsorgt wird [KleanIndustries 2006].

2006 errichtete die Stadtverwaltung Dubais die Recyclinganlage Tadeweer (= arabisch recycling), die derzeit täglich 4.000 Tonnen städtischen Abfalls auf 6 Sortierlinien verarbeitet. Die Anlage soll zukünftig weitere 3.000 Tonnen Kommunalabfälle pro Tag verarbeiten können [Adiabat 2010]. Tadweer ist nicht nur die einzige Recyclinganlage in Dubai, sie ist zudem in der Lage 79% des angelieferten Abfalls zu behandeln, die verbleibenden 21% werden einer Deponie zugeführt. Es werden Papier, Plastik, Metall und Glas für die Wiederverwertung aussortiert. Ebenfalls soll zusätzlich Strom aus dem Abfall gewonnen werden [Goumbook 2010].

Derzeit werden etwa 7.000 Tonnen Abfall auf den Deponien Al Ghusais, Jebel Ali, Lehbab und Hatta gelagert. Mit einer Aufnahmekapazität von 6.000 Tonnen Abfall pro Tag stellt Al Ghusais die größte Deponie dar.

Abfall in Sharjah

In Sharjah fallen täglich etwa 2.000 Tonnen Haushaltsabfälle an (ca. 2,5 kg Abfall pro Person und Tag). Der Abfall wird auf die Al Saja'a Waste Management Site überführt, welche von der Emirate Environmental Technology Co. LLC und der Sharjah Environmental Company geführt wird. Die Anlage hat eine Aufnahmekapazität von ca. 25 Mio. m^3, die Menge des angelieferten Abfalls steigt jährlich um ca. 14% [CITD 2010].

Die Handhabung von medizinischen Abfällen ist in diesem Emirat bislang nicht geregelt. Die Sharjah Environmental Company, die für den gesamten Feststoffabfall in Sharjah zuständig ist, ist auch mit der Entsorgung der medizinischen Abfälle betraut. Bislang wurden diese Abfälle verbrannt [Ukradeinvest 2010].

Abfall in Ras Al Khaimah

2004 fielen im Emirat Ras Al Khaimah etwa 208.050 Tonnen Feststoffabfall an. Das Emirat entwickelte das erste integrierte Abfallmanagementprogramm in den Vereinigten Arabischen Emiraten, das auf den US EPA Standards beruht.

Der gesammelte Abfall wird in einer Materialrückgewinnungsanlage sortiert; recyclebare Stoffe können der Wiederverwertung und übrig bleibende Materialien einer Deponie zugeführt werden.

Die Deponie verfügt über ein Gasrückgewinnungssystem, das 2001 in Betrieb genommen wurde und ebenfalls die US EPA Standards erfüllt. Bioabfall, Baumschnitt und Bauschutt werden zurzeit noch auf einer inaktiven Deponie gelagert. Sie sollen aber in Zukunft auch vermehrt recycelt werden [CITD 2010].

Abfall in Fujairah

Im Jahr 2005 sammelte die Stadtverwaltung Fujairahs etwa 50.000 Tonnen Siedlungsabfall. Davon wurden etwa 49% der Fujairah Fertilizers Factory (Düngerfabrik Fujairahs) zugeführt, der Rest wird deponiert. Die Düngemittelfabrik wurde 1986 in Zusammenarbeit mit einer italienischen Firma errichtet und befindet sich im Staatseigentum.

Weiterhin plant die Regierung Fujairahs die Errichtung einer neuen Kompostieranlage, die aus Feststoffabfall und Schlickrückständen Düngemittel hoher Qualität herstellen soll. Die Bearbeitung des Schlicks findet in einem Faulturm statt, in dem der Schlick in Methan, Wasser und stabilen Restschlamm umgewandelt wird. Das entstehende Methan liefert die Energie für den Betrieb der Anlage [CITD 2010].

Abfall in Umn Al Quwain

Über die Abfallsituation in Umn Al Quwain liegen nur wenige Informationen vor. Das Emirat beschäftigt für die Entsorgung des städtischen Abfalls keine Privatunternehmen. Medizinischer Abfall wird von Privatunternehmen gesammelt und an städtische Müllverbrennungsanlagen überführt [Ukradeinvest 2010].

Weiterhin besteht zwischen dem Emirat und einem Privatunternehmen ein Vertrag über den Bau einer Abfallbeseitigungsanlage. Sie soll eine Fläche von 240.000 m^2 einnehmen und den internationalen Standards genügen [CITD 2010].

2.4.4
Abwasser

Für die Entsorgung des Abwassers sind die Emirate Abu Dhabi, Ajman, Dubai, Fujairah, Ras Al Khaimah, Sharjah und Umn Al Quwain selbst verantwortlich.

In Abu Dhabi, der Hauptstadt der Vereinigten Arabischen Emirate, und in einigen anderen Emiraten finden sich bereits gut ausgebaute Abwassersysteme. Andere Emirate, z. B. Umn Al Quwain, sind jedoch auf die Unterstützung der föderalen Behörde für Wasser und Elektrizität (Federal Agency of Water and Electricity) angewiesen.

Diese Behörde ist sowohl für die Abwasserentsorgung als auch für die Trinkwasser- und Stromversorgung zuständig.

Abwasser in Abu Dhabi

Die Abwasserproduktion in Abu Dhabi beträgt ca. 1,32 Millionen m³ pro Tag.

Annähernd das gesamte Abwasser in Abu Dhabi wird in insgesamt 18 Abwasserbehandlungsanlagen aufbereitet und wiederverwertet. Die bedeutendsten Anlagen sind die städtische Al Mafraq Anlage und die Zakher-Anlage nahe Al Aain. Um die bestehenden Anlagen zu entlasten und mit der steigenden Menge des Abwassers umgehen zu können, sind vier weitere Abwasserbehandlungsanlagen in Planung, nämlich Al Saad, New Zakher, Al Wathba 2 und Allahamah. Al Wathba 2 und Allahamah sind seit 2009 in Bau und sollen nach ihrer Fertigstellung 2011 Teile des Abwassers von Abu Dhabi und Al Ain behandeln [Halcrow 2010].

Im Jahr 2008 wurde von der Abu Dhabi Sewerage Service Company (ADSSC) ein Abwasserkanal mit einer Gesamtlänge von 45 km in Auftrag gegeben, der nach einer Bauzeit von ca. 6 Jahren das Abwasser der Insel Abu Dhabis zum Festland transportieren soll. Dieses sogenannte Strategic Tunnel Enhancement Programme beinhaltet zusätzlich den Bau von neuen Verbindungsstellen mit einem Durchmesser von 3 m und zwei neuen Pumpstationen, die jeweils eine Kapazität von 30 m³/s besitzen sollen.

Eine Abwassergebühr ist geplant und soll in Kürze eingeführt werden [Globaltrade 2009].

In Abu Dhabi sind folgende lokale Behörden für den Abwassersektor verantwortlich:

- Stadtverwaltung Abu Dhabi / Komitee für Abwasserprojekte
  (Abu Dhabi Municipality / Sewerage Projects Committee)
- Stadtverwaltung Al Ain / Komitee für Abwasserprojekte
  (Al Ain Municipality / Sewerage Projects Committee)
- Aufsichts- und Regulationsbehörde
  (Regulation and Supervision Bureau)
- Abu Dhabi Abwasser Dienstleistungsgesellschaft
  (Abu Dhabi Sewerage Service Company)

Abwasser in Dubai

Etwa 1,7 Millionen Menschen leben zurzeit in Dubai. Jede Person produziert durchschnittlich 320 – 455 Liter Abwasser pro Tag.

Die Bewohner Dubais zahlen bereits Abwassergebühren. Diese betrugen 2009 0,03 Dirham pro Einheit (Gallone) Wasser und 0,005 Dirham pro Einheit Abwasser [Hilotin 2010].

Der erhebliche Wasserverbrauch geht auf den hohen Wasserbedarf in der Landwirtschaft zurück. Allerdings trägt die wachsende Hotelindustrie mit zugehörigen Gartenanlagen, Pools und künstlich angelegten Wasserläufen zur stetigen Steigerung des Wasserverbrauches bei. Etwa ein Viertel des Wassers wird in Privathaushalten verbraucht. 2009 betrug die Wasserproduktion ca. 1,2 Mio. m³ Wasser/Tag, wovon etwa 95% in Entsalzungsanlagen produziert wurde [DEWA 2009, 1]. Die Nachteile der Entsalzungsanlagen sind allerdings jetzt schon spürbar: So treten Korallen- und Fischsterben durch veränderte Temperaturen und Salzgehalte auf.

Die einzige bisher bestehende Kläranlage ist die Al Aweer Anlage, deren Kapazität aufgrund steigender Abwassermengen bereits überschritten ist. Aus diesem Grunde soll sie durch eine neue Kläranlage in Jebel Ali ersetzt werden, die seit 2007 im Bau ist und 2010 fertig gestellt werden sollte.

Die neue Kläranlage wurde in Kooperation mit den Privatunternehmen Al Ahmadiah Aktor LLC und Greek Contractor Aktor SA gebaut. Sie hat derzeit eine Kapazität von 300.000 m³ pro Tag und soll im Endausbau 1,1 Millionen m³ pro Tag reinigen. Die Baukosten belaufen sich auf rund 1,5 Milliarden Dirham (etwa 300 Millionen Euro). Insgesamt nimmt die neue Anlage eine Fläche von 675 ha ein [UAE Interact 2007 bzw. 2008].

Im Emirat Dubai ist die Stadtverwaltung von Dubai (Dubai Municipality) mit der Abteilung für Ent- und Bewässerung (Department of Drainage and Irrigation) sowie mit der Abteilung Kläranlage (Sewage Treatment Plant Section) für den Abwassersektor verantwortlich.

Abwasser in Sharjah

Wie in Dubai werden im Emirat Sharjah Abwassergebühren erhoben. Sharjahs erster größerer Drainagevertrag wurde im Jahr 1974 unterzeichnet. Dieser Vertrag beinhaltete die erste Bauphase einer Abwasserbehandlungsanlage, die 1978 in Auftrag gegeben wurde [Water and Wastewater 2007]. Durch das kontinuierliche Wachstum der Bevölkerung war es nötig, die Kapazität der Anlage nachträglich zu erweitern. Die bereits existierende Anlage wurde um die Bauphase 2-6 erweitert und befindet sich nun in Bauphase 7. Bauphase 7 beinhaltet eine zusätzliche Erweiterung um etwa 75.000 m³/d zu der bereits existierenden Leistung von 156.000 m³/d.

Im Jahr 2012 soll eine weitere Kläranlage im Al Saja´a Industriegebiet eröffnet werden. Es ist geplant, die Stadt in zwei Zonen zu untergliedern. Die alte Kläranlage arbeitet weiterhin, soll allerdings nur noch von LKWs angefahren werden, die sich in der Stadt befinden, während die neue Anlage für die Zone außerhalb des Stadtkernes zuständig sein wird.

In Sharjah ist die Stadtverwaltung Sharjah (Sharjah Municipality) mit ihrer Entwässerungsabteilung (Drainage Department) für den Abwassersektor verantwortlich.

Abwasser in Fujairah

2007 beauftragte das Emirat Fujairah die örtliche Baugesellschaft Tanqia mit dem Bau und dem Betrieb einer Abwasserbehandlungsanlage sowie einem zugehörigen Kanalsystem. Tanqia wurde für 33 Jahre unter Vertrag genommen; die Kosten des Projektes belaufen sich auf 150 Millionen Dollar. Die Regierung, die die Kosten übernimmt, die durch Sammlung und Behandlung des Abwassers entstehen, wird ebenfalls eine Abwassergebühr erheben, die von der Bevölkerung gezahlt werden muss [Globaltrade 2009].

Die anfängliche Kapazität der Anlage lag bei 16.000 m³ pro Tag und verteilte sich auf zwei Module. Aufgrund des Bevölkerungswachstums soll die Kapazität nun auf 32.000 m³ verdoppelt werden. Die Anlage ist so konstruiert, dass bei steigendem Abwasseraufkommen weitere Module angebaut werden können [Tanqia 2008]. Ein Ausbau des Netzwerkes ist zurzeit ebenfalls in Arbeit.

In Fujairah ist Stadtverwaltung Fujairah, Abteilung für öffentliche Gesundheit und Umwelt (Fujairah Municipality, Public Health and Environment Department) für den Abwassersektor verantwortlich.

Abwasser in Ras Al Khaimah

Die Stadt Ras Al Khaimah hat in den letzten Jahren ein enormes Wachstum erfahren. Allerdings gibt es kein Abwassersystem für die städtischen Wohngebiete. Das Abwasser wird in der Regel in schlecht erhaltene Kanalsysteme geleitet, durch die jeden Tag etwa 24.800 m³ Abwasser im Boden versickern. Dies führt zu einer Verunreinigung des Grundwassers und gefährdet die Umwelt. In den am dichtesten besiedelten Gebieten verschlechtert sich der Zustand der Umwelt insbesondere während der Regenperioden stark. Durch die Regenfälle gelangen die Verunreinigungen an die Oberfläche, was unter anderem ernst zu nehmende gesundheitliche Probleme nach sich ziehen kann.

Das „Public Works and Service Department" (PWSD) befürwortet die Entwicklung eines von Grund auf neuen Abwassersystems in Ras Al Khaimah. Der im Jahr 2000 erschienene Masterplan beinhaltete die Erfassung, den Transport und die Behandlung der Abwässer der gesamten Bevölkerung Ras Al Khaimas. Der Plan soll sowohl die Lösung für kurzfristige Umweltprobleme darstellen, als auch langfristig gesehen zur Entwicklung des Emirates beitragen. Mit diesen Vorgaben beauftragte PWSD im Juli 2001 die amerikanische Gesellschaft Iram Consult, Washington DC, die Detailplanung des integrierten Abwassersystems sowie der Kläranlage zu erstellen. Geplant ist, das Kanalsystem und die Kläranlage, die das Abwasser der Stadt erfassen sollen, in einem Zeitraum von 4 bis 6 Jahren zu bauen. Der Auftrag für die erste Phase des zentralen Abwassersystemprojektes über 300 Millionen Dirham (ca. 60.000 Euro) wurde Jog Union Engineering LLC erteilt, mit Übertragung auf die 2. und 3. Bauphase. Die erste Phase wird den Bau einer 450 km langen Abwasserrohrleitung beinhalten, an die alle privaten und kommerziellen Grundstücke in Al Nakheel und der Stadt von Ras Al Khaimah angeschlossen werden sollen. Aus dieser Initiative heraus wird die Kapazität der Kläranlage Ras Al Khaimahs von 20 Millionen l/Tag auf 60 Millionen l/Tag aufgestockt. Dies ist die maximale Abwassermenge, die das Emirat bis 2030 voraussichtlich produzieren wird.

Das neue zentrale Abwassersystem wird durch einen Bankkredit der Commercial International Bank finanziert. Quellen des Emirati Gerichtshofs besagen, dass die Einheimischen ein Viertel der Kosten ihres Wasserkonsums als Abwassergebühr bezahlen. Diese Gebühr wird automatisch jeden Monat mit der Wasser- und Stromrechnung erhoben. Wenn die 450 km lange Abwasserrohrleitung fertig gestellt ist, müssen die Haus- und Unternehmenseigentümer Anschlussgebühren bezahlen, die später von der Sewage Authority festgelegt werden [UAE Interact 2004].

Abwasser in Ajman

Von der Ajman Sewerage Company werden zurzeit die Abwässer von etwa 240.000 Menschen geklärt. Im Jahr 1992 lebten hier erst ca. 80.000 Einwohner. Das Unternehmen erwartet ein Wachstum in seinem Zuständigkeitsgebiet auf 390.000 Menschen im Jahr 2033 und für die Gesamtbevölkerung einen Wachstum auf 640.000 in diesem Jahr [Ameinfo 2007].

Die Ajman Sewerage (Private) Company Limited wurde gemäß dem Abwassergesetzes vom 1.Mai 2002 von Scheich Humaid Bin Rashid Al Nuaimi, Herrscher von Ajman, gegründet. Diese Partnerschaft zwischen der Regierung und bekannten internationalen Experten aus dem Privatsektor konnte zu der Errichtung der ersten Anlage dieser Art und Größe in der Region beitragen. Ajman Sewerage (Private) Company Limited wird auch das Kanalsystem für eine Periode von 27,5 Jahren aufbauen, betreiben und Instand halten. Das Unternehmen ist derzeit dabei, letzte Hand an einen Strategieplan anzulegen, um die Anforderungen an den Abwasserservice und das Netzwerk in anderen Gebieten der Emirate, die bis jetzt noch nicht an das Abwasserentsorgungsnetzwerk angeschlossen sind, herauszuarbeiten. Das Unternehmen versichert, dass seine Planung in den Rahmen der strukturellen Planung der Stadtverwaltung Ajman und des Planungsbüros (Ajman Municipality/ Planning Department) 2030 aufgenommen wird [Ameinfo 2009].

Mit den Bauarbeiten der größten Kläranlage Ajmans, wurde der Grundstein für ein 515 Millionen Dirham (ca. 103 Millionen Euro) teures Projekt gelegt. Die Anlage ist für eine Kapazität von 49.000 m^3 Abwasser pro Tag ausgelegt und wird in der Anfangsphase das Abwasser von ca. 245.000 Einwohnern klären. Die Anlage ist so konstruiert, dass die Kapazität ausgebaut werden kann und sie mit wachsender Bevölkerungszahl in Ajman in Zukunft für 380.000 Einwohner ausreichen wird. In Ajman werden Anschlussgebühren an das System sowie monatliche Gebühren erhoben [Globaltrade 2009]. In Fujairah ist die Stadtverwaltung Ajman, Ajman Municipality and Planning Department für den Abwassersektor verantwortlich.

Abwasser in Umn Al Quwain

In Umn Al Quwain steht die Abwasserentsorgung noch in ihren Anfängen. Finanziell konnte sich das Emirat bislang kein Abwasserentsorgungssystem leisten. Nun erhält es Unterstützung von Abu Dhabi und wird in nächster Zeit beginnen, Abwasser zu behandeln und wieder zu verwenden.

2.4.5 Zusammenfassende Bewertung der Marktchancen

Die VAE gehören zu den dynamischsten Wirtschaftsregionen der Welt, zeichnen sich andererseits aber auch durch einen sehr hohen ökologischen Fußabdruck pro Kopf der Bevölkerung aus , der durch das rasante Wachstum der letzten Jahrzehnte verursacht wurde. Es bestehen Umweltprobleme insbesondere im Abfallbereich (Abfälle werden unsachgemäß deponiert oder verbrannt). Auch die Verfeuerung von Öl und Kohle sorgt für eine erhebliche Luftverschmutzung. Zudem haben der große Bedarf an Meerwasserentsalzung sowie die großen Bauprojekte vor der Küste der Emirate schädlichen Einfluss auf den Artenreichtum in den Gewässern.

In den Bereichen erneuerbare Energien, Wasser und Abfall werden nun neue umweltpolitische Lösungen gesucht. Seit einigen Jahren ist in den VAE eine Änderung der Einstellung hin zu aktivem Umweltschutz zu beobachten. Aktivitäten finden sowohl auf internationaler, nationaler sowie regionaler Ebene statt. So werden erneuerbare Energien in letzter Zeit stark vorangetrieben. Masdar City in Abu Dhabi soll die erste weltweite kohlendioxidfreie und abfallfreie Stadt werden und gleichzeitig auch der Sitz der IRENA, der International Renewable Energy Agency. Abu Dhabi hat sich als Ziel gesetzt, bis 2010 7% der Energie aus Erneuerbaren zu gewinnen. Dubai hat als strategisches Ziele u. a. einen Green Building Standard, Energiemanagement und saubere Energiegewinnung formuliert. In Fujairah sollen 200 MW durch Windkraftanlagen erzeugt werden. Es hat sich ein Unternehmen angesiedelt, das Solarmodule produziert.

Für die Abwasser- und Abfallentsorgung sind die Emirate jeweils selbst verantwortlich. Insofern sind die Entsorgungssysteme in einzelnen Emiraten bereits gut ausgebaut, während in anderen Emiraten Nachholbedarf besteht. Einzelne Emirate nutzen dabei föderale, internationale oder aber die Unterstützung eines benachbarten Emirats. Damit liegen an sich sehr gute Bedingungen für Umwelttechnologieunternehmen vor. Der Marktzugang wird allerdings durch bürokratische Hemmnisse und internationalen Konkurrenzdruck erschwert. Anlaufphasen von mehreren Jahren für den Markteinstieg sind eher die Regel als die Ausnahme. Zudem ändern sich die rechtlichen Rahmenbedingungen gelegentlich sehr schnell. Vollständige Informationen über die zugrunde liegenden Gesetze, Verfahren und Anforderungen sind schwer erhältlich. Generell sind persönliche Kontakte in noch stärkerem Maße als in den anderen betrachteten Ländern von ausschlaggebender Bedeutung für einen wirtschaftlichen Erfolg. Unternehmen müssen für die Anbahnung von Geschäftskontakten Zeit, Ausdauer und Geduld aufbringen.

2.5
Übergeordnete Förderinstrumente – Beispiel: Clean Development Mechanism

Zur erfolgreichen Erschließung von Märkten in Entwicklungs- und Schwellenländern können deutsche Umwelttechnologie-Unternehmen - neben den im UIR im Einzelnen dargestellten nationalen Fördermöglichkeiten – auch auf verschiedene übergeordnete Instrumente zurückgreifen. Insbesondere steht mit dem Klimaschutzinstrument „Clean Development Mechanism – CDM" eine zusätzliche Finanzierungsquelle für eine geplante Investition bereit. Denn mit der Durchführung von Klimaschutzmaßnahmen in Entwicklungs- und Schwellenländern können Investoren aus Industrieländern Emissionszertifikate für die eingesparten Klimagase erhalten, die auf unterschiedlichen Märkten veräußert werden können. Eine Voraussetzung für den Erhalt von Zertifikaten bei CDM-Maßnahmen ist der Nachweis der „Zusätzlichkeit" der Klimaschutzmaßnahme: Es muss belegt werden, dass ohne die zusätzliche Finanzierung aufgrund des Erlöses der Zertifikate das Projekt nicht durchgeführt worden wäre.

Ablauf

Die Nutzung von CDM als Finanzierungsinstrument ist eine strategische Unternehmensentscheidung. Insbesondere kleine und mittelständische Unternehmen sollten sich darüber bewusst sein, dass ein nicht unerheblicher administrativer Aufwand betrieben werden muss, um für ein Projekt eine Kofinanzierung durch CDM-Projekte zu realisieren. So ist eine umfangreiche Projektdokumentation (Project design document – PDD) zu erstellen, die neben der allgemeinen Projektbeschreibung sehr spezifische Inhalte aufweisen muss, zum Beispiel die Erläuterung über die angewendeten Baseline- und Monitoring-Methoden. Darüber hinaus sind die Umweltauswirkungen des Projekts darzulegen. Zudem müssen die Betroffenen vor Ort angehört und deren Stellungnahmen dokumentiert werden. Des Weiteren muss im Verlauf des Registrierungsprozesses ein akkreditierter Validierer die Richtigkeit der in der Projektdokumentation beschriebenen Angaben überprüfen. Die UNFCCC[11] als Genehmigungsbehörde wiederum überprüft, ob die im Kyoto-Protokoll festgelegten Kriterien dauerhaft eingehalten werden können. Nach Realisierung des Projektes müssen die erreichten Emissionsreduktionen jährlich in einem Monitoringbericht aufgeführt werden[12].

Kleinprojekte

Insbesondere bei kleineren Projekten besteht das Problem, dass durch den vorgegebenen CDM-Projektzyklus unverhältnismäßig hohe Transaktionskosten anfallen. Daher wurde die Möglichkeit geschaffen, bei Kleinprojekten ein vereinfachtes Verfahren anzuwenden (Small-Scale-Projects). Es reduziert die Anforderungen an die Projektdokumentation, vereinfacht die Methoden für die Erstellung der Baseline und des Monitoringplans und ermöglicht verschiedene Projektaktivitäten zu einem einzelnen Projekt zu bündeln Programme of Activities – PoA)". Zudem werden diese Projekte von der Registrierungsgebühr beim Exekutivrat befreit.

Die Kriterien, ob ein Vorhaben als Kleinprojekt einzustufen ist, sind abhängig von der Form des Projektes. Projekte zur Nutzung Erneuerbarer Energien dürfen maximal eine installierte Leistung von 15 MW aufweisen. Für Energieeffizienzprojekte darf die angestrebte Energieeinsparung maximal 60 Gigawattstunden pro Jahr betragen. Bei weiteren Projekten liegt die Grenze bei einer jährlichen Emissionsreduktion von maximal 60.000 Tonnen CO_2.

CDM in den Ländern

Die Bedingungen für die Durchführung von CDM-Projekten in den betrachteten vier Staaten waren ebenfalls Gegenstand der Untersuchung des Forschungsprojektes. Es zeigte sich, dass in keinem der Staaten die Verwaltung auf eine eingespielte Verfahrensroutine zurückgreifen kann. Dies wird auch schon an der Anzahl der realisierten Projekte deutlich: Während insgesamt bereits 2.729 CDM-Projekte bei der UNFCCC registriert sind (Stand 07.01.11), weist Ägypten bislang sieben Projekte auf, Marokko deren fünf, die Vereinigten Arabischen Emirate vier. In Algerien wurde bislang noch kein CDM-Projekt durchgeführt.

---

11 United Nations Framework Convention on Climate Change, http://unfccc.int
12 Eine genaue Beschreibung des Verfahrens ist auf den CDM-Seiten des Bundesumweltministerium zu finden: www.jiko-bmu.de.

Die niedrige Projektanzahl in den betrachteten Staaten verdeutlicht, dass das Klimaschutzinstrument CDM bislang noch nicht in allen Staaten ausreichend bekannt ist. Gesprächspartner vor Ort bestätigten diese Einschätzung. Gleichwohl sind die Potentiale für CDM-Vorhaben insbesondere in der MENA-Region als sehr hoch zu bewerten, besonders für Projekte zur Nutzung Erneuerbarer Energien. Aufgrund der sehr hohen Sonneneinstrahlung bietet sich die Errichtung von Solaranlagen an. Des Weiteren sind an den Küsten und in den Gebirgsregionen Nordafrikas gute bis sehr gute Bedingungen zur Nutzung der Windenergie gegeben.

Die Beschreibungen der besonderen Verfahrensabläufe in den jeweiligen Staaten und die Kontaktdaten der Behörden sind auf der Homepage des Umweltinvestitionsradars dokumentiert.[13]

---

13 http://uir.fh-bingen.de/index.php?id=169

3
Marktchancen verbessern durch interkulturelle Kompetenz

Um mit Angehörigen fremder Kulturen kompetent verhandeln und deren kulturell andere Sichtweise in die eigenen Strategien einbeziehen zu können, bedarf es interkultureller Kompetenzen. Die im Rahmen des Projektes durchgeführten Untersuchungen zeigen, dass deutsche KMU, die den Markteintritt in den Zielländern suchen, sich im Allgemeinen der Notwendigkeit dieser Fähigkeiten bewusst sind. Indessen fehlt es häufig an einer gezielten Abwägung der Vor- und Nachteile verschiedener Formen des interkulturellen Lernens. Dies beruht einerseits auf der Überschätzung der Effektivität von beiläufigen learning-by-doing Prozessen und andererseits auf Informationsdefiziten hinsichtlich des systematischen und professionell angeleiteten Erwerbs interkultureller Kompetenzen.

Ziel der im Forschungsvorhaben erarbeiteten interkulturellen Handreichungen ist es daher, Angehörige kleiner und mittlerer Unternehmen für kulturbedingte und soziökonomische Besonderheiten im jeweiligen Zielland zu sensibilisieren und darüber hinaus für interkulturelle Trainings zu motivieren. Hierzu werden ihnen auf der Internetplattform des Umweltinvestitionsradars Informationen und Empfehlungen zur Verfügung gestellt.[14]

Vorgehensweise zur Entwicklung von ziellandspezifischen Handreichungen zur interkulturellen Kompetenz

Die interkulturellen Handreichungen basieren auf der Befragung von KMU-Angehörigen und Experten der Außenwirtschaftsförderung in Deutschland und in den ausgewählten Zielländern sowie auf der Auswertung wissenschaftlicher Literatur. Diese Erhebungen wurden durch Expertengespräche mit Anbietern interkultureller Trainings und durch die Auswertung einschlägiger Trainingsangebote ergänzt.

Die Informationssammlung orientierte sich an den drei Fragekomplexen:
- Mit welchen interkulturellen Herausforderungen sehen sich KMU-Angehörige konfrontiert?
- Inwieweit verfügen die Unternehmen und ihre Mitarbeiter über Strategien und Fähigkeiten, diese Herausforderungen zu bewältigen?
- Welche Anforderungen sollten interkulturelle Kompetenztrainings erfüllen, um dem Bedarf und den Möglichkeiten der KMU gerecht zu werden?

---

14 Die interkulturellen Handreichungen sind auf der Homepage des Umwelt-Investitionsradars für jedes Zielland einsehbar (http://uir.fh-bingen.de/index.php?id=114) und stehen dort auch als Download zur Verfügung.

Aus den Befragungsergebnissen wurden Rückschlüsse auf den Informationsbedarf, angemessene Trainingsformen und Trainingsinhalte gezogen, die zu interkulturellen Handreichungen für den Umweltinvestitionsradar ausgearbeitet wurden.

Struktur der interkulturellen Handreichungen

Die in den Handreichungen enthaltenen Informationen und Empfehlungen folgen in jedem Zielland der gleichen Systematik und betrachten folgende Schwerpunkte:

„Kulturspezifische und sozioökonomische Besonderheiten" enthalten Informationen über das jeweilige Land, die für eine geschäftliche oder berufliche Tätigkeit relevant sind (Stichwort: „Länderkunde"). Hierunter fallen die politischen und sozialen Rahmenbedingungen, aus denen sich bestimmte Ausprägungen der Kultur und des Verhaltens erklären lassen, die Rolle der Religion im (arabischen) gesellschaftlichen Leben und die daraus resultierenden Rücksichtnahmen im täglichen Miteinander, sowie länderspezifische Problemfelder wie z. B. ethnische Minderheiten (z. B. Algerien, Marokko) oder das besondere Gefüge der Arbeitskräfte (z. B. Vereinigte Arabische Emirate).

Unter den *„Erwartungen an deutsche Unternehmen"* finden sich spezifischere Hinweise zur Anbahnung von Geschäftsbeziehungen und dem persönlichen Auftreten vor Ort. Die im ersten Teil dargestellten kulturellen Besonderheiten werden auf die konkrete Handlungsebene der Geschäftsleute herunter gebrochen und können als Handlungsempfehlungen gelesen werden.

Der Schwerpunkt *„Interkulturelles Training"* konzentriert sich darauf, die Zielgruppe der KMU und ihre Mitarbeiter für die Notwendigkeit einer professionellen Vorbereitung in Form eines Kompetenztrainings zu sensibilisieren. Die professionelle Vorbereitung wird als wichtig erachtet, da interkulturelle Kommunikationsschwierigkeiten häufig nicht als kulturell bedingt erkannt, sondern eher als Persönlichkeitsausprägungen des Gegenübers missgedeutet werden oder, der gegenteilige Fehler, jedes Missverständnis als „kulturell bedingt" überinterpretiert wird (Stichwort: „Kulturalisierung"). Ein professionelles Training kann besser dazu beitragen, den schmalen Weg zwischen diesen beiden interkulturellen Missverständnissen zu finden. Es wird deshalb auf die Vorteile interkultureller Trainings gegenüber anderen Formen des interkulturellen Lernens hingewiesen, über das Spektrum interkultureller Trainings informiert und es werden Tipps zur Ermittlung des Trainingsbedarfs gegeben sowie Internetportale zum Auffinden von Trainern aufgeführt. Für jedes der Zielländer sind Trainingsanbieter aufgelistet und eine Checkliste soll es den KMU ermöglichen, den geeigneten Anbieter anhand ihres je spezifischen Trainingsbedarfs auszuwählen.

Angesichts des festgestellten Bedarfs, sich interkulturelle Kompetenz und Länderkenntnisse auch durch Selbststudium anzueignen, wird in Kapitel 5 weiterführende *Literatur zur Geschäftskultur* des jeweiligen Ziellands aufgeführt, darunter Downloads sowie kommentierte Literaturhinweise.

3.1
Kulturspezifische und sozioökonomische Besonderheiten

Die „kulturspezifischen und sozioökonomischen Besonderheiten" für eine geschäftliche oder berufliche Tätigkeit in den Zielländern" finden sich in der online-Version der interkulturellen Komponente des Umweltinvestitionsradars vollständig dargestellt und sind dort als Teil 1 der interkulturellen Handreichungen für jedes Zielland einsehbar[15]. Im Folgenden wird nur ein *Überblick über Struktur und Themen* der jeweiligen kulturspezifischen Besonderheiten gegeben.

Auswahl der Inhalte

Die Auswahl der Inhalte, die in den kulturspezifischen und sozioökonomischen Besonderheiten behandelt sind, folgt der Überlegung, dass sich diese nur auf der Grundlage von Kenntnissen über die gesellschaftlichen Rahmenbedingungen, in denen „Kultur" praktiziert wird, erschließen und verstehen lassen. Mit dem „cultural turn" der Soziologie wird „Kultur" nicht mehr primär als das Gute, Wahre, Schöne oder etwas jenseits von oder „über" Ökonomie und Gesellschaftsstruktur Liegendes betrachtet, sondern als „grundlegendes Phänomen sozialer Ordnung, das sämtliche Gesellschaftsbereiche durchdringt – Verwandtschaftsbeziehungen und Familienleben, Arbeitsrollen und Organisationen, Kommunikationsformen und Bedeutungen der Sprache, Körpererfahrungen und Geschlechterbeziehungen, nicht zuletzt Arbeits- und Erkenntnisweisen der Wissenschaft" [Hörning/Reuter]. Kultur bedeutet in dieser Perspektive somit das alltägliche Handeln der jeweiligen Individuen unter den und in Hereinnahme von scheinbar „objektiven", jenseits ihrer Selbst liegenden gesellschaftlichen, politischen und ökonomischen Bedingungen. Diese strukturieren die alltäglichen Verhaltensweisen, die Überzeugungen und „Werte", die Handlungsspielräume und Restriktionen, und werden durch die alltägliche Praxis der Akteure stets neu umgesetzt, verstärkt, interaktiv abgeglichen und modifiziert. Am deutlichsten fasst dies der Begriff des „doing culture" als praktische, alltägliche Umsetzung des gesellschaftlich Vorgefundenen in konkretes Handeln, der sowohl auf die Gebundenheit an eine gesellschaftliche Struktur als auch auf deren Wandelbarkeit verweist. In diesem Sinne sind Kultur und kulturelle Besonderheiten eben nicht Oberflächen-

---

15 Z. B. für das Zielland Marokko: http://uir.fh-bingen.de/index.php?id=196.

phänomene, die sich durch das Erlernen einzelner Handlungsweisen, wie sie seitens der „Do's and Don'ts" empfohlen werden, erfassen lassen, sondern immer Ausdruck einer zugrunde liegenden Struktur und Praxis der jeweiligen Gesellschaftsmitglieder, die sich erst durch die Einsicht in die Grundlagen eben dieser Praxis erschließen.

Die Auswahl der Themen folgt diesem Ansatz und behandelt Fragen der sozioökonomischen Struktur, der politischen Verfasstheit und Parteien, der gesellschaftlichen, i.e. sozialstrukturellen und ethnischen Kräfte, sowie Arbeitsbedingungen, Kommunikationsformen und Geschlechterrollen - um nur einige zu nennen.

3.1.1
Marokko

An zentraler Stelle für das Verständnis von Marokko steht die *Rolle des Königs* und dessen Reformpolitik, ohne deren Kenntnis weder Handlungsspielräume der Einheimischen noch der an geschäftlichen Tätigkeiten Interessierten eingeschätzt werden können. Weiterhin werden wesentliche kulturelle Prägungen - und dies gilt mehr oder weniger für alle behandelten Länder- durch den *Islam als Religion und Lebensweise* gesetzt. Auch hier geht es nicht nur um die Befolgung rudimentärer Verhaltensregeln durch Einheimische und Ausländer, sondern vielmehr um das Verständnis der Grundideen einer islamisch verfassten Gesellschaft und um die hierdurch geprägten sozialen und individuellen Identitäten ihrer Mitglieder. Ebenso spielen in Marokko wie in allen anderen der hier dargestellten Länder die Beziehungen zu den ehemaligen *kolonialen Ländern* eine Rolle, die in unterschiedlicher Stärke bis heute fortwirken und manche „Empfindlichkeiten" der Einheimischen erklären und verstehbar werden lassen.

Als spezielle Probleme von Marokko werden der Jahrzehnte andauernde *Westsaharakonflikt* sowie die Rolle der *berberischen Minderheit* angesprochen, die darauf hinweisen, dass auch die marokkanische Gesellschaft ebenso wenig wie alle anderen als sozial homogenes Gebilde gelten kann und die öffentliche staatliche Identität bei genauerer Betrachtung ein heterogenes Geflecht unterschiedlicher Identitäten und Machtpotenziale darstellt.

Auch der *Stadt-Land-Gegensatz* ist für die meisten der dargestellten Länder typisch: eine meist durch die kolonialen Interessen bestimmte zentralistische, politische und regionale Struktur dauert bis heute an und beeinflusst die unterschiedliche Entwicklung der Regionen und der gesellschaftlichen Teilhabe ihrer jeweiligen Bewohner. Dies beinhaltet die soziale Polarisierung der meist gut ausgebildeten Bewohner der großen Zentren und die eher prekäre Lage der ländlichen Bevölkerungen. Dennoch darf darüber nicht vergessen werden, dass auch die Zentren in sich heterogen und polarisiert sind und einen erheblichen Anteil an Armen und unterprivilegierten Gruppen aufweisen.

Abbildung 7: Informeller Sektor in Rabat (© M. Schnepf-Orth)

Nicht zuletzt wird seitens der europäischen Ausländer als eines der zentralen Probleme „der arabischen Länder" - als pauschales Vorurteil - die *Korruption bzw. die Klientelwirtschaft* gesehen und gefürchtet. Tatsächlich sind Gesellschaftssysteme, die wesentlich auf Verwandtschafts- und Klanprinzipien beruhen, anderen sozialen Beziehungen verpflichtet als sog. „Leistungsgesellschaften". Die Vernachlässigung der sozialen Verpflichtungen wird in diesen Ländern als gravierendes soziales Defizit gewertet, dem Vorwurf des Klientelismus daher eher mit Unverständnis begegnet. Doch auch in diesem Feld unterscheiden sich die Länder, so dass von einer einheitlich Praxis des Klientelismus nicht gesprochen werden kann. Gemeinsam allerdings ist den vier Ländern die Bedeutung der sozialen Beziehungen in Form von persönlichen Kontakten und gegenseitigem Vertrauen, die auch in den „nur" geschäftlichen Beziehungen erwartet werden, und die einer intensiven Pflege bedürfen.

Das angemessene Verhalten gegenüber *islamischen Frauen* ist seitens der Ausländer meist durch große Unsicherheit geprägt: mit einem pauschalen westlichen Bild über die, meist als wenig autonom wahrgenommene, Rolle der „islamischen Frau" ausgestattet, trifft der Besucher auf ein höchst heterogenes Bild, das sich allerdings in den vier Ländern ebenfalls stark unterscheidet: Von tief verschleiert bis zu modern westlichem Aussehen, von Analphabetentum bis zu höchster - häufig an ausländischen Universitäten absolvierter - Ausbildung, von Frauen, die der Besucher nicht zu Gesicht bekommt, bis zu solchen, die selbstbewusst im Berufsleben auftreten. Häufig wird von dem vordergründigen Anschein aber die Autonomie der ersteren unterschätzt und die der letzteren überschätzt.

Abbildung 8: Freitagabend am Strand von Dubai (© M. Schnepf-Orth)

In der Praxis der „Kontaktpflege" sind gerade die Deutschen – wie unsere Recherchen vor Ort gezeigt haben - besonders ungeübt und unflexibel. So wird in Marokko seitens der befragten Geschäftspartner besonders die „souplesse", d.h. eine Flexibilität von den Deutschen in vieler Hinsicht eingefordert, um einen erfolgreichen und vertrauensvollen Geschäftsablauf zu gewährleisten.

3.1.2
Algerien

Die Betonung der *eigenen Souveränität* ist in Algerien besonders ausgeprägt und wurzelt in der französischen Kolonialzeit und dem algerischen Befreiungskampf gegen diese Fremdherrschaft. Nun war Algerien nicht nur Kolonie, sondern ein Teil des französischen „Mutterlandes", so dass der Befreiungskampf besonders heftig und die Erringung einer eigenen kulturellen Identität mehr als anderswo *gegen* die kulturelle Hegemonie Frankreichs geführt werden mussten.

Abbildung 9: Unabhängigkeitsdenkmal in Algier (© L. Nuphaus)

Die bis heute noch geltend gemachte Zugehörigkeit der *Eliten* zu den „Widerstandskämpfern" von damals - auch wenn viele ihrer Mitglieder damals noch nicht geboren waren - verschafft ihnen nach wie vor *Privilegien* im Zugang zu politischen Ämtern, zu Ausbildungs- und Arbeitsplätzen sowie zu persönlichen Vergünstigungen im Steuersystem oder anderen Bereichen.

Nicht zuletzt um die starke kulturelle Einflussnahme Frankreichs zu kompensieren, ist in Algerien eine besonders ausgeprägte *Arabisierungspolitik* zu beobachten, die u.a. zur Wiedereinführung des Arabischen in nahezu allen Bereichen des wirtschaftlichen, sozialen und kulturellen Lebens führte. Die Verfassung von 1976 verwarf unmissverständlich jegliche Form des kulturellen Pluralismus, wodurch auch autochthone Sprachen, wie die Berberische, zunehmend diskriminiert wurden. Dennoch blieb, trotz der Arabisierung, der kulturelle, insbesondere wissenschaftlich-technische Einfluss Frankreichs und des Französischen ungebrochen, so dass das Land weiterhin durch Identitäts- und *Sprachkonflikte* geprägt ist, die das Land in moderne, an französischen Wertvorstellungen orientierte Eliten und arabische und berberische Bevölkerungsgruppen teilt. So bestehen *regionale*, ethnische und sprachliche *Identitäten* weiter fort, da sich nicht alle Algerier als Araber verstehen, sondern sich etwa 30% der Algerier der Berberbevölkerung zugehörig fühlen. Die regionale Loyalität zur eigenen Volks- oder Sprachgruppe zieht sich bis zur Staatsspitze durch, denn jeder Präsident besetzt Schlüsselpositionen mit Personen aus seiner Region.

Auch in Algerien ist - wie in den anderen hier behandelten Ländern - der *Islam* in seiner sunnitischen Auslegung die Staatsreligion. Neben der klassisch-islamischen Orientierung ist die mystische Richtung des volkstümlichen Islams verbreitet. Dabei übernehmen Bruderschaften und Zawijas (traditionelle Gebetsorte, Heiligengräber, religiöse Bildungsstätten) eine wichtige soziale Funktion.

Auf die im „Schwarzen Jahrzehnt" stattfindenden Auseinandersetzungen zwischen radikalen Islamisten und Sicherheitskräften folgte eine *Politik der Versöhnung,* in deren Rahmen die Reintegration von islamistischen Extremisten geregelt wurde.

In der algerischen Bevölkerung ist, einerseits insbesondere in den großen Städten, ein schleichender Wandel des öffentlichen Lebens zugunsten konservativer Verhaltensmuster spürbar, gleichwohl gewinnen moderne Lebensauffassungen ebenfalls Bedeutung.

Obwohl die Regierung in den letzten Jahren umfangreiche Investitionen in Infrastrukturmaßnahmen, Wohnungsversorgung und Beschäftigungsförderung tätigte und die Entwicklung strukturschwacher Regionen förderte, bestehen *sozialpolitische Problemfelder* weiter, so dass die soziale Lage weiter Bevölkerungsschichten als angespannt bewertet wird. Hierzu gehören *niedrige Einkommen* (bei steigenden Lebenshaltungskosten), die *Arbeitslosigkeit,* vor allem der jungen Bevölkerung, sowie prekäre *Arbeitsbedingungen,* die allerdings seitens der Regierung erkannt und mit Beschäftigungsförderungsprogrammen behoben werden sollen. Dennoch bleibt die *Perspektivlosigkeit* junger Erwachsener ein Zukunftsproblem des Landes, das sich in verstärkter Arbeitsmigration ins Ausland und einem Vertrauensverlust in die staatlichen Institutionen äußert. Ein weiteres Problemfeld stellen der *Wohnungsmangel* und das Anwachsen illegaler Siedlungen aufgrund hohen Bevölkerungszuwachses in den Städten dar.

Auch Algerien ist - wie die anderen betrachteten Länder - durch *regionale Disparitäten* zwischen dem Norden und Süden des Landes gekennzeichnet, die mit einer Ungleichverteilung der Bevölkerung und anderen Disparitäten einhergehen.

Frauen sind in Algerien in Politik und Erwerbsleben häufig mit einer über dem Durchschnitt der arabischen Länder liegenden Quote vertreten, und es werden - aufgrund der ehemals sozialistischen Orientierung des Landes - auch Frauen in sog. Männerberufen toleriert. Nicht zuletzt durch die Islamisierung des Landes ist das Kopftuch bei Frauen heute verbreiteter als vor dem „schwarzen Jahrzehnt". In der politischen Repräsentanz liegt Algerien etwas unter den Quoten der arabischen Länder, so dass eine Frauenquote von 30% der nationalen Volksversammlung als Zielgröße festgeschrieben wurde. Im *Bildungsbereich* bilden Frauen mittlerweile die Mehrheit in den Sekundarschulen und Universitäten. Die rechtliche

Gleichstellung der Frauen bleibt allerdings hinter dem Nachbarland Marokko zurück.

Stabilität und Sicherheit sind in Algerien aufgrund der erheblichen und sichtbaren Sicherheitsmaßnahen statistisch gesehen größer als in anderen Ländern der Dritten Welt. Dennoch ist die „gefühlte" Sicherheit unter der Bevölkerung gering, d.h. es herrscht ein Klima der Verunsicherung. Als die beiden relevanten Sicherheitsprobleme Algeriens gelten zur Zeit die Anschläge terroristischer Gruppen sowie soziale Unruhen [Werenfels 2009, 6].

Seit 2007 ist in Algerien ein *Anstieg terroristischer Aktivitäten* - vor allem der islamistischen Gruppe Al-Qaida im Islamischen Maghreb (AQIM) festzustellen, die sich auch neuerdings auf Ausländer erstrecken. Die algerische Regierung reagiert darauf mit einer vehementen Erhöhung der Militärausgaben und der Anzahl der Sicherheitskräfte, deren Einsatz und Präsenz an Flughäfen, Grenzen sowie in den großen Städten ausgeweitet wurde.

Soziale Proteste gegen die Obrigkeit gehören in Algerien seit Jahren zum Alltag, aber seit der Jahreswende 2010/2011 eskalierten die Proteste infolge einiger steuerpolitischen Neuerungen und weiteten sich, zum Teil motiviert durch die Demokratiebewegungen in Tunesien und Ägypten, zu generellen politischen Kundgebungen gegen soziale und politische Missstände aus. Am 23. Februar 2011 hob daraufhin die Regierung den seit 19 Jahren andauernden Ausnahmezustand auf.

3.1.3
Ägypten

Ägypten als das bevölkerungsreichste der MENA-Länder weist viele der bereits angeführten gesellschaftlichen und kulturellen „Besonderheiten" in ausgeprägter Weise auf: dieses Land ist, ungeachtet der politisch propagierten „ägyptisch-arabischen" Identität, von *sozialer Inhomogenität* geprägt und offenbart regionalspezifisch unterschiedliche Identitäten. Verschiedene soziale, ethnische, regionale und religiöse Gruppen treffen aber durchaus in den Zentren, insbesondere in Kairo, aufeinander, nicht jedoch mit dem Ergebnis eines „melting pot" Kairo, sondern als ethnisch und religiös strukturierte soziale Ungleichheit und Diskriminierung. So werden die Oberägypter und die aus Oberägypten zugewanderten Gruppen, in Kairo als *Sa'idi* bezeichnet, zwar humorvoll als die „Zurückgebliebenen" betrachtet, aber nichts desto weniger häufig auch als solche behandelt. Darüber hinaus finden sich Anzeichen für eine Stigmatisierung der Bevölkerung der südägyptischen Region Nubien als „Schwarze" oder „Afrikaner".

Auch Ägypten ist im Wesentlichen eine *islamische Gesellschaft* und propagiert und praktiziert die Wertvorstellungen des sunnitischen Islam sowie „authentische ägyptische Traditionen". Die Bedeutung des Islam hat in den letzten Jahren im öffentlichen Leben stark zugenommen, wird jedoch von verschiedenen innerislamischen Gruppen unterschiedlich interpretiert und manifestiert sich u.a. im öffentlichen *Diskurs über den Niqab*, den Gesichtsschleier der Frauen.

Der *politische Islam – die Muslimbruderschaft* – spielt in Ägypten eine große Rolle. Der zukünftige Einfluß der Muslimbruderschaft wird gerade im Zuge der jüngsten politischen Entwicklungen in Ägypten intensiv diskutiert.

Abbildung 10: Al-Azhar Moschee Kairo (© M. Schnepf-Orth)

Die strukturierte soziale Ungleichheit der ägyptischen Gesellschaft manifestiert sich in der Hauptstadt Kairo und wird anhand der segregierten Wohngebiete in Kairo dargestellt, die sich in „gated communities" für die Wohlhabenden und die informellen Siedlungen der marginalisierten oder einkommensschwachen Gruppen aufgliedern.

Die *sozialpolitischen Problemfelder* stellen insbesondere die *Arbeitslosigkeit* junger Erwachsener sowie die zunehmende Armut auch innerhalb der Mittelschicht dar. Die *Mindestlohndebatte* weist darauf hin, dass ein offensichtlich großer Teil der Bevölkerung seinen Lebensunterhalt trotz (Mehrfach-) Beschäftigung nicht sichern kann.

Die *Frauen Ägyptens* sind, ungeachtet der durch Nasser geförderten Schul- und Hochschulausbildung für Frauen, mit einer der niedrigsten Raten im Erwerbsleben vertreten und dort zudem durch geschlechtsspezifische Entlohnung diskriminiert. Ebenso sind der Frauenanteil an Führungspositionen sowie der Anteil von Unternehmerinnen niedrig. Hinsichtlich

91

der rechtlichen Gleichstellung der Frauen steht Ägypten hinter Marokko zurück. Die Zunahme des Kopftuches auch in den Mittel- und Oberschichten deutet auf die Bedeutung der „sozialen Reputation" im Sinne offen bekannten „islamischen Verhaltens" für Frauen hin.

Abbildung 11: Hochverdichtete innerstädtische Wohngebiete (© M. Schnepf-Orth)

Kairo repräsentiert in der ägyptischen Selbstwahrnehmung das Zentrum der arabischen Welt. Die Stadt beansprucht mit ihrer Funktion als *Megacity* und Metropolregion, ihrer Rolle als Trägerin eines für die gesamte MENA-Region beanspruchten *Kulturbewusstseins* eine dominierende Präsenz in den Massenmedien. Doch auch der Gegenentwurf findet sich in ihrem Image als sozialer und politischer „*Unruheherd*". Diese letzte Konnotation wurde durch die jüngsten politischen Ereignisse in Ägypten bestätigt, in denen es „den Ägyptern", d.h. im Wesentlichen der Bevölkerung von Kairo gelungen ist, einen ungeliebten Präsidenten zu vertreiben.

3.1.4
Vereinigte Arabische Emirate (VAE)

Als das prägendste und offensichtlichste Element der Gesellschaft der Vereinigten Arabischen Emirate drängt sich das Verhältnis von Einheimischen und Ausländern auf: anders als in allen anderen dargestellten Ländern ist in den VAE die einheimische Gesellschaft, die Emirati, mit ca. 20 % der Bevölkerung [UAE 2009, 208] in der Minderheit. Dies führt zu einer klaren *sozialen Polarisierung* in die herrschende Klasse der Emirati und die z.T. völlig rechtlose Gruppe der ausländischen Arbeitskräfte - meist Inder und Pakistani. Dazwischen schiebt sich eine Schicht der meist gut ausgebildeten Funktionselite, häufig Angehörige der Nachbarstaaten, die das mittlere Management der privaten und staatlichen Unternehmen besetzt. Gerade in dieser kulturell heterogenen Gesellschaft sind Empfehlungen zu interkulturell adäquaten Verhaltensweisen besonders schwierig, da hier, je nach dem auf welcher Ebene man Kontaktpersonen antrifft, völlig unterschiedliche „Kulturen" vorliegen.

Frauen sind im Vergleich zu den anderen betrachteten Ländern im Geschäftsleben noch weniger präsent. Bei der Jobvergabe und Höhe der Gehälter sind Bevorzugungen der lokalen, d.h. emiratischen Bevölkerung zu beobachten.

Die VAE sind ein politischer Zusammenschluss verschiedener „großer Familien" bzw. Stämme, die mit durchaus unterschiedlichen *Identitäten und Konkurrenzen* zwischen den einzelnen Emiraten einhergehen. Für den ausländischen Geschäftspartner stellen sie ein meist undurchschaubares Geflecht von Beziehungen und Loyalitäten dar, dessen wenigstens rudimentäre Kenntnis für den Geschäftserfolg ausschlaggebend sein kann.

Abbildung 12: In der Oase Al Ain (© M. Schnepf-Orth)

3.2
Erwartungen an deutsche Unternehmen

Die folgenden Ausführungen stellen einige Aspekte der Geschäftskultur des jeweiligen Ziellandes vor. Sie werfen Schlaglichter auf bestimmte Verhaltensgewohnheiten und zielen darauf ab, für ein systematisches interkulturelles Lernen zu interessieren.[16]

3.2.1
Marokko

„Korrekt und vorsichtig" - Das Bild der Deutschen

Technologien aus Deutschland sind in Marokko beliebt und deutsche Unternehmen sind im Allgemeinen gern gesehen. Einige KMUs nehmen allerdings den Erwartungsdruck wahr, finanzielle Unterstützungsleistungen mitliefern zu müssen.

Deutsche gelten aus marokkanischer Sicht als korrekt, ordentlich, ernsthaft und leistungsorientiert, teilweise aber auch als überheblich und rechthaberisch [Brunswig 2002, 176]. Man empfindet das Auftreten mancher Deutscher als vorurteilsbeladen und führt dieses Verhalten auf Ignoranz, Unsicherheit oder mangelnde Erfahrung mit Bedingungen in Entwicklungsländern zurück. Andere Deutsche werden als auslandserfahren und kultursensibel erlebt.

Als gemeinsames Merkmal haftet deutschen Unternehmen eine große Vorsicht oder mangelnde Risikobereitschaft an. Das Bemühen, Alles festlegen oder überprüfen zu wollen, erklärt sich aus marokkanischer Sicht als eine Folge dieser Vorsicht. Ebenso nimmt man bei deutschen Unternehmen eine zögerliche Haltung wahr, sich an Ausschreibungen zu beteiligen („sie müssen zum Jagen getragen werden"), während französische Unternehmen schneller und geschickter agieren, indem sie sich Zugang zu Hintergrundinformationen beschaffen oder sich die besseren Verträge mit Kommunen sichern. Angehörige frankophoner Länder werden zwar als vertrauter erlebt, allerdings bestehen spezifische Empfindlichkeiten gegenüber Franzosen aufgrund der französischen Protektoratszeit in Marokko.

„Sprachbarrieren abbauen"

Fehlende Sprachkenntnisse stellen das größte Kontakthemmnis für deutsche Unternehmensangehörige dar. Amtssprache in Marokko ist zwar

---

16 Die verwendeten wörtlichen Zitate sind den Expertengesprächen entnommen, außer es handelt sich um wörtliche Zitate aus der Literatur, deren Quelle entsprechend dargestellt ist

Arabisch, jedoch wird im Geschäftshandeln und in übergeordneten Behörden in der Regel Französisch gesprochen. Im Norden des Landes wird zum Teil auch Spanisch gesprochen. Englisch als Geschäftssprache nimmt zwar zu, gleichwohl sind gute Französischkenntnisse unbedingt erforderlich. Hingegen wird in ländlichen Gebieten nicht überall Französisch gesprochen, so dass auf einen Dolmetscher oder marokkanischen Partner zurückgegriffen werden sollte. Kenntnisse im marokkanischen Dialekt des Arabischen (*Derija*) können den Aufbau von Geschäftsbeziehungen erleichtern, weil damit Interesse an dem Land und seiner Kultur signalisiert wird. Viele Marokkaner sprechen auch eine der am weitesten verbreiteten Berbersprachen.

„Lösungen maßgeschneidert entwickeln" - Anliegen der Klienten wahrnehmen

Marokkanische Klienten oder Kooperationspartner erwarten eine aufmerksame Wahrnehmung ihrer konkreten Anforderungen und Möglichkeiten. Deutsche Unternehmen sind deshalb gut beraten, ihre Angebote an die geforderten Leistungen anzupassen.

Abbildung 13: In der Medina von Fès (© M. Schnepf-Orth)

Das Bestreben „etwas Besseres" - als gefordert - anbieten zu wollen kann dabei als Missachtung der von marokkanischer Seite formulierten Leistungsanforderungen und als Überheblichkeit interpretiert werden. Die marokkanischen Verhandlungspartner verfügen im Allgemeinen über gute fachliche Kompetenzen, weshalb ein belehrendes Auftreten der deutschen Unternehmensangehörigen kontraproduktiv wirkt, im Kontext eines Marktes, der nicht unbedingt auf die Leistungen deutscher Ingenieure angewiesen ist.

„Your approach should be subdued and patient"[17]

Es sollte deshalb die Bereitschaft bestehen, technische und institutionelle Lösungen auf die Belange des Klienten auszurichten, statt beispielsweise sehr hohe technische Ansprüche mit hypothetischen Problemen zu betonen. Zu den technischen Standards wird von verschiedenen Seiten außerdem empfohlen, das Entwicklungsgefälle zwischen Stadt und Land zu berücksichtigen. Deutsche KMU müssen sich gegebenenfalls damit arrangieren können, dass Projekte (zunächst) kleiner als erwartet oder mit weniger optimalen technischen Lösungen konzipiert werden. Die Kosten-Nutzen-Abwägung der Auftraggeber schränkt möglicherweise auch Komplettlösungen ein. Beispielsweise erzielen im Bereich der Energieeffizienz von Gebäuden in winterkalten Regionen bereits kleine Schritte eine große Wirkung, wie die Optimierung der Dichtigkeit oder der Fußbodenisolierung.

„Souplesse" - Flexibilität signalisieren

Marokkanische Gesprächspartner, die sich über Verhaltensgewohnheiten deutscher Unternehmensangehöriger äußern, nehmen auf Seiten deutscher Verhandlungspartner das Unbehagen wahr, wenn nicht Alles von vornherein festgelegt wird oder wenn sich Änderungen ergeben. Vermisst wird bei den Deutschen häufig die Flexibilität, auf Änderungswünsche einzugehen. Ein striktes Beharren auf einmal getroffenen Vereinbarungen scheint den marokkanischen Kommunikations- und Geschäftsgewohnheiten eher fremd, ebenso wie das Streben nach früher Festlegung möglichst vieler Details. Demgegenüber erwartet man in Marokko im Allgemeinen die Bereitschaft zu Nachverhandlungen – auch weil Verträge mitunter unterschiedlich interpretiert werden. Unternehmen sollten deshalb Entgegenkommen gegenüber dem Verhandlungspartner signalisieren, u.a. auch als Strategie, sich langfristige Geschäftsbeziehungen zu sichern. Ebenso sollte die Offenheit gezeigt werden, unterschiedliche Interessenlagen - unter Umständen wiederholt - kommunizieren und verhandeln zu wollen.

Eine im mediterranen Raum verbreitete Kompetenz der „souplesse" (Geschmeidigkeit) und Bereitschaft, sich in flexiblere Mechanismen einzupassen scheint dabei dem (deutschen) Bedürfnis nach Absehbarkeit und Sicherheit von Abläufen entgegenzustehen. Neben guter Beratung, Vernetzung und positiven Erfahrungen kann sich die Motivation, „ein

---

17 Geotravel Research Center (2008): Culture Briefing: Morocco: 31.

Projekt wirklich zu wollen", als hilfreich erweisen. Sofern Probleme bei Abstimmungen oder Nachbesserungen eintreten, werden für den arabischen Raum andere Strategien der Konfliktlösung empfohlen, die beispielsweise ein offenes Ansprechen der Gegensätze und Klärungsversuche vermeiden und sich stattdessen auf Gemeinsamkeiten und die Herbeiführung von Kompromissen konzentrieren.[18]

„Risikofaktoren richtig einschätzen" - sich vor Ort ausreichend informieren

Zum „Pflichtprogramm" der Geschäftsanbahnung in Marokko gehört die Vorstellung des Unternehmens oder des Vorhabens bei deutschen Institutionen, wie der Botschaft, der Außenhandelskammer oder der KfW. AHK-Dienstleistungen werden insbesondere bei Firmengründungen vor Ort als hilfreich bewertet. Die Deutsche Botschaft kann politische Kontakte vermitteln oder in bestimmten Gesprächskonstellationen auch politische Rückenstärkung beisteuern.

Angesichts eines wenig transparenten Umfeldes sind ebenso Gespräche und Kooperationen mit lokalen Experten, Behörden, Unternehmens- und Steuerberatern vor Ort erforderlich, um Einblicke in spezifische Märkte und Zielgruppen zu gewinnen und sich Zugänge zu fachlichen oder geschäftlichen Netzwerken und Hintergrundinformationen zu verschaffen. Eine kompetente Beratung dient auch dazu, Risikofaktoren richtig einzuschätzen, wie die Zahlungsfähigkeit von Kommunen, komplizierte Verfahren der Rechnungsstellung oder mögliche Zahlungsverzögerun-gen.

Gerüchte, wonach Ausschreibungsverfahren in Marokko in der Regel ungenügend transparent seien und deutsche Unternehmen keine Chancen in Konkurrenz zu französischen Firmen hätten, können - jedenfalls soweit ausländische Geber beteiligt sind - nicht bestätigt werden. Beobachtungen und Plausibilitätsprüfungen von Ausschreibungsverfahren durch die KfW haben ergeben, dass Ausschreibungsprüfungen formalisiert und korrekt verlaufen. Zu einer ähnlichen Schlussfolgerung kommt das "Business-anti-corruption Portal" hinsichtlich der Ausschreibungen öffentlicher Auftraggeber: "Government tender processes have been reformed to enhance transparency. A new public procurement code has been in place since 2007, stating conditions and rules for the management and control of state procurement"[19].

---

18 Vgl. hierzu: „Konfliktmanagement: Konflikte erkennen und handhaben", in: Kratochwill, G. (2008): Business-Knigge: Arabische Welt. Zürich, S. 126-133.

19 Business-anti-corruption Portal: http://www.business-anti- corruption.com/ country-profiles/middle-east-north-africa/morocco/general-information/ (24.07.2011).

„Viel Zeit in Gespräche investieren" - Anforderungen des Beziehungsaufbaus

„Angenommen, man stellt sich den Aufbau einer Geschäftsbeziehung in zehn Schritten vor, so liegt der Schwerpunkt der ersten fünf Schritte auf dem Aufbau eines gegenseitigen guten Einvernehmens".

Es wird als wichtig erachtet, ein Vertrauensverhältnis zu Geschäftspartnern aufzubauen, was sich unter Umständen als zeitaufwendig erweisen kann – auch, weil die marokkanischen Geschäftspartner gegebenenfalls nicht immer über die notwendigen Zeitressourcen verfügen um solche Beziehungen zu knüpfen und ernsthaft aufrechtzuerhalten. Sie stehen einerseits unter dem Druck hoher familiärer Anforderungen und der Verpflichtung, einen nicht unerheblichen Teil ihrer Zeit in private Netzwerke investieren zu müssen. Dies basiert auf dem Verständnis eines Familien- bzw. Freundesverbandes, dessen Mitglieder sich mit finanzieller und psychologischer Unterstützung versorgen [Geotravel Research Center 2008, 40]. Andererseits besteht die allgemeine Erwartungshaltung und Selbstverpflichtung, vertrauensvolle Beziehungen auch im Geschäftshandeln aufzubauen.

Abbildung 14: Beziehungspflege, Marrakesch (© M. Schnepf-Orth)

Die Folge ist, dass nicht alle „Freundschaften" mit der gleichen Intensität gepflegt werden können und deshalb ein breitgefächertes Spektrum von freundschaftlichen Beziehungen angetroffen wird. Deutsche Unternehmensangehörige müssen sich bei der Kontaktanbahnung und Kontakt-pflege in diesem Spektrum von Beziehungen und Höflichkeiten zurecht-finden und die daran geknüpften unterschiedlichen Erwartungen einer-seits und zeitlichen Restriktionen andererseits einschätzen lernen. So kann es in der beziehungsorientierten Geschäftskultur Marokkos, die viel Wert auf persönliche Gespräche und die Herstellung eines Vertrauensverhält-nisses legt, durchaus passieren, dass man auf Termine warten muss, dass vereinbarte Termine verschoben werden oder mitunter nur wenig Zeit für Gespräche zur Verfügung steht. Von deutschen Geschäftspartnern wird Pünktlichkeit erwartet, da man weiß, welchen Wert die europäische Ge-schäftskultur auf eingehaltene Zeitpläne legt. Andererseits ist „Flexibilität in Sachen Zeitplanung ein absolutes *must"* [Kratochwil 2008, 122].

„Zwischen den Zeilen lesen" – indirekte Kommunikation decodie-ren

In dem gesellschaftlichen Umfeld, welches Respekt und Würde sehr hoch bewertet, legen viele Marokkaner Wert darauf, wie sie auf ihr Umfeld wirken. Es dominiert deshalb ein indirekter Kommunikationsstil, der die "Stärkung und Optimierung der Beziehungsebene" anstrebt. "Das Wie steht vor dem Was" [Kratochwil 2008, 94].

Deutsche Unternehmensangehörige erleben das Kommunikationsverhal-ten in der marokkanischen Geschäftskultur mitunter als Herausforderung. Beispielsweise wird der Umgang mit Informationen und die „wahrheits-gemäße" Weitergabe von Informationen als schwierig empfunden, weil man Signale (des Nichtverstehens oder der Ablehnung) der marokkani-schen Seite entweder nicht (rechtzeitig) bemerkt oder den indirekten Kommunikationsstil nicht decodieren kann. So fällt es deutschen Unter-nehmensangehörigen manchmal schwer, zu erkennen, ob kommunizierte Sachverhalte richtig verstanden werden, weil das Eingeständnis des Nicht-verstehens nicht gerne direkt kommuniziert wird. Vorsorglich setzen deutsche Unternehmen deshalb mitunter Wiederholungen oder Abbil-dungen in Präsentationen ein und lassen ausgewählte Sachverhalte ins Arabische übersetzen.

Deutsche nehmen es häufig als ungewohnt wahr, dass marokkanische Gesprächspartner gegebenenfalls direkte Kritikäußerungen vermeiden und sich vor Gesichtsverlust schützen, indem z. B. klare Aussprachen um-gangen oder problematische Sachverhalte umschrieben oder beschönigt werden. Entsprechend muss die Fähigkeit eines „zwischen-den-Zeilen-Lesens" entwickelt werden, um die verbalen und nonverbalen Äußerun-gen des geschäftlichen Gegenübers oder Mitarbeiters zu verstehen. An-dererseits überraschen marokkanische Offizielle mitunter ihre westlichen

Gesprächspartner mit ihrer offenen Art und einer ungeschminkten Problemanalyse, „eine Seltenheit in der arabischen Welt" [Schiller 2007, 2].

Deutschen Unternehmensangehörigen fällt in Marokko weiterhin auf, dass bedeutende Projekte „unaufgeregt" besprochen oder in inoffiziellen Begegnungen verhandelt werden. Diese nach außen hin vermittelte Normalität wird als Kontrast zu den eigenen „Euphoriegefühlen" zu Beginn eines wichtigen Projekts wahrgenommen. In einzelnen Fällen wird indessen durchaus auch ein ausdrucksstarkes oder lautes Kommunikationsverhalten seitens der marokkanischen Verhandlungspartner erlebt.

Über die Unterschiede im Kommunikationsverhalten[20] hinaus wird auch in Marokko die Herausbildung einer internationalen Geschäftskultur wahrgenommen, die eine Kommunikation zwischen Geschäftspartnern zunehmend erleichtert, in deren Kontext sich manche deutsche Unternehmensangehörige allerdings aufgefordert fühlen, zunächst eine gewisse „Grundbescheidenheit" an den Tag zu legen, d.h. nicht arrogant aufzutreten.

„Geduld ist schön" – Vorlauf- und Wartezeiten überbrücken

Unterschiedliche Befragte geben an, dass in Marokko manche Abläufe etwas länger dauern können. Sofern eine Projektidee vor Ort neu ist oder kein nationales Interesse weckt, kann es sich unter Umständen hinziehen, das Vorhaben zu entwickeln und in Gesprächen die gegebenenfalls wechselnden Beteiligten zu überzeugen. Dazu benötigen KMU ein finanzielles Polster oder andere Projekte, um die Vorlauf- und Wartezeiten überbrücken zu können. Ist jedoch eine Projektidee bereits angedacht oder wird sie politisch favorisiert, kann es auch sehr schnell gehen.

Im Umgang mit Behörden müssen auch zeitliche Verzögerungen verkraftet werden, etwa bis sich bestimmte Abläufe und Verfahrensweisen erstmals eingespielt haben (z. B. die Rechnungslegung). Wichtig ist zu wissen, dass Beschäftigte im öffentlichen Dienst zeitweise ein höheres Arbeitspensum bewältigen müssen, weil die im Rahmen der von Weltbank/IWF eingeforderten Strukturanpassungsprogramme zu einer Ausdünnung der Personaldecke (Frühpensionierungen) geführt haben.

Indessen zeigt der „Global Competitiveness Index" der Jahre 2009-2010 für Marokko, dass es im internationalen Vergleich relativ weniger bürokratischer Prozeduren und Zeit bedarf, um beispielsweise ein Geschäft in

---

20 Siehe hierzu auch: „Das Einmaleins der arabischen Kommunikation" und „Konfliktmanagement", in: Kratochwil, G. (2008): Business-Knigge: Arabische Welt, Zürich: 93-100 und 126-133.

Marokko zu eröffnen. Im Umgang mit der Verwaltung ist es wichtig, die richtige Entscheidungsebene innerhalb der jeweiligen Behörde zu identifizieren und anzusprechen. Im Kontext einer hierarchisch angelegten Verwaltungsstruktur werden Mitarbeitern der mittleren Ebene nur wenige Entscheidungskompetenzen eingeräumt, weshalb die hier erteilten Zugeständnisse mitunter nicht letztlich verbindlich sind. Um Zeitverluste einzuschränken, bedarf die Bearbeitung von Vorhaben durch marokkanische Behörden der regelmäßigen Kontaktpflege, sei es durch persönliche Kommunikation durch deutsche KMU-Angehörige oder ihrer marokkanischen Partner. Es ist wichtig, jemanden vor Ort zu haben, der aktiv den direkten persönlichen Kontakt sucht, „damit das Anliegen nicht in Vergessenheit gerät". Deutsche Unternehmensangehörige nehmen dabei deutlich wahr, dass die Kommunikation per E-mail alleine nicht ausreicht.

Abbildung 15: Umweltministerium, Rabat (© M. Schnepf-Orth)

„Mit lokal vernetzten Vertrauenspersonen kooperieren"

Die Notwendigkeit einer eigenen Niederlassung im Land wird von deutschen KMU unterschiedlich bewertet. Jedoch ist man einhellig der Meinung, dass deutsche Unternehmen lokale Partner oder Vertrauenspersonen benötigen, die lokal verankert und vernetzt sowie international ausgebildet sind.

Die Vorteile einer solchen Zusammenarbeit sind dabei unübersehbar:

-   Angesichts eines wenig transparenten Umfeldes können Einblicke in spezifische Märkte und Zielgruppen erleichtert und Zugänge zu fachlichen/ geschäftlichen Netzwerken und Hintergrundinformationen hergestellt werden.

- Risikofaktoren können gegebenenfalls besser eingeschätzt werden (z. B. Rechnungsstellung).
- Signale, die auf Probleme hinweisen, können besser oder früher verstanden werden.
- Vor Ort und persönlich gelingt es eher, die Anliegen voranzutreiben und Kontakte zu pflegen.
- In Kooperation mit lokalen Experten fällt es leichter, angepasste (technische) Lösungen zu entwickeln.

Hingegen variieren die Empfehlungen, wie man verlässliche lokale Partner findet. Statt sich auf positive Referenzen zu verlassen, sollten Zweit- und Drittmeinungen eingeholt bzw. negative Empfehlungen gesammelt werden. Marokkaner in Deutschland könnten dabei behilflich sein, sofern sie in Marokko ausreichend vernetzt sind.

Respekt vor dem Islam signalisieren

Man trifft in Marokko zwar auf gesellschaftliche Gruppen, die die Rolle des Islam unterschiedlich bewerten, jedoch stößt eine Ignoranz oder Geringschätzung der über Jahrhunderte in Marokko unter islamischem Vorzeichen erreichten Entwicklung im Allgemeinen auf Unverständnis. "Moroccans are critical of anyone who seems discerning and do not appreciate foreigners who appear to judge their culture" [Communicaid 2008].

In Marokko wird der Islam in besonderer Weise mit Kollektividentität, gemeinschaftlichem Zusammenhalt und mit historischer Zivilisationsentwicklung verbunden [Khallouk 2008, 321]. In diesem Kontext sollte man besser darauf verzichten, die eigene Gesellschaftsentwicklung und das damit einher gehende westliche Modernitätsverständnis auf die marokkanische Kultur zu übertragen. Kritische Bewertungen des Islam können schnell als islamfeindlicher europäischer Kulturchauvinismus aufgefasst werden oder treffen womöglich auf eine Empfindlichkeit gegenüber der Fortsetzung kultureller und ökonomischer Vorherrschaft über das politisch souveräne Marokko.

Während des Fastenmonats Ramadan sind die Büros in der Regel nur bis vierzehn Uhr geöffnet, das Arbeitstempo wird gedrosselt, und wichtige Entscheidungen werden auf die Zeit nach dem Ramadan vertagt. In dieser Zeit sollte damit gerechnet werden, dass Termine kurzfristig verschoben oder nicht eingehalten werden.

Die Mahlzeiten des typischen abendlichen Fastenbrechens im Fastenmonat können bis spät in die Nacht dauern. Aufgrund der nächtlichen Tischgemeinschaften wird der Umgang der Muslime untereinander intensiviert.

Regeln, die Nahrung betreffen, werden allerdings strikter eingehalten. Die Marokkaner haben Verständnis dafür, dass sich die Ausländer nicht am Fasten beteiligen. In dieser Zeit sollten Ausländer jedoch in der Öffentlichkeit nicht Essen oder Rauchen. Von Touristenzentren und den großen Geschäftshotels abgesehen haben Restaurants und Cafés im Ramadan tagsüber geschlossen.

Das Fastenbrechenfest (*Aid Al Fitr*) und das Opferfest (*Aid al adha*) sind die wichtigsten religiösen Feste. Sie sind für alle islamischen Rechtschulen und Völker verbindlich. Die Termine der islamischen Feste sowie der zahlreichen *Moussems* der Lokalheiligen ändern sich jährlich im Gregorianischen Kalender aufgrund der Übertragung aus dem islamischen Kalender. Die Festlegung der Daten dieser Feste und ihre Umrechnung auf den Gregorianischen Kalender wird bei manchen Rechtsschulen nicht nur von der astronomischen Rechnung, sondern auch von der Sichtung des Neumondes abhängig gemacht. Dies führt dazu, dass die genaue Festlegung besonders beim Ramadanfest manchmal erst am Vorabend des Festes möglich ist. Geographische Gegebenheiten können auch dazu führen, dass der Termin in den verschiedenen islamischen Ländern um einen Tag variiert.

Abbildung 16: "La Place" Djemaa el-Fna, Marrakesch (© M. Schnepf-Orth)

3.2.2
Algerien

Aus unterschiedlichen Gründen ist Algerien für kleine und mittlere deutsche Unternehmen ein schwieriger Markt. Einerseits weisen Unternehmensangehörige deutscher KMU der Umwelttechnik in Algerien auf Hindernisse hin, wie gesetzliche Rahmenbedingungen, die eine ausländische

Firmenniederlassung erschweren. Auch mit einer ausufernden Bürokratie und wenig transparenten Entscheidungsstrukturen, Korruption sowie einer undurchschaubaren Zollpraxis ist zu rechnen.

Andererseits wird Algerien als "schöner" Markt beschrieben. "Ganz Algerien ist eine Baustelle", gilt als Indikator für die Vielzahl von geschäftlichen Möglichkeiten. Hätte man sich erst einmal "durchgebissen", einen ersten Auftrag abgewickelt, dann seien Algerier treue Kunden. Dass dieses Fußfassen im algerischen Markt mitunter 2-3 Jahre dauern kann sowie ausdauerndes Engagement, finanzielles Durchhaltevermögen, Sensibilität und vor allem gute Kontakte erfordert, trägt offensichtlich wesentlich zum Erfolg bei.

Angesichts zahlreicher Unsicherheiten wird von den Akteuren der deutschen Außenwirtschaftsförderung auf die Bedeutung von Beratungen durch die Außenhandelskammer oder durch deutsche Unternehmen vor Ort hingewiesen.

"Zuverlässig und vorsichtig" - Das Bild der Deutschen

Deutsches Know-how und deutsche Erzeugnisse sind in Algerien sehr beliebt, dabei genießt insbesondere die deutsche Umwelttechnik einen guten Ruf. Allerdings wird Qualität nicht um jeden Preis gekauft.

Deutsche Unternehmensangehörige berichten über die "große Offenheit", mit der ihnen begegnet wird. Deutsche gelten in Algerien als zuverlässig, fleißig und korrekt ("sie halten ihre Versprechen"). Deshalb erwarten algerische Kunden von der deutschen Seite, dass sie den typischen Klischees entspricht: Präzision, hohe Qualität, Pünktlichkeit, korrektes und gepflegtes Auftreten - auch von dem Partner vor Ort [bfai/AHK 2008, 29]. Die deutsche Direktheit wird im Allgemeinen positiv bewertet. Deutsche und ihre Ausdrucksweise werden als "klar" und "zielorientiert" wahrgenommen, man kann mit den Deutschen "schnell zur Sache kommen". In Algerien selbst ist eine direkte Sprache verbreiteter als in den Nachbarländern, was dem Kommunikationsstil deutscher Geschäftsleute durchaus entgegenkommen kann.

Allerdings werden deutsche Unternehmen, etwa im Vergleich mit Franzosen und Italienern, als zu vorsichtig ("prudent") und weniger flexibel wahrgenommen oder als "rigoros", stur ("carré") und pessimistisch erlebt, "sie pochen sehr auf die Einhaltung der Verträge". Hingegen treten französische Geschäftsleute aus algerischer Sicht häufig zu selbstbewusst auf, in dem Glauben, sie hätten einen "besseren Draht" zu Algerien und könnten deshalb eine Hauptrolle auf dem algerischen Markt spielen. Algerier deuten ein solches Auftreten als arrogant oder auch paternalistisch, wenn Ausländer sich einbilden, besser zu wissen, was für Algerien gut sei. Sie empfehlen deshalb deutschen Unternehmen, keine französischen Mitarbeiter einzustellen und nicht hochtrabend oder belehrend aufzutreten. Hätte man die Wahl, würden deutsche Unternehmen gerne bevorzugt. Dennoch fällt es nach Aussagen algerischer Gesprächspartner den Franzosen und Italienern häufig leichter, Risikobereitschaft und die nötige Flexibilität im Geschäftshandeln aufzubringen. Im Widerspruch zur verbreiteten kritischen Haltung gegenüber Frankreich und den Franzosen werden indessen zahlreiche, u.a. kulturelle Berührungspunkte und Verbindungen deutlich, die offensichtlich eine größere Affinität der Algerier zu Franzosen herstellen.

Chinesische Unternehmen gelten in Algerien als "schnell, billig und kompetent" und dominieren den algerischen Bausektor. Schätzungsweise 50.000 chinesische Arbeitskräfte stellen die größte Gruppe der ausländischen Beschäftigten in Algerien [Migdalowitz 2010, 9].

Abbildung 17: Umweltmesse 2010, Algier (© L. Nuphaus)

"Sie sollen herkommen!" - Präsenz vor Ort

Ähnlich wie in anderen arabischen Ländern ist in Algerien die persönliche Begegnung mit Kunden, Auftraggebern oder Kooperationspartnern wichtig. Zur Kontaktaufnahme und weiteren Kontaktpflege wird zumindest zeitweise die persönliche Präsenz vor Ort erwartet. Über die kontinuierliche Anwesenheit eines Mitarbeiters oder Vertreters kann die Verfolgung von Gesprächen und Vereinbarungen in Gang gehalten werden. Zudem erfordern Veränderungen in der konkreten Vertragsgestaltung, aber auch in der übergeordneten politischen oder regionalen Prioritätensetzung und den damit einhergehenden wechselnden Zuständigkeiten die kontinuierli-

105

che Kontaktpflege vor Ort, die ein anwesender Partner oder Mitarbeiter in Algerien übernehmen sollte. Sich vor Ort einzurichten, ein Kontaktbüro oder eine Firmenniederlassung mit algerischen Partnern zu gründen, wird darüber hinaus als Signal für die Motivation und Ernsthaftigkeit gewertet, Vorhaben wirklich umsetzen zu wollen.

Solange man nicht persönlich bekannt ist oder durch einen angesehenen Partner vor Ort eingeführt ist, reichen Telefonate oder Mailkontakte häufig nicht aus, um ein Treffen auf Ministeriumsebene zu vereinbaren. Nach dem persönlichen Kennenlernen wird Weiteres hingegen gerne telefonisch geregelt, weshalb es wichtig ist, über die Handynummern der Ansprechpartner zu verfügen.

"Gemeinsamkeiten ausloten " - Eine persönliche Ebene finden

Die persönliche Beziehung spielt im algerischen Geschäftsleben, wie auch in den anderen betrachteten Ländern, eine bedeutendere Rolle als in Deutschland. Man will sich im Geschäftshandeln ein Bild über Persönlichkeit und Vertrauenswürdigkeit des Gegenübers machen, und deshalb wird für den Kontaktaufbau die persönliche face-to-face Kommunikation der telefonischen und schriftlichen Kommunikation vorgezogen. Ein Mitarbeiter eines kleinen deutschen Ingenieurunternehmens, der sich mit beiden Geschäftskulturen auskennt, bezeichnet den in Algerien wichtigen Vorgang der persönlichen Annäherung als "Navigieren" und meint dabei das gegenseitige Ausloten von Gemeinsamkeiten und Sympathien. Während deutsche Unternehmensangehörige eher dazu neigen ihre Sachkompetenz darzustellen, suchen algerische Geschäftspartner auch nach Gemeinsamkeiten auf persönlicher Ebene. Interkulturelle Trainer weisen deshalb auf die Bedeutung eines ausgiebigen Small Talks hin. Mit dieser Strategie des gegenseitigen "Profilings" werden relevante Aspekte, wie Herkunft, Heimatort, Ausbildung, Familie, Kultur, Sport, Essen, Politik, Wertvorstellungen, persönliche Einstellungen etc. abgeklopft, um sich ein Profil des Verhandlungspartners zusammenzustellen [Kratochwill 2008, 68]. Der Aufbau einer persönlichen Ebene und der damit verbundene Zeitaufwand wird von eher sachorientierten Deutschen häufig als mühsam empfunden und steht mitunter im Widerspruch zu den gewohnten Vorstellungen über Arbeitseffizienz. Deshalb erweist sich die Erwartungshaltung der deutschen Seite, ein Geschäft in Algerien müsse schnell und "sachlich" abgewickelt werden, als unrealistisch.

"Man braucht einen zuverlässigen Partner vor Ort " - Partnersuche

Eine Firmenniederlassung in Algerien zu gründen bedarf der Kooperation mit einem algerischen Investor, der mindestens 51% der Firmenanteile übernimmt, was für deutsche KMU ein großes Hindernis darstellt. Deshalb wird u.a. empfohlen, mit mehreren algerischen Unternehmen zu ko- operieren. Aufgrund der dominanten Rolle von Staatsbetrieben sind mit- telständische algerische Unternehmen zwar nicht so zahlreich, dennoch sind angeblich "clevere" oder kompetente Arbeitskräfte vorzugsweise im privaten Wirtschaftssektor tätig. In jedem Fall empfiehlt sich die Zusam- menarbeit mit einem Partner oder der Einsatz eines Mitarbeiters, der mit allen Bedingungen vor Ort vertraut ist. "Nur die KMU mit guten lokalen Kontakten schaffen es." Ausnahmen sind Unterauftragnehmer, die nicht direkt in die Akquisitionsphase eingebunden sind.

Bei der Partnersuche ist es von Vorteil, auf Beziehungen zu Algeriern aus Studienzeiten oder aus Bekanntenkreisen befreundeter Unternehmen zu- rückgreifen zu können. Ansonsten stehen private Vermittlungsagenturen, die Außenhandelskammer Algerien und Internetjobbörsen zur Verfügung. Kontakte können auf Messen geknüpft werden, sofern dort ausreichend Spielräume für 'Business-to-Business' Gespräche gegeben sind, und Emp- fehlungen für algerische Kooperationspartner können bei deutschen Un- ternehmen und Institutionen vor Ort eingeholt werden.

Da es in Algerien außerordentlich wichtig ist, über gute Beziehungen zu verfügen, sollte auch der Kooperationspartner gute Marktkenntnisse aufweisen und insbesondere gute Kontakte zu wichtigen Entscheidungs- trägern in Wirtschaft und Verwaltung pflegen. Angesichts der Größe Al- geriens ist es für einen einzelnen Unternehmensvertreter kaum möglich, im ganzen Land vor Ort präsent zu sein, daher bedarf es ggf. eines Netzes von Mittelsmännern, um die persönliche Kontaktpflege aufrechtzuerhal- ten. In den Berbergebieten empfiehlt es sich zudem, Angehörige dieser Volksgruppe als Partner/Mitarbeiter einzusetzen. Unter Umständen ist ei- ne intensive Betreuung des algerischen Partners, besonders zu Beginn der Beziehung notwendig [bfai/AHK 2008, 29-30].

Es heißt, jeder Algerier nutze seine Netzwerke und Beziehungen, um be- rufliche oder geschäftliche Erfolge zu erreichen. Eine geläufige Redewen- dung besagt, als Algerier gelange man in drei Etappen, d.h. über drei Kontakte, bis zum Präsidenten. Den Auslandsalgeriern begegnet man mitunter mit Vorbehalten, insbesondere, wenn sie den Landesdialekt des Arabischen nicht gut beherrschen. Hingegen genießen algerische Mitar- beiter mit deutschen Wurzeln, die "arabisch auftreten" können, ein ho- hes Ansehen.

"Alles wird hinterfragt" - Flexibilität und Geduld mitbringen

"Algerier möchten von Argumenten überzeugt werden" und hinterfra- gen teilweise sehr gründlich Planungen sowie Preisgestaltung ausländi- scher Unternehmen. Deshalb wird darauf hingewiesen, nicht mit Konzep- ten in Geschäftsverhandlungen zu gehen, an denen "nicht zu rütteln" sei. Den deutschen Unternehmen wird empfohlen, die bevorzugte Lösung dennoch zu vertreten und die möglichen Konsequenzen von Kompromissen aufzuzeigen. Ebenso sollte man sich auf Verhandlungen um Preisnachlässe einstellen. Nach langwierigen Verhandlungen werden in Algerien Verträge – stärker als in anderen arabischen Ländern – als bindend aufgefasst und stringent verfolgt. Bei der Vertragsformulierung will sich deshalb niemand einen Fehler erlauben und es werden, um sicher zu gehen, mitunter Vertragsvorlagen von anderen Vorhaben übernommen. In der Vertragsgestaltung sieht sich die deutsche Seite gegebenenfalls mit einem hohen Aufwand konfrontiert, um unerfüllbare Interessen der Auftraggeber ausgewogen einzuschränken. Das alles kostet Zeit und erfordert Geduld. "Für das, was man in Deutschland gewöhnlich an einem Tag erledigen kann, braucht man in Algerien eine Woche." Während von den Deutschen Pünktlichkeit erwartet wird, muss man sich auf Verspätungen von algerischer Seite einstellen. Auch große Veranstaltungen oder Termine in Ministerien können sich verzögern.

Respektvolles Auftreten

Algerien rechnet sich den Ländern zu, die die Verantwortung für den Klimawandel zunächst bei den klassischen Industrieländern sehen. Die algerische Seite reagiert daher mitunter empfindlich auf "westliche Konzepte" oder belehrendes Auftreten in Diskursen um den Umgang mit natürlichen Ressourcen. Dazu muss man wissen, dass die nationale Souveränität in Algerien ein gesellschaftlich bestimmendes Paradigma ist, weshalb Projekte ausländischer Unternehmen die Interessen, konkreten Anforderungen und Möglichkeiten der algerischen Klienten einbeziehen sollten. Dazu zählt nicht nur der Verkauf deutscher Produkte oder Leistungen, sondern die Berücksichtigung eines aus algerischer Perspektive weitergehenden, entwicklungspolitischen Gewinns, wie Know-how-Transfer oder beschäftigungswirksame Produktion vor Ort.

Im Allgemeinen erwarten algerische Auftraggeber in Anbetracht ihrer Rolle ein respektvolles Auftreten seitens ausländischer Auftragnehmer. Je nach Position oder Status des algerischen Gesprächspartners wird deshalb in Geschäftstreffen mit einer "führenden" Persönlichkeit des deutschen Unternehmens gerechnet. Deutschen Unternehmensangehörigen wird insbesondere empfohlen, sich bei der Einschätzung der Position des Gesprächspartners nicht zu sehr von Äußerlichkeiten leiten zu lassen. So kann der Status des algerischen Verhandlungspartners nicht immer von Kleidung oder Benehmen abgeleitet werden. Ebenso erweisen sich Rückschlüsse von der Kompetenz auf die Entscheidungsbefugnisse häufig als falsch, weil bei der Besetzung von Führungspositionen im öffentlichen Sektor auch andere Kriterien eine Rolle spielen. Gewöhnlich erwarten Algerier, dass man sie - entsprechend ihres Status - respektiert und keinesfalls übergeht. Sofern absehbar ist, wer an einem Treffen teilnehmen wird, sollte man sich deshalb vorab mit den Zuständigkeiten und Entscheidungsbefugnissen der Gesprächspartner vertraut machen. Nicht nur im öffentlichen Sektor, sondern auch in kleinen privaten Unternehmen sind hierarchische Strukturen verbreitet: "der Chef ist der König".

Respektvolles Auftreten der ausländischen Unternehmensangehörigen äußert sich auch darin, über Landeskenntnisse zu verfügen. Dazu gehört, sich mit dem Islam sowie der Geschichte und den Traditionen vertraut zu machen. Von wichtigen Geschäftsverhandlungen während des Fastenmonats Ramadan wird abgeraten. Die Regeln des Ramadan werden in Algerien streng befolgt. Allerdings bieten sich im Fastenmonat gute Gelegenheiten für den Aufbau und die Pflege persönlicher Beziehungen. So sind Einladungen zum abendlichen Fastenbrechen (*iftar*) oder das Versenden von Grußkarten üblich [Kratochwil 2008, 148]. Interessensbekundungen an Traditionen und Gepflogenheiten signalisieren der algerischen Seite Anteilnahme und Engagement, gegebenenfalls auch für eine längerfristige Kooperation.

Mit Frauen als Verhandlungspartner rechnen

Die weibliche Erwerbstätigenrate liegt in Algerien über dem Durchschnitt der arabischen Länder. Frauen sind deshalb im algerischen Geschäftsleben und insbesondere im öffentlichen Sektor präsent. Sie werden in unterschiedlichsten Berufsfeldern und auch hohen Führungspositionen akzeptiert. Ausländischen Geschäftsfrauen wird ebenso wie Männern mit Offenheit begegnet. Frauen müssen sich allerdings an gewisse Mindestregeln der Bekleidung halten. Häufig haben es ältere Frauen leichter, als Respektsperson und Entscheidungsträgerin ernst genommen zu werden. Jüngeres Alter kann jedoch durch korrektes Verhalten, Kompetenz sowie Status und Position ausgeglichen werden [Kratochwil 2008, 155]

Im Unterschied zu den 1970er Jahren tragen heute auch in Algier viele Frauen ein Kopftuch, zumindest in der Öffentlichkeit. In den großen Städten und im Berufsleben werden jedoch auch Frauen ohne Kopfbedeckung uneingeschränkt toleriert. In Geschäftskontakten empfiehlt sich für Männer, die von dem weiblichen Gegenüber gewählte Körperdistanz zunächst abzuwarten, beispielsweise in Begrüßungssituationen. Dennoch kann es unerwartet passieren, dass eine kopftuchtragende junge Algerierin einen ihr fremden Deutschen im Café mit französischem Wangenkuss begrüßt, sofern er ihr als Bekannter oder Freund vorgestellt wird. Auf das Tragen von Schmuck sollte weitgehend verzichtet werden, weil es angesichts der sozialen Ungleichheit als Provokation interpretiert werden kann. Im Alltag müssen auch ausländische Frauen damit rechnen, dass ihr Auftreten im öffentlichen Raum seitens junger Männer kommentiert wird.

Französischkenntnisse optimieren

Trotz intensiver Arabisierungsbemühungen in Folge der Kolonialherrschaft hat Französisch als Handels- und Bildungssprache weiterhin eine hohe Bedeutung. Deutsche Unternehmensangehörige, die in Algerien tätig werden wollen, müssen gute Französischkenntnisse aufweisen. Französisch ist allerdings unter jungen Algeriern nicht mehr so selbstverständlich verbreitet und soll deshalb in Berufsschulen wieder verstärkt gelehrt werden. In kleineren Kommunen sollte man darauf vorbereitet sein, auf den algerischen Dialekt des Arabischen zurückgreifen zu können. Indessen sind Arabischkenntnisse nicht überall von Vorteil, weil berberophone Gruppen, wie die Kabylen, lieber französisch als arabisch sprechen.

Intransparente Behördenkulturen einkalkulieren

Ausländische Unternehmen sind von zentralistischen und "trägen" Strukturen des algerischen Verwaltungsapparats betroffen. Allerdings unterscheiden sich die Behördenkulturen. So wird beispielsweise der Wassersektor als konservativer wahrgenommen als das Umweltministerium. Die Terminvereinbarung mit Entscheidungsträgern gilt als schwierig, solange man nicht persönlich bekannt ist oder durch Kontaktpersonen vor Ort eingeführt wird. Anfragen bei Ministerien bleiben mitunter ohne Antwort.

Die Bündelung von Entscheidungsstrukturen in steilen Hierarchien führt in Algerien im Allgemeinen dazu, dass Sachbearbeitern nur wenig Ermessensspielräume offenstehen und die fachliche Kompetenz gegenüber Seniorität und Position keine so große Rolle spielt. Kompetente Mitarbeiter tendieren deshalb zum Wechsel in die Privatwirtschaft. Angesichts hierarchischer Strukturen scheuen Sachbearbeiter häufig vor der Übernahme von Verantwortung für Entscheidungen zurück. So kann es passieren, dass in bürokratischen Vorgängen Unterlagen immer wieder neu überprüft oder häufig auch liegengelassen werden. Ausschreibungsprozesse können sich verzögern oder auch nachträglich korrigiert werden.

Deutsche Unternehmen beklagen Koordinationsdefizite der vielen beteiligten Ministerien im Umweltsektor und den Zeitaufwand, bis ein Vorhaben, obwohl es auf Zustimmung stößt, in die staatliche Investitionsplanung aufgenommen wird. Je nach Größe des Projekts können sich die Entscheidungsbefugnisse des vermeintlich federführenden Ministeriums als nicht ausreichend erweisen, ohne dass die faktischen Entscheidungsstrukturen im Hintergrund deutlich werden. Sie zu durchschauen stellt ein großes Hindernis dar, und nicht zuletzt deshalb wird die Vernetzung mit Personen, die über gute Kontakte vor Ort verfügen, als unerlässlich betrachtet.

Auch für viele algerische Bürger scheinen die wirklichen Entscheidungs-strukturen undurchschaubar, d.h. die politisch einflussreichen Gruppen agieren im Hintergrund. Dazu gehören nicht nur die Generäle, sondern alle möglichen Interessengruppen, wie Clans, bedeutende Familien, Verbände und Organisationen oder "Regionalfürsten" [Sansal 2011].

Mit Klientelismus und Begünstigungen umgehen

Die Korruption im öffentlichen Sektor ist schwer zu quantifizieren, jedoch wird von verschiedenen Seiten darauf hingewiesen, dass klientelistische Begünstigungen und Zusatzgebühren oder "Beschleunigungsgelder" auf allen Ebenen verbreitet sind.[21] Der algerischen Sektion von Transparency International zufolge werden von ausländischen Unternehmen häufig Gefälligkeitszahlungen erwartet [Berstelsmann Stiftung 2009, 35]. Algerische Gesprächspartner sehen dieses Phänomen den zentralistischen Verwaltungsstrukturen und den niedrigen Gehältern geschuldet.

2006 wurde eine nationale Verordnung zur Korruptionsbekämpfung in Kraft gesetzt, in deren Folge einige Provinzgouverneure juristisch verfolgt und entlassen wurden. Dennoch wird der Regierung von vielen Seiten vorgeworfen, nicht wirklich durchgreifen zu wollen. Dies wird damit erklärt, dass weite Teile der politischen, militärischen und wirtschaftlichen Elite in Patronage-Netzwerke eingebunden seien, die sich staatlicher Finanzen bedienten. Einflussreiche, mit der Regierung verbundene gesellschaftliche Gruppen hätten deshalb kein Interesse an einer effektiven Korruptionsbekämpfung [Bertelsmann Stiftung 2007]. So wurde erst vier Jahre nach der 2006 verordneten Strategie zur Korruptionsbekämpfung, im August 2010, die Gründung einer zentralen Anti-Korruptionsbehörde eingeleitet.[22]

Hürden bei der Korruptionsbekämpfung bestehen u.a. darin, dass staatliche Bedienstete keine Rechenschaft über persönliches Vermögen ablegen müssen [Bertelsmann Stiftung 2009, 34-36]. Die algerische Organisation zum Schutz der Menschenrechte kritisiert öffentlich, wichtige Entscheidungsträger gingen praktisch straffrei aus, wenn ihnen Korruption nachgewiesen würde, die Justiz sei nicht unabhängig und der Staat fordere die

---

21 Der "Corruption Perceptions Index" (CPI) 2010 von Transparency International ordnet die Korruption in Algerien auf einer Skala von 0 (höchste Korruption) bis 10 (korruptionsfrei) mit einem CPI von 2,9 ein. Damit wird die Korruption in Algerien höher als in Marokko (CPI 3,4) und Tunesien (CPI 4,3) bewertet. Transparency International: Corruption Perceptions Index 2010 Results, http://www.transparency.org/policy_research/surveys_indices/cpi/2010/results (11.10.2010).
22 Algeria creates special anti-corruption agency, 26.08.2010, http://www.middle-east-online. com/english/?id=40890 (02.05.2011).

obligatorischen Vermögenserklärungen hoher Funktionäre nicht stringent genug ein [Quazani 2010].

Unter der algerischen Bevölkerung hat sich indessen eine Staatsmüdigkeit verbreitet und die Überzeugung verfestigt, dass sich persönliche Ziele und die Verbesserung von Lebensbedingungen nur über informelle Wege erreichen lassen [Abderrahim 2011]. Die staatlichen Institutionen und politischen Eliten werden aus dieser Perspektive als Wahrer der Interessen ihrer direkten Klientel und insbesondere als Versorgungseinrichtung für ihre Kader und deren Familien wahrgenommen [Faath 2008, 128].

3.2.3
Ägypten

„German products do not sell themselves", deutsche Produkte konkurrieren in Ägypten mit kostengünstigeren, z. B. chinesischen Produkten, die eigens für den spezifischen Bedarf von Entwicklungs- und Schwellenländern entwickelt werden. Deutsche Qualität hat zwar in Ägypten einen guten Ruf, allerdings geben die Preise häufig den Ausschlag, sich für kostengünstigere Angebote zu entscheiden. Um dennoch auf dem ägyptischen Markt anzukommen, ist u.a. ein Gespür für die Anforderungen der ägyptischen Geschäftskultur nützlich und dafür, dass die eigene Persönlichkeit hinter dem Produkt oder der Leistung mit bewertet wird.

„Hard but straightforward" – Das Bild der Deutschen

„Wichtigste Grundtendenz ist die große Sympathie und der große Respekt, den die meisten Ägypter gegenüber Deutschland empfinden" [Jödicke/Werner 2009, 197]. „Man läuft offene Türen ein." Zwar wird z. B. die italienische Mentalität als vertrauter empfunden, dennoch schätzen Ägypter deutsche Eigenschaften wie Ehrlichkeit und Verlässlichkeit, einen guten fachlichen Hintergrund sowie qualitätsvolle Produkte. Andererseits geht den Deutschen jedoch der Ruf voraus, manchmal zu direkt, steif oder unterkühlt zu kommunizieren, während die Ägypter Freundlichkeit und verbindliche Umgangsformen auch in Geschäftskontakten bevorzugen [von Brunn 2007, 206]. Deutsche tendieren im Allgemeinen dazu, persönliche Beziehungen und die Bedeutung des Small Talks zu unterschätzen.

„Es gibt keine klaren Strukturen" – Zuständigkeiten ermitteln

„Ägypten ist bis heute die Mutter aller Bürokratien geblieben" [El-Gawhary 2008, 99]. In der 5000 Jahre alten ägyptischen Zivilisation konnte mit Hilfe der Bürokratie ein Staatswesen entstehen, in dem die lebenswichtige Nilbewässerung für die Felder zentral organisiert werden musste [El-Gawhary 2008, 99].

Heute muss in Ägypten mit Kompetenzüberschneidungen in den Behörden gerechnet werden. Den richtigen Ansprechpartner auf der richtigen Verwaltungsebene zu finden, wird dadurch erschwert. Mitarbeiter ohne Entscheidungsbefugnisse tendieren dazu, klare Zusagen zu umgehen. Es spart deshalb viel Zeit, die entscheidenden Akteure zu ermitteln und persönlich anzusprechen. „Ein Produkt bei einer ägyptischen Behörde registrieren zu lassen, kann drei Jahre oder drei Monate dauern." So bedarf es eines guten Kontaktnetzes und ausreichender Informationen über behördliche Abläufe, um beispielsweise Güter einzuführen und insbesondere zügig aus dem Freihafen herauszubekommen. Um diese Barrieren zu überwinden, bietet sich die Zusammenarbeit mit ägyptischen Geschäftspartnern an.

Abbildung 18: Mogamma: Behördenzentrum am Tahrir-Platz, Kairo
(© M. Schnepf-Orth)

Zudem bedeuten die verbreiteten hierarchischen Entscheidungsstrukturen auf ägyptischer Seite für deutsche Unternehmensangehörige, dass sie selbst über weitgehende Entscheidungskompetenzen verfügen sollten, um von den Gesprächs- und Verhandlungspartnern ernst genommen zu werden. Das Eingeständnis einer geringen Entscheidungskompetenz kommt bei ägyptischen Verhandlungspartnern nicht gut an.

Eingefahrene administrative und politische Entscheidungsstrukturen können den Transfer von Technologien nach Ägypten entscheidend erschweren. So zeigt sich am Beispiel der erneuerbaren Energien im staatlichen Sektor: „Decision-makers have grown up in a fossil fuel world and institutions are designed accordingly" [UBA 2007, 81-82]. Beispielsweise sind für die Energiegewinnung aus Biomasse zunächst drei Ministerien zuständig (Ministry of Environment, Ministry of Local Development und Ministry of Agriculture), ohne klare Zuständigkeiten. Die kompetentesten Akteure für Biomasse sind hingegen im „Agriculture Research Centre" anzutreffen, einer Forschungseinrichtung. Das Ministry of Electricity and Energy indessen wird von Ingenieuren dominiert, die den Zugewinn der Energiegewinnung aus Biomasse gegenüber fossilen Energieträgern im Allgemeinen unterbewerten. Dabei basieren die institutionellen Hindernisse häufig auch auf der historischen Entwicklung des Energiesektors. So hat die Einrichtung der „New and Renewable Energy Authority" (NREA) seit 1986 bisher wenig an der Hauptverantwortlichkeit im Elektrizitätssektor verändert, der von der "Egyptian Electricity Holding Company" (EEHC) dominiert wird. Innerhalb der NREA hat die für Biomasse zuständige Abteilung zudem einen schwachen Stand [UBA 2007, 81-82].

„Man muss immer einen inländischen Partner dabei haben"

Aus der Zusammenarbeit mit einem versierten ägyptischen Partner ergeben sich so viele Vorteile, dass der Partnersuche ausreichend Aufmerksamkeit gewidmet werden sollte. Beispielsweise können Ausschreibungsverfahren kompliziert und Zuständigkeiten wenig transparent sein. Sofern man nicht auf Empfehlungen deutscher Geschäftspartner zurückgreifen kann, vermitteln u.a. die Außenhandelskammer in Kairo, die Ägyptische Wirtschafts- und Handelsvertretung in Deutschland (ECRG) und die Ghorfa e.V. ägyptische Geschäftspartner. Den deutschen KMU wird empfohlen, sich ägyptische Partner eher im Feld der kleinen und mittleren Unternehmen zu suchen. Auch die ägyptische „General Authority of Foreign Investment" (GAFI) kann bei der Partnersuche behilflich sein.

Deutsche KMU, die in Ägypten aktiv sind oder waren, raten zu ägyptischen Partnern, die mit dem Projekt ein eigenes „existentielles" Interesse verbinden, indem beispielsweise ein Teil der Leistung oder die Endbearbeitung durch das ägyptische Partnerunternehmen erbracht wird. Über persönliche Beziehungen und Kontakte zu Expertennetzwerken lassen sich Empfehlungen einholen. Bei der Kontakt- oder Arbeitskräftesuche kann der Fundus an ägyptischen Arbeitskräften, die eine deutsche Schule in Ägypten besucht oder in Deutschland studiert haben, genutzt werden. Beispielsweise sind ägyptische Absolventen deutscher Hochschulen in der Regel in der Absolventen-Datei (alumni database) des Deutschen Akademischen Austauschdienstes (DAAD) in Kairo erfasst und vernetzt.

„Die deutsche Direktheit wird geschätzt"

Deutsche und ägyptische Höflichkeitsnormen können sich unterscheiden. „Wenn du den Pfeil der Wahrheit abschießt, tauche zuvor seine Spitze in Honig" (arab. Sprichwort) [Jödicke/Werner 2009, 204].

Ägyptische Höflichkeit drückt sich beispielsweise in Respekt aus, etwa vor Höherrangigen oder vor Älteren. Auch Frauen erheben sich bei der Begrüßung. Gegenüber Respektspersonen werden Einwände vorsichtig und nicht zu lautstark vorgebracht. Verschiedene Verhaltensweisen signalisieren, dass man sich eines Ranggefälles bewusst ist [von Brunn 2007, 205]. Ein respektvolles Verhalten schließt ein, den Kooperations- oder Verhandlungspartner „ernst zu nehmen" und die rein fachlichen Informationen stets mit dem Austausch von Höflichkeiten und Freundlichkeiten anzureichern. Manchmal wirken ägyptische Höflichkeitsformeln auf eher sachorientierte Deutsche übertrieben oder unehrlich. „Die Deutschen verwechseln Liebenswürdigkeit mit Lüge..." [von Brunn 2007, 206]. Auch Ägypter finden es zuweilen anstrengend, dass man nicht immer weiß, woran man bei Landsleuten wirklich ist. „Zu oft wird etwas gesagt, um zu gefallen oder um einen Gefallen zu tun" [El Siofi 2009, 87]. Konsequenterweise verlassen sich die wenigsten Ägypter untereinander auf vorgeblich fixe Vereinbarungen oder Versprechungen. „Und es läuft notwendigerweise auf den mitunter sehr erschöpfenden Stress eines andauernden Nachfragens und Überprüfens Dritter hinaus" [El Siofi 2009, 88]. Deshalb wird die Direktheit der Deutschen durchaus geschätzt, und für Vertragsverhandlungen wird empfohlen: „Say what you want."

Dennoch kann im konkreten Fall die deutsche Unmissverständlichkeit, entweder über ein deutliches Nein oder auch über distanzierende Körpersprache oder Gestik ausgedrückt, als Zeichen der Ablehnung interpretiert und als unnötige Schärfe oder Kälte empfunden werden. Das deutsche Schwarz-Weiß-Denken wirkt auf Ägypter oft befremdend, weil sich ägyptische Verhandlungspartner tendenziell darum bemühen (wenigstens nach außen hin) einen gemeinsamen Weg oder Kompromiss zu finden. Ehrlichkeit und Direktheit können rational zwar erwünscht sein, entsprechende Kommunikationsweisen werden jedoch emotional meist nicht positiv empfunden.

Den Islam respektieren

Deutsche Unternehmensangehörige, die in Ägypten Geschäfte machen wollen, sind gut beraten, ihr Islambild zu überprüfen und sich Kenntnisse über den Islam in Ägypten anzueignen. Nach dem säkular-sozialistischen Regierungskurs in den 1950er und 1960er Jahren wurde seit den 1970er Jahren der Einfluss des Islam u.a. auch von Regierungsseite auf allen gesellschaftlichen Ebenen gestärkt, was insgesamt zu einer allmählichen Islamisierung des gesellschaftlichen Klimas führte. Der Islam bestimmt den Alltag vieler Ägypter. Dennoch verfolgen nicht alle Muslime einen orthodoxen islamischen Lebensstil. Es gibt viele islamische Strömungen und auch säkular-progressiv orientierte Kräfte. Deshalb sollte man sich nicht darauf festlegen, den Islam - oder konkret das Kopftuch - als Zeichen von Unterdrückung, Rückständigkeit oder mangelnder Bildung zu bewerten. Viele erwerbstätige und gebildete Frauen in Ägypten verorten sich über ihre Kleidung symbolisch in einer östlich-islamischen Kultur.

Insbesondere während des Fastenmonats Ramadan ist der Einfluss der Religion auf das Geschäftsleben am deutlichsten zu spüren. Firmen und Institutionen haben ihre Arbeitszeiten auf ein Minimum reduziert. Erledigungen werden auf *„Baad al Eid"* – „nach dem Fest", das den Ramadan abschließt, verschoben.

Abbildung 19: Mashrabiya: traditioneller Sicht- und Sonnenschutz
(© M. Schnepf-Orth)

Während des Ramadan verschiebt sich der gesamte Tagesrhythmus zugunsten der langen Abendstunden. In den Städten sind dann viele Geschäfte, Restaurants und Kaffeehäuser bis tief in die Nacht geöffnet, während tagsüber Geschäfts-, Büro- und Schulzeiten eingeschränkt sind. Von Nicht-Muslimen wird insbesondere im Ramadan ein respektvolles Verhalten erwartet. Kaum jemand kann sich dem kollektiven Druck entziehen und wagt es, auf offener Straße tagsüber zu essen oder zu rauchen. Alkohol wird nur in Fünf-Sterne Hotels und nach Vorzeigen eines ausländischen Passes ausgeschenkt [El-Gawhary 2008, 133f].

116

Im Fastenmonat erreicht das Jahr paradoxerweise seinen kulinarischen Höhepunkt. Der Ramadan ist zugleich Zeit der Abstinenz und der Völlerei. Das tägliche Fasten wird erst nach Sonnenuntergang gebrochen, meistens im Kreis der Familie und führt deshalb regelmäßig zum Zusammenbruch des städtischen Verkehrs in der Zeit vor dem Sonnenuntergang. Fleischgerichte, Gebäck und Süßspeisen haben Hochkonjunktur [Jödicke/Werner 2009, 191f].

Da der Mahlzeit des abendlichen Fastenbrechens (*Iftar*) eine so große Bedeutung zukommt, konsumieren die Ägypter im Fastenmonat statistisch fast doppelt so viel wie in den restlichen Monaten des Jahres. Steigende Lebensmittelpreise sind eine problematische Begleiterscheinung. Im Ramadan wird auch der tägliche Fernsehkonsum erheblich ausgeweitet. Arabische Telenovelas wetteifern um die Gunst der Zuschauer und greifen dabei gesellschaftlich und politisch kontroverse Inhalte auf, die zum Teil noch Monate nach Ende des Ramadan und der Ausstrahlung diskutiert werden [El-Gawhary 2008, 144ff].

„Dinge brauchen Zeit"

Die Umsetzung von Projekten kann in Ägypten beschwerlich sein und erfordert Zeit. Dies wird im Wesentlichen auf Strukturen und Arbeitsweisen im Verwaltungsapparat zurückgeführt. In Kairo dauert beispielsweise das Erteilen einer Baugenehmigung im Durchschnitt 249 Tage und erfordert 28 Vorgänge [World Bank/IFC 2007, 2]. Die Dinge dauern auch länger, weil „viel geredet werden muss", „die Interessenten vor Ort sich schlau machen wollen", „man Überzeugungsarbeit leisten muss" und Preise ausgehandelt werden müssen. Verschiedentlich wird auf eine „fehlende Zahlungsmoral" hingewiesen, die sich jedoch bei Wiederholungsgeschäften reduziere.

Informationen machen Gefälligkeitszahlungen überflüssig

Mit *Wasta* bezeichnet man in Ägypten die Vorgänge, sich Begünstigungen oder Fürsprache zu verschaffen. Ebenso werden auch Personen *Wasta* genannt, die ihre Verbindungen und ihren Einfluss einsetzen, um ihrer Klientel zu Vorteilen zu verhelfen. Die Abgrenzungen zwischen *Wasta* und Korruption sind indessen umstritten [Adel 2009]. Trotz erheblicher institutioneller Anstrengungen der Regierung zur Korruptionsbekämpfung, werden der Einsatz von „Beziehungen" oder Gefälligkeitszahlungen, insbesondere an staatliche Bedienstete, als wesentlich erachtet, um verschiedenste Anliegen durchzusetzen. Es scheint als habe geringfügige und schwerwiegende Korruption alle Bereiche der ägyptischen Gesellschaft infiltriert [TI o.J. a]. „Bribery (bakschisch) is a part of daily life in Egypt" [Bertelsmann Stiftung 2009]. Das Hinauszögern von Verwaltungs-prozeduren ist dabei eines der Instrumente staatlicher Mitarbeiter, um die Bürger zu illegitimen Zahlungen zu bewegen. Die öffentliche Meinung sieht die Ursache dieser Praktiken hauptsächlich in niedrigen Gehältern begründet [CIPE 2009a].

Experten verweisen darauf, dass der ägyptischen Regierung eine umfas-sende nationale Strategie zur Korruptionsbekämpfung fehle; das Strafge-setz enthalte nicht das ganze Spektrum von Straftaten, sehe nur geringe Geldstrafen und es würden eine große Zahl hochrangiger Beamter durch Immunität geschützt [OECD 2010]. Der von Transparency International entwickelte und international anerkannte „Corruption Perceptions Index" 2010 (CPI) bewertet die Korruption verschiedener Länder auf einer Skala von 0 (höchste Korruption) und 10 (korruptionsfrei). Ägypten wird mit ei-nem CPI von 3,1 eingeordnet und rangiert damit in dem Bereich stark verbreiteter Korruption. Tunesien (CPI 4,3) und Marokko (CPI 3,4) werden als weniger korrupt bewertet, während in Algerien (CPI 2,9) und Libyen (CPI 2,2) Korruption noch verbreiteter ist als in Ägypten [TI oJ b].

Untersuchungen belegen hingegen, dass sich Unternehmen durchaus den illegitimen Begünstigungssystemen entziehen können. So ergab eine Be-fragung von 800 ägyptischen KMU in 6 Gouvernoraten im Jahr 2009, dass 42% dieser Unternehmen Bestechungsgelder an Regierungsbeschäf-tigte im Zuge der Einrichtung ihres Unternehmens gezahlt hätten. Aller-dings zahlten letztlich nur 27% der Unternehmen, die nicht von vornhe-rein die Bestechung in Erwägung gezogen hatten. Die Bereitschaft zu Gefälligkeitszahlungen hat sich dabei als abhängig von rechtlichen und betriebswirtschaftlichen Kenntnissen der Unternehmensangehörigen, von der Vollständigkeit beizubringender Unterlagen oder auch von undeutli-chen oder sich widersprechenden Vorschriften herausgestellt [CIPE 2009]. Schlussfolgernd hilft die gründliche Information und Vorbereitung auf an-stehende behördliche Abläufe dabei, illegitime Zahlungen zu vermeiden.

„Englisch ist als Geschäfts- und Vertragssprache verbreitet"
Arabisch ist die offizielle Amtssprache und die im Alltag verwendete Spra-che. Während die Ägypter das ägyptische Arabisch sprechen, ein eigen-ständiger arabischer Dialekt, ist als Schriftsprache das Standard-Hocharabisch verbreitet. Geschäfts- und Vertragssprache ist indessen häu-fig Englisch. Angehörige der Mittel- und Oberschicht betrachten Sprach-kenntnisse als die wichtigsten Bausteine der Karriere. „Ägypter haben im

Allgemeinen mehr Auslandserfahrungen als Deutsche." Einige sprechen ein ausgezeichnetes Englisch, weil sie in Europa oder in den USA studiert oder gearbeitet, bzw. die American University in Kairo besucht haben. Dennoch muss in Ägypten auch mit Sprachschwierigkeiten gerechnet werden. Es wird deshalb empfohlen, gegebenenfalls auf Dolmetscherdienste zurückzugreifen. Arabischkenntnisse der deutschen Unternehmensangehörigen erleichtern die Kontaktaufnahme und können ein Interesse signalisieren, das über fachlich/geschäftliche Anliegen hinausgeht.

3.2.4
Vereinigte Arabische Emirate

Die multikulturelle Zusammensetzung der Bevölkerung in den Emiraten begünstigt bei dem westlichen Betrachter den Eindruck einer dominierenden "internationalen" Geschäftskultur. In den Gesprächen mit unterschiedlichen Akteuren kristallisiert sich dennoch heraus, dass es eine Menge an kulturspezifischen Kenntnissen für den Geschäftsalltag in den VAE zu lernen gibt.

Das Bild der Deutschen

Im Allgemeinen wird es von diversen Gesprächspartnern in den VAE positiv eingeschätzt, dass den Deutschen keine Vergangenheit als Kolonialmacht in der Region anhaftet und Deutschland sich nicht am Irakkrieg beteiligt hat. Deutsche Tugenden werden in der Regel geschätzt (Pünktlichkeit, Zuverlässigkeit etc.) und sollten im Geschäftsgebaren vor Ort beibehalten werden.

Abbildung 20: Dubai (© M. Schnepf-Orth)

„Persönliche Beziehungen sind wichtig"

Persönliche Beziehungen unter Geschäftsleuten spielen auch in den VAE eine größere Rolle als in Deutschland. Beispielsweise empfiehlt ein in den VAE tätiger omanischer Geschäftsmann den deutschen Unternehmen, sich stärker auf die in Asien und anderen Regionen der Welt verbreitete „beziehungsorientierte" Geschäftskultur einzustellen, um gegenüber asiatischen Konkurrenten bestehen zu können. Ein distanziertes oder reserviertes Geschäftsverhalten, das sich alleine auf angebotene Lösungen konzentriert und dabei dem Aufbau von persönlichen Beziehungen und Netzwerken zu wenig Aufmerksamkeit widmet, wird negativ bewertet.

Die Business-Ratgeber bezeichnen das in westlichen Ländern verbreitete Geschäftsverhalten als „abschlussorientiert" statt „beziehungsorientiert" [Janzir 2007, 66; Kabasci 2006, 217f]. Entsprechend viele „Do's and Don'ts" zur Beziehungsorientierung finden sich in den Hinweisen zur „arabischen" Geschäftskultur. Manche Ratgeber identifizieren eindeutige Unterschiede zwischen Verhaltensmustern in den verschiedenen Businesskulturen, die jedoch in den VAE nicht immer so deutlich zu Tage treten. So sind Erwartungen an das Geschäftsverhalten der Deutschen abhängig davon, inwieweit die jeweiligen Geschäftspartner vor Ort mit den Regeln des westlichen Managementhandelns vertraut sind. Auf jeden Fall sollte damit gerechnet werden, dass eine persönliche Ebene mit dem deutschen Unternehmensangehörigen gesucht wird.

„Übrigens: Personen aus weniger sachorientierten Kulturen sind sehr wohl an guten Ergebnissen und Geschäftsabschlüssen interessiert. Nur sehen sie keine Möglichkeit, bei gestörten sozialen Beziehungen ein gutes Ergebnis zu erzielen" [Kratochwil o.J., 4].

„Zeigen, dass man hier etwas will": Notwendigkeit der Präsenz vor Ort

„Um in Abu Dhabi erfolgreich zu sein, muss man nah an dem Kunden sein und zwar dauerhaft." Von allen Seiten wird betont, wie wichtig die lokale Präsenz für Geschäftsanbahnungen ist. Dabei hat sich die Einschätzung durchgesetzt, dass durchschnittlich mit Vorlaufzeiten von zwei Jahren bis zu einem Abschluss gerechnet werden muss. Außerdem wird erwartet, dass Firmen ein Büro oder einen Repräsentanten in dem Emirat ansiedeln, in dem Umsätze gemacht werden [Janzir 2007, 46]. Ist die deutsche Firma vor Ort weder direkt noch mittels einer Vertretung präsent, kann dies zu Nachteilen im Zahlungsverkehr führen, da dann oft Vorkassen die einzigen sicheren Alternativen darstellen [GIC].

Abbildung 21: Präsenz zeigen: Geschäftshaus in Ras al-Khaimah
(© M. Schnepf-Orth)

Für eine Präsenz vor Ort sprechen auch kommunikative Vorteile, wie

- ein frühzeitiger Informationszugang ist besser zu gewährleisten,
- „die Vertriebspartner und Kunden verlangen einen arabisch- und englischsprachigen Vertreter der deutschen Firma, als direkte und konstante Kontaktperson vor Ort" [GIC],
- die räumliche Nähe gilt als Voraussetzung, um Möglichkeiten des Beziehungsaufbaus und der Kontaktpflege zu nutzen, darunter auch ein gut funktionierendes Netzwerk von persönlichen Beziehungen [Janzir 2007, 46],
- der bevorzugten face-to-face Kommunikation kann einfacher entsprochen werden, „wichtiger als gedrucktes Informationsmaterial ist das persönliche Gespräch" [IHK Ostwestfalen],
- die Nähe zum Kunden ist für den Fall kurzfristiger Geschäftswünsche und -termine gewährleistet [bfai/Reichwein 2006, 5],
- „Geschäftsabschlüsse werden oft spontan festgelegt. Firmen mit einer Repräsentanz vor Ort, haben dann den Vorteil" [IHK Ostwestfalen].

„Emiratis wollen, dass in den VAE produziert wird" - Ziele und Interessen des Verhandlungspartners erkunden

Das Exportinteresse der deutschen Wirtschaft stößt auf emiratischer Seite auf ein allgemein wachsendes Interesse an der Produktion vor Ort und an Kooperationen sowie Dienstleistungen, wie „capacity building" oder Betreibermodellen (z. B. BOTs, Build-Operate-Transfers). Deshalb sollten deutsche KMUs nicht damit rechnen, dass die Geschäftspartner nur am Erwerb eines Produkts deutscher Ingenieurskunst interessiert sind. Es gehört deshalb zu den wichtigen Prinzipien des Verhandelns, die Interessen und Prioritäten des Geschäfts- oder Kooperationspartners zu erforschen. Ein für beide Parteien annehmbares Ergebnis soll erzielt werden, wobei der Nutzen für die VAE und den Geschäftspartner deutlich herauszustellen ist [Janzir 2007, 96].

„He is not good in marketing, he must be a good engineer" – Präsentationen verbessern

In diesem Zitat wird die indirekte Kritik emiratischer Geschäftspartner an deutschen Produkt- und Firmendarstellungen geäußert: so seien deutsche Präsentationen manchmal „ausufernd", „technikausführlich" oder zu „problemorientiert". Demgegenüber sind Erwartungshaltungen seitens der Geschäftspartner in den Emiraten eher auf die Präsentation visionärer und vollständiger Lösungspakete ausgerichtet.

Der KMU-Bedarf an Marketingberatung wird u.a. im Rahmen von KMU-Programmen der deutschen Außenwirtschaftsförderung bedient. Auch interkulturelle Trainingsanbieter oder Unternehmensberater unterstützen Unternehmen bei Marketingstrategien und empfehlen Analysen, wie sich eine Kultur vor Ort darstellt. Dies kann beispielsweise vorab über Videoanalysen oder Websiteanalysen recherchiert werden. Bei Bedarf unterstützen interkulturelle Trainingsanbieter oder Unternehmensberater die KMUs bei diesen Recherchen und bei der Erstellung von Präsentationen.

Abbildung 22: Werbung für die Ras al-Khaimah Free Trade Zone
(© M. Schnepf-Orth)

„Englisch-Sprachkenntnisse optimieren"

Emiratis und gut ausgebildete ausländische Fachkräfte in den VAE sprechen ein ausgezeichnetes Englisch. Der britische Einfluss in der Region und die Abhängigkeit von Arbeitskräften aus dem Westen und Asien hat zu einer Geschäftskultur geführt, in der vorwiegend in Englisch kommuniziert wird. Während Arabischkenntnisse im privaten Wirtschaftssektor nicht vorausgesetzt werden, spielen sie für Angestellte des öffentlichen Sektors jedoch eine entscheidende Rolle [Rehmann 2007, 190]. Sehr gute Englischkenntnisse werden auch von deutschen Unternehmensangehörigen erwartet. Wer sich selbst im Englischen nicht sicher fühlt und zugleich ein wichtiges Anliegen mit dem Besuch verbindet, sollte besser einen „Dolmetscher des Vertrauens" mit auf die Reise nehmen. Es wird empfohlen, eine mit dem Unternehmen und seinen Verhandlungsstrategien vertraute Fachkraft hinzuzuziehen, die zugleich mit indirekter Kommunikation umgehen kann. Verschiedentlich wird darauf hingewiesen, dass bei Behördenkontakten auf einen Arabisch-Dolmetscher zurückgegriffen werden sollte. Nach den Erfahrungen dieser Untersuchung scheint dies im Umweltsektor allerdings nicht unbedingt erforderlich.

Abbildung 23: Energiespartipp in Abu Dhabi (© M. Schnepf-Orth)

„Lösungen anbieten"

Geschäftspartner in den VAE sind stärker an Lösungen als an kritischen Problemanalysen interessiert. Im Allgemeinen wird in den Do's and Don'ts zur Geschäftskultur empfohlen, Kritik zurückhaltend einzusetzen und Bloßstellungen zu vermeiden. Wider alle Erwartungen brachten jedoch im

Rahmen dieser Untersuchung einheimische Gesprächspartner der Umweltbehörde in Abu Dhabi regulatorische oder institutionelle Unzulänglichkeiten direkt zur Sprache. Es ist dennoch anzunehmen, dass Ausländer mit der Benennung von Problemen und Kritik zurückhaltend umgehen und eine Lösungsorientierung in den Vordergrund stellen sollten.

„Nicht mit Geld beeindrucken"

Ein über das Geschäftshandeln hinausreichendes Interesse zu zeigen, wird als wichtig erachtet. Dazu gehören die Pflege sozialer Beziehungen und ein über Geschäftsinteressen hinausgehendes Engagement vor Ort, das u.U. in kostenintensiven Referenzprojekten gipfeln kann. „Man muss den Nachweis führen, dass man hier etwas (mehr) will".

„Nicht zu direkt auf einen Geschäftsabschluss drängen"

In Geschäftsverhandlungen sollte Geduld bewahrt werden. Ein deutscher KMU-Geschäftsführer erklärte, dass man in Verhandlungen Entscheidungen nicht forcieren, sondern die Bereitschaft signalisieren sollte, auf die Entscheidung des Geschäftspartners zu warten. „Entschieden wird, wenn die Zeit reif ist". „Geduld zu bewahren, habe ich in Abu Dhabi gelernt." Allerdings könnte in höflicher Form auf Konsequenzen von Zeitverzögerungen hingewiesen werden.

Auch die Business-Knigge Experten führen Unterschiede im Umgang mit der Zeit an und gehen davon aus, dass sich Verhandlungen mit arabischen Partnern zu einer zeitaufwendigen Angelegenheit entwickeln können, die viel Geduld, Flexibilität und einen langen Atem benötigen. Damit umzugehen erfordere ein längerfristiges Interesse und Engagement [Kratochwil o.J., 12].

Es muss damit gerechnet werden, dass mit Zeit anders umgegangen wird, u.a. weil Menschen und Beziehungen Priorität vor exakt eingehaltenen Terminkalendern eingeräumt wird. Dies kann sich gegebenenfalls in Verspätungen, Unterbrechungen von Geschäftstreffen oder der Annahme von Telefongesprächen während eines Treffens äußern. „The importance attached to courtesy and hospitality can cause delays that prevent keeping to a strict schedule" [Parker o.J.].

Im Einzelfall entspricht das Zeitmanagement der Geschäftspartner jedoch nicht immer dem beschriebenen Klischee. Zumindest nach der Begegnung mit emiratischen Behördenmitarbeitern kann dies nicht bestätigt werden. Auch die Außenwirtschaftsberater der deutschen Wirtschaft vor Ort betonen, dass sich arabische Geschäftspartner in den VAE häufig den Standards westlichen Managementhandelns angepasst hätten. Auf jeden

Fall sollte mit der Möglichkeit gerechnet werden, mehr Zeit aufwenden zu müssen.

„Smalltalk is Bigtalk"

Im Zuge von Geschäftsanbahnungen in den VAE kommt dem Knüpfen persönlicher Beziehungen generell eine größere Bedeutung zu, als dies in Deutschland der Fall ist. Es werden jedoch widersprüchliche Hinweise darüber gegeben, wie viel Zeit das gegenseitige Kennenlernen als Vorbereitung von „zielführenden" Geschäftsgesprächen in der Regel in Anspruch nimmt. Es kann also durchaus sein, wie in vielen Ratgebern betont, dass das eigentliche Geschäftsthema nicht während eines ersten Treffens angesprochen wird. „It may get mentioned, but if you are meeting a local person, they really want to weigh you up to decide whether it is worthwhile doing business with you. If that is the case, you really have to have something else to talk about"[23]. Es ist deshalb von Vorteil, über einige Themen für den Smalltalk zu verfügen. Da die Gesprächspartner aus verschiedenen Ländern kommen können, sollten vorab Geschichts- und Landeskenntnisse der Emirate sowie Informationen aus den Herkunftsländern der ausländischen Fachkräfte erworben werden. „Conversational manners should, therefore, adapt to the nationality of the host, which could be anything except Israeli" [Parker o.J.].

„Mehr Kenntnisse auf deutscher Seite über die wirtschaftlichen, politischen, sozialen, mentalen und historischen Zusammenhänge in der Golfregion wären für geschäftliche Zwecke nützlich" [bfai/Reichwein 2006, 2].

Es kann jedoch durchaus sein, dass nicht alle Geschäftspartner viel Zeit in das persönliche Kennenlernen investieren wollen. Man rechnet am besten mit beiden Möglichkeiten und achtet auf Signale, wann die Zeit gekommen ist, über Geschäftliches zu reden.

„Don't dress down" – angemessene Geschäftskleidung

Insbesondere von Beratern der deutschen Außenwirtschaftsförderung wird darauf hingewiesen, dass deutsche Unternehmensangehörige mehr auf eine angemessene Geschäftskleidung in den VAE achten sollten. Ebenso verweisen sämtliche Business-Knigges auf die Bedeutung der Kleidung. „Beim Kennenlernen werden Sie nach Ihrer Kleidung eingeschätzt. Tragen Sie deshalb perfekt sitzende Kleidung aus gutem Material" [Hecht-El Minshawi 2008, 77].

---

23 www.grapeshisha.com/women-doing-business-in-dubai-view.html (25.07.2011)

„Status, Macht und Ansehen spielen in den arabischen Golfstaaten eine große Rolle. Man zeigt gerne, was man hat. Nachlässige Kleidung wird als Mangel an Wohlstand, Status, guter Erziehung und Bildung angesehen" [Kratochwil o.J., 8].

Das bedeutet für Männer, einen vollständigen, farblich gedeckten, leichten Anzug mit Krawatte zu tragen, mit kurzärmeligen Hemden und geschlossenen Schuhen. Geschäftsfrauen wird empfohlen dezente, nicht eng anliegende Hosenanzüge zu tragen oder Kostüme mit längerem Rock, undurchsichtige Blusen mit langen Ärmeln und ebenfalls geschlossene Schuhe [Hecht-El Minshawi 2008, 77].

Verhalten während des „heiligen Monats" Ramadan

Das Fastengebot für Muslime wirkt sich deutlich auf das Alltagsleben aus. Beschwerden über das Verhalten der Ausländer während des Fastenmonats Ramadan tauchen in dieser Zeit vermehrt auf. In der vierwöchigen Fastenzeit wird erwartet, dass tagsüber in der Öffentlichkeit nicht gegessen, getrunken oder geraucht wird und Nicht-Muslime ihre Mahlzeiten nicht im Beisein von Fastenden einnehmen [Kabasci 2006, 76]. Da fromme Muslime während des Ramadans ein besonders religiöses Leben führen, ist es angebracht, sich körperbedeckter als sonst zu kleiden.

Für Geschäftsreisen in die VAE ist der Fastenmonat nicht günstig. Viele Muslime nutzen die Zeit für Urlaub und Verwandtenbesuche und viele der Erwerbstätigen sind tagsüber müde, weil jeder Fastentag in der Regel in einer abendlichen Feier des Fastenbrechens endet, die sich bis spät in die Nacht ausdehnen kann. Außerdem können eingeschränkte Arbeits- und Öffnungszeiten die Geschäftstätigkeit behindern.

Abbildung 24: Innenhof der Sheikh Zayed Moschee, Abu Dhabi
(© M. Schnepf-Orth)

Andererseits eignet sich der Ramadan sehr gut für den Aufbau und die Pflege sozialer Beziehungen. Einladungen zum Abendessen sind üblich und sollten keinesfalls abgeschlagen werden. Muslimische Geschäftsfreunde freuen sich über eine Grußkarte zum bedeutenden *Eid Al Fitr*-Fest am Ende der Fastenzeit [Kratochwil 2008, 148].

3.3
Interkulturelles Training für die Zielländer

Alle befragten Akteure, die in der Region Nordafrika und dem Mittleren Osten Geschäfte tätigen oder dort leben, schildern das Phänomen unterschiedlicher Geschäfts- und Verhaltenspraktiken. Dies zeigt, dass kulturelle Unterschiede bedeutsam sind und deshalb bekannt sein müssen und berücksichtigt werden sollten. Kenntnisse über kulturelle Unterschiede und interkulturelle Kompetenzen generell können zwar in individuell unterschiedlichen Lern- und Bildungsprozessen erworben werden, doch interkulturelle Trainings können diesen Lernprozess beschleunigen. Allerdings wird die Notwendigkeit der systematischen Aneignung interkultureller Kompetenzen über ein zielgerichtetes Training individuell sehr unterschiedlich eingeschätzt, abhängig von Vorkenntnissen und individuellen Erfahrungen. Dabei fehlen häufig Kenntnisse über die Vorteile professioneller interkultureller Trainings und die Leistungen von Trainingsanbietern.

Die folgenden Hinweise für den Erwerb interkultureller Kompetenzen stellen eine Zusammenfassung der Erhebungen zum interkulturellen Training in den vier Zielländern dar. Sie wurden als Informationen oder Empfehlungen für die Zielgruppe der KMU-Angehörigen aufbereitet

3.3.1
Zur Relevanz interkultureller Kompetenzen in den Zielländern

Gelingt der Markteintritt kleiner und mittlerer deutscher Unternehmen der Umwelttechnik in den untersuchten Ländern Nordafrikas und des Mittleren Ostens, so ist der Anteil interkultureller Kompetenzen an diesem Erfolg nur schwer abzuschätzen. Dennoch ist an diesen Unternehmensbeispielen häufig abzulesen, dass sich der Einsatz von Mitarbeitern mit bikultureller Prägung, also die Kompetenz, sich sowohl in der "Kultur" Deutschlands als auch der des Ziellandes bewegen zu können, als vorteilhaft erwiesen hat. Obwohl die Notwendigkeit interkultureller Kompetenzen unbestritten ist, variieren die Einschätzungen über die Notwendigkeit eines professionell betreuten interkulturellen Lernprozesses, der idealerweise auf das jeweilige Zielland ausgerichtet wird.

Die interkulturelle Kommunikation erscheint in den Zielländern auf den ersten Blick unproblematisch.
Von allen Ländern des Maghreb sticht *Marokko* durch seine Reform- und Modernisierungsprozesse hervor und steht Europa kulturell wie politisch nahe, weshalb die interkulturelle Kommunikation auf den ersten Blick unproblematisch erscheint. Die europäisch anmutenden Lebensstile in den marokkanischen Wirtschaftszentren und die französischen Einflüsse, die dort das Geschäftsleben bestimmen, erschweren die Wahrnehmung kultureller Unterschiede in Denk- und Verhaltensmustern, weil sie zumindest in den Großstädten nicht überall deutlich in Erscheinung treten. Das bedeutet jedoch nicht, dass sie nicht existieren.

Interkulturelle Trainer oder Berater weisen deshalb ausdrücklich darauf hin, dass Denk- und Verhaltensmuster der Bevölkerung variieren, zwischen sozialen Gruppen und Lebensstilen in Städten und auf dem Land, zwischen den Regionen sowie zwischen Altersgruppen und Geschlechtern. In diesem Spektrum sozialer und kultureller Identitäten gelten traditionelle Werte und Normen in unterschiedlich starker Ausprägung.

Es kann in der Regel davon ausgegangen werden, dass sehr gut ausgebildete marokkanische Fachkräfte über weitgehende interkulturelle Erfahrungen mit Europäern verfügen, zumal ein großer Teil der Fachkräfte in Führungspositionen in Frankreich oder anderen europäischen Ländern tätig war oder studiert hat. Allerdings spielt sich das kulturelle Verhalten nicht allein und nicht einmal vorwiegend auf der Ebene des Wissens ab, so dass traditionellere kulturelle Identitäten in der Alltagspraxis durchaus weiterhin relevant und verhaltensleitend sein können, nicht nur in ländlichen Gebieten. So sollten beispielsweise Signale der äußeren Erscheinung, wie internationale Geschäftskleidung bei Frauen, nicht darüber hinweg täuschen, dass geschlechterspezifisches Verhalten weiterhin den traditionellen Normen unterliegen kann.

Algerier werden im Allgemeinen von deutschen Unternehmensangehörigen als sehr offen und ausländerfreundlich charakterisiert. Angesichts der vielen Hindernisse des Markteintritts für ausländische Unternehmen scheinen allerdings die Besonderheiten der algerischen Geschäftskultur als nachrangige Herausforderung. Mit Beharrlichkeit und den richtigen Mitarbeitern und Kontakten vor Ort schaffen es auch kleine und mittlere deutsche Unternehmen, sich in Algerien einzurichten. Von algerischer Seite wird dabei betont, dass Landes- und Sprachkenntnisse sowie ein über Geschäftsanliegen hinausgehendes ernsthaftes Interesse an Land und Leuten „Türen öffne". Interkulturelle Berater empfehlen in diesem Zusammenhang den deutschen Unternehmensangehörigen eine größere Bereitschaft zum persönlichen Austausch, zu informellen Kontakten und Smalltalk, um die Vertrauensbildung zu erleichtern.

Die algerische Gesellschaft ist ebenso wie in den Nachbarländern sozial heterogen und zeichnet sich durch viele Gegensätze und Veränderungsprozesse aus. So sind u.a. Informationen über regionale Identitäten wichtig. Beispielsweise gelten die Bewohner des kargen Ostens gemeinhin als "tüchtig und fleißig". Den Kabylen wird nachgesagt, eher westlich und säkular orientiert zu sein. Deutsche Unternehmensangehörige müssen sich mitunter zwischen religiös liberalen oder konservativen Akteuren und deren Werthaltungen zurechtfinden. Sie werden mit höchst unterschiedlichen Frauenbildern konfrontiert. Darüber hinaus variieren die Behördenkulturen der zentralistischen Verwaltung und ebenso der Geschäftsalltag in den privaten Unternehmen, je nach Größe und Standort im ländlichen oder städtischen Umfeld. Das Wissen über die kulturelle Diversität kann dabei helfen, sich besser auf die Begegnung mit unterschiedlichen Angehörigen der algerischen Gesellschaft einzustellen und flexibler reagieren zu können.

Auch die Begegnungen mit *Ägyptern* scheinen aus deutscher Perspektive zunächst wenig kompliziert. Ägypter werden im Allgemeinen als kommunikativ, warmherzig und freundlich charakterisiert. „Wenn man selbst gut drauf ist und Geduld hat, entwickeln sich die Beziehungen gut". Den Ägyptern wird von deutscher Seite ebenso nachgesagt, dass sie Verständnis für das Verhalten ausländischer Geschäftspartner, z. B. für deren Bedarf an formelleren Geschäftsabläufen mitbrächten, weil sie häufig selbst über Auslandserfahrungen verfügten. Dennoch ist kulturelles Wissen und interkulturelles Einfühlungsvermögen gefordert. Beispielsweise sind Ägypter im Allgemeinen sehr stolz auf die Geschichte und Kultur ihres Landes und reagieren mitunter empfindlich auf kritische Äußerungen von ausländischer Seite, auch wenn sie versuchen, ein Verletztsein zu verbergen. Sofern ein ägyptischer Gesprächspartner das Verhalten seiner Landsleute kritisiert oder sich darüber lustig macht, sollten es Ausländer deshalb besser vermeiden zuzustimmen oder mitzulachen. Indessen werden für westliche Besucher in Ägypten eher unerwartet kritische Auseinandersetzungen über politische oder gesellschaftliche Themen erstaunlich offen in den regierungsunabhängigen ägyptischen Medien geführt. Dieser Trend hat sich nach dem Erfolg der ägyptischen Demokratiebewegung noch verstärkt.

Obwohl sich die Reputation der Ausländer in Ägypten, je nach Herkunftsland, unterscheidet, wird verschiedentlich auf den *„Khawaga* (Ausländer)-

Komplex" der Ägypter aufmerksam gemacht. Dabei gerät der Respekt gegenüber westlichen Ausländern und die eigene wirtschaftliche Orientierung am „reichen Westen" in Widerspruch zu Gefühlen, wie Neid oder Argwohn gegenüber westlich geprägtem Wohlstand, Überheblichkeit oder freizügiger Moral.

Das Leben und Arbeiten in den Städten der *VAE* erweckt beim westlichen Betrachter einen Eindruck von Internationalität, nicht zuletzt begründet in der multikulturellen Zusammensetzung der Bevölkerung, in den verschiedenen Lebensstilen und in den sich einander annähernden Geschäftskulturen. Somit erscheint die Erwartung einer detaillierten und vollständigen Kenntnis der kulturellen Besonderheiten zunächst nicht zwingend und auch kaum erfüllbar. Dennoch zeigt es sich, dass eine Menge an kulturspezifischen Kenntnissen für den Geschäftsalltag in den VAE eine Rolle spielen.

Die Golfstaaten - unterscheiden sich in ihrer Geschichte, Politik, Wirtschaft und der Zusammensetzung ihrer Bevölkerung erheblich. Ebenso unterscheiden sich innerhalb und zwischen den sieben Emiraten der VAE und ihrer Geschäftszentren die Zusammensetzung der Bevölkerung und der Erwerbstätigen, die Macht- und Interessenverflechtungen, die Wirtschaftskraft sowie Entwicklungs- und Wertvorstellungen. Je nach Sektor und Geschäftsebene trifft man in Geschäftskontakten auf Angehörige verschiedener Herkunftsländer, auch wenn sich die Entscheidungsträger in der Regel aus der Gruppe der Einheimischen rekrutieren.

Ein beachtlicher Anteil der Führungskräfte hat einen Bildungs- oder Berufsabschluss in Nordamerika oder Europa erworben und ist in der Lage, verschiedene Kommunikationsstile nutzbringend einzusetzen. Es kann davon ausgegangen werden, dass die sehr gut qualifizierten und auslandserfahrenen Emiratis sowie Fachkräfte anderer Herkunftsländer Erfahrungen mit interkulturellen Begegnungen gesammelt haben und westliche Geschäftspraktiken „bekannt" sind. Diese Kenntnis kann zwar interkulturelle Missverständnisse abfedern, dennoch kann auch von Unternehmensangehörigen aus westlichen Ländern eine ähnliche Kenntnis der emiratischen, der indischen oder britischen Geschäftskultur erwartet werden. Der Erwerb von Wissen über die verschiedenen Geschäftskulturen dient dabei nicht nur dazu, Missverständnisse und Fettnäpfchen zu vermeiden, sondern kann nutzbringend eingesetzt werden. Interkulturelle Kompetenzen können Unternehmensangehörigen in den VAE dabei helfen, Beziehungen aufzubauen, Geschäftsverhalten zu interpretieren, Verhandlungsstile zu erkennen und die eigenen Verhaltensspielräume zu erweitern.

Interkulturelles Einfühlungsvermögen lernen KMU-Mitarbeiter praktisch nebenbei

Interkulturelles Einfühlungsvermögen wird für ein Engagement in allen untersuchten Zielländern einhellig als wichtig erachtet. Indessen zeigt sich die Tendenz, dass die Mehrheit der befragten deutschen Unternehmensangehörigen mit Erfahrungen in den Zielländern das "learning by doing" favorisiert, d.h. interkulturelle Kompetenzen werden vorzugsweise in beiläufigen Lernprozessen, im Zuge von Auslandsaufenthalten erworben. Viele befragte Akteure sind durch die berufliche Tätigkeit in anderen Entwicklungs- oder Schwellenländern so konditioniert, dass sie das Leben und Arbeiten in dem jeweiligen Zielland nicht mehr als fremd und kulturell herausfordernd wahrnehmen. Die eigene interkulturelle Sensibilität wird als Selbstverständlichkeit aufgefasst und auch bei anderen deutschen Mitarbeitern vorausgesetzt. Mitunter thematisiert man Kulturkompetenz mittels Anekdoten über "unerfahrene" oder "blauäugige" Geschäftsreisende.

Ggenüber dieser Haltung rücken Mitarbeiter mit bi-kulturellem Hintergrund die Bedeutung von kultursensiblem Verhalten in den Zielländern und den entsprechenden Lernprozessen viel stärker in den Vordergrund.

Treten Probleme in konkreten Situationen auf oder bemerken deutsche Unternehmensangehörige ein eigenes Defizit an interkulturellem Wissen, werden in der Regel Erkundigungen innerhalb des eigenen Netzwerks, bei einheimischen Kollegen oder Freunden eingeholt. Auch wird den einheimischen Mitarbeitern häufig der direkte Kontakt mit Behörden oder der Bevölkerung überlassen. Das Interesse an profesionellem interkulturellen Training oder Coaching ist für den Erwerb interkultureller Kompetenzen für deutsche KMU-Mitarbeiter eher nachrangig. Es rückt dann verstärkt in den Vordergrund, wenn sich ein längerfristiges Engagement oder Probleme im Zielland abzeichnen.

Sofern interkulturelle Trainings bekannt sind, werden sie mitunter als zu unspezifisch wahrgenommen, d.h. sie sind aus Sicht der befragten Unternehmensangehörigen nicht ausreichend auf die konkreten Situationen und den individuellen Trainingsbedarf zugeschnitten. Allerding werden die zur Verfügung stehenden Alternativen i.d.R. ebenfalls nicht in Anspruch genommen, etwa das individuelle interkulturelle Coaching, das begleitend zum Job im Ausland und konkreten Problemfällen durchgeführt werden kann. Interkulturelle Trainings- und Beratungsleistungen werden im Allgemeinen als zu kostspielig und zeitintensiv eingeschätzt.

Zur interkulturellen Sensibilisierung gehört die
Auseinandersetzung mit eigenen Deutungsmustern

Es ist zu beobachten, dass nicht alle Besonderheiten oder Verhaltensgewohnheiten im Zielland auf alle Deutsche gleichermaßen merkwürdig o-
der ungewohnt wirken. In Gesprächen mit interkulturellen Trainern wird
dabei deutlich, dass interkulturelles Einfühlungsvermögen nicht nur über
die Kenntnisse des Landes und der Geschäftskultur entwickelt wird, sondern auch das Erkennen und Hinterfragen der eigenen Maßstäbe und
Verhaltensmuster voraussetzt. Zu den Vorteilen eines interkulturellen
Trainings - ein Thema, das als weiterer Bestandteil der interkulturellen
Handreichungen noch näher erläutert wird, gehören deshalb die Phasen
der Selbstreflexion, um sich über die eigenen Deutungen in interkulturellen Begegnungen bewusst zu werden. Dabei werden in Trainingsprozes-
sen die kulturbedingten Unterschiede häufig kontrastierend gegenübergestellt. Dazu verwenden interkulturelle Trainer häufig verallgemeinernde
sogenannte deutsche und arabische "Kulturstandards". Diese besagen
beispielsweise, dass Deutsche eher dazu neigen, die erforderliche Ver-
trauensbasis im Geschäftsleben über Vereinbarungen und Verträge („Re-
gelorientierung"), formelle Treffen oder auch eine stringente Aufgaben-
und Zeitplanung zu entwickeln. Hingegen sind persönliche oder freund-
schaftliche Beziehungen aus deutscher Perspektive keine Vorbedingung
für eine gute geschäftliche Kooperation, sondern entstehen häufig erst im
Zuge der Zusammenarbeit, wenn die ausländischen Partner als zuverlässig, kompetent und gefühlskontrolliert erlebt werden. Dieser „sachorientierten" deutschen Geschäftskultur wird im Trainingsverlauf häufig eine
beziehungsorientierte und regelrelativierende "arabische" Geschäftskultur gegenübergestellt. Ein Vertrauensverhältnis entsteht hier eher über die
Beziehungsebene („Seelenverwandtschaft") als über die Sachebene [Kol-
lig/Buhl-Böhnert o.J. 33,37]. Diese "Culture-Contrast"-Methode in interkulturellen Lernprozessen soll dabei helfen, die eigene (kulturbedingte)
Wahrnehmung und Deutung zu erkennen und andere zuzulassen.

Grenzen kulturbedingter Erklärungsversuche

Durch Gespräche mit Trainern und KMU-Angehörigen wurde weiterhin
deutlich, dass nicht nur kulturelle Prägungen als Ursachen für bestimmte
Verhaltensweisen in Frage kommen. Demnach ist bei der Gegenüberstel-
lung von arabischen und deutschen „Kulturstandards", immer zu berücksichtigen, dass individuelle Verhaltensweisen durchaus von diesen Grup-
penprofilen abweichen können. Qualifizierte Trainer weisen deshalb auf
die soziale und kulturelle Diversität der Gesellschaft in den Zielländern

hin. So kann Unpünktlichkeit in Kairo oder anderen Metropolen der Region nicht alleine mit unterschiedlichen Zeitkonzepten, also kulturell bedingt, gedeutet werden. Das hohe Verkehrsaufkommen macht zeitweise ein pünktliches Erscheinen zum vereinbarten Termin schier unmöglich und ist also möglicherweise situativ bedingt oder auch eine persönliche Eigenschaft.

Deutsche Experten, die im ägyptischen Umweltsektor arbeiten, weisen beispielsweise darauf hin, dass manche Verhaltensweisen oder Phänomene, die man zunächst als soziokulturell begründet vermutete, bei genauerem Hinsehen auf andere Ursachen zurückzuführen sind. So ergab sich etwa in einem Projekt des Abfallmanagements in Oberägypten, dass die erfolgreiche Beteiligung der Bewohner bei der organisierten Abfallentsorgung im Wohnumfeld weniger von kulturellen Orientierungen abhängig ist, sondern eher von universellen Faktoren, wie der Siedlungsdichte, funktionierenden Nachbarschaftsbeziehungen und der sozialen Kontrolle oder von der Befürwortung des Vorhabens durch Schlüsselpersonen.

Schlussfolgernde Empfehlungen

Aus der Befragung verschiedener Akteure mit Erfahrungen in den Zielländern lassen sich hinsichtlich der Relevanz interkultureller Kompetenzen und interkultureller Lernprozesse grundlegende Schlüsse ziehen. Demnach sollte die Bedeutung unterschiedlicher kultureller Orientierungen in der Zusammenarbeit mit Angehörigen der betrachteten Zielländer von deutschen Unternehmen nicht unterschätzt und gleichzeitig die Kulturbedingtheit von Phänomenen nicht überschätzt werden. Entsprechend muss mit einem gewissen Zeit- und Kostenaufwand für den Erwerb interkultureller Kompetenzen für ein geschäftliches Engagement in den Zielländern gerechnet werden, sei es für das Selbststudium von Literatur, für Schnupper- und Delegationsreisen oder für ein interkulturelles Training mit integrierter Erkundung der eigenen kulturellen Prägung. Es ist deshalb empfehlenswert, die anfallenden Kosten und Nutzen der unterschiedlichen Zugänge zum Erwerb von interkulturellen Kompetenzen gründlich abzuwägen.

3.3.2
Vorteile interkultureller Trainings - warum "Do's and Don'ts" nicht ausreichen

Die Möglichkeiten, landeskundliches und interkulturelles Wissen sowie Verhaltenskompetenzen für ein Zielland zu erwerben sind folgende:

- beiläufiges *„learning by doing"* (informelles interkulturelles Lernen), welches im Zuge von Arbeitsaufenthalten und Geschäftsreisen in der Zielregion erfolgt. Diese Art des Lernens setzt ein gewisses Maß an Zeit und Ressourcen voraus, um eigenständig interkulturelle Erfahrungen in der Zielregion sammeln zu können.
- *Erfahrungsaustausch* unter Kollegen: viele KMU-Angehörige wünschen sich eine Weitergabe von kulturspezifischen Erfahrungen innerhalb des eigenen Unternehmens; allerdings ist der Erfahrungsaustausch von Auslandskenntnissen nicht immer möglich oder zu wenig institutionalisiert.
- *Selbststudium* landeskundlicher, kulturspezifischer Informationen und kurz gefasster Verhaltensregeln (Do's and Don'ts),
- *interkulturelles Training*, d.h. formale Fortbildung, wie z. B. Sprachtraining oder interkulturelle Beratungsleistungen. KMU-Angehörige, die an interkulturellen Trainings teilgenommen haben, bewerten diese rückblickend als nutzbringend, weil Lernprozesse intensiviert und beschleunigt wurden.

In vielen Fällen scheuen kleine und mittlere Unternehmen den Zeit- und Kostenaufwand für interkulturelle Trainings oder setzen interkulturelle Kompetenzen bei den Mitarbeitern als selbstverständlich voraus, ebenso wie allgemeine soziale Kompetenzen. Wenn auch nicht alle Schwierigkeiten im Ausland auf fehlende interkulturelle Kompetenzen zurückzuführen sind, erwarten die Partner in den Zielländern von deutschen Unternehmensangehörigen eine gewisse Kenntnis von und Sensibilität gegenüber den möglicherweise unterschiedlichen Denk- und Verhaltensmustern.

Im Folgenden werden die Vor- und Nachteile zweier sehr unterschiedlicher Formen des interkulturellen Lernens kurz aufgezeigt. Dazu wird einerseits das Selbststudium von Do's and Don'ts dem interkulturellen Kompetenztraining andererseits exemplarisch gegenübergestellt.

Was vermitteln Do's and Don'ts?

Verhaltensanleitungen in Form von Listen sogenannter Do's and Don'ts dienen als kurz und prägnant gefasste Verhaltenstipps, die entsprechend vereinfachend und verallgemeinernd angelegt sind, um Kenntnisse über die Zielkultur in kurzer Zeit zu vermitteln. Sie zielen auf eine schnelle (kognitive - erkenntnisorientierte) Erfassung der Zielkultur. Sie tendieren allerdings dazu, die Überlappungen, Vernetzungen und Veränderungsdynamiken von Kulturen zu ignorieren. Sie informieren über unterschiedliche Verhaltensweisen, ohne die kausalen Zusammenhänge der Entstehung dieser Verhaltensweisen zu erklären, und sie arbeiten mit Stereotypen, ohne über die Vor- und Nachteile des Umgangs mit Stereotypen im Lernprozess aufzuklären. So reduzieren sie die Komplexität von

Kulturen sehr stark und können zur Verfestigung von stereotypen Bildern beitragen. Unter Umständen wirken sie sogar eher verunsichernd in Begegnungssituationen, nämlich dann, wenn sich die Kontaktpersonen nicht erwartungsbestätigend verhalten. Eine kompetente und flexible Reaktion wird schwieriger und führt dazu, trotz widersprechender Fakten, an dem einmal gefestigten Bild festzuhalten. Do's and Don'ts können deshalb nicht in ausreichendem Maße dafür sensibilisieren, dass sich das Geschäftsverhalten im Zielland - personen- oder situationsabhängig - verändert, oder dass Geschäftspartner unter Umständen zwischen Kommunikations- und Verhandlungsstilen hin und her wechseln.

Ein weiteres Problem der Do's and Don'ts besteht darin, dass die Leser der Verhaltenstipps, die über keine Erfahrungen in dem Zielland verfügen, diese Empfehlungen nicht mit eigenen Erlebnissen, Wahrnehmungen oder Gefühlen verbinden können. Es fällt deshalb schwer, das so erlangte Wissen mit adäquatem Handeln vor Ort zu verknüpfen und umzusetzen.

Was sind die Vorteile interkultureller Kompetenztrainings?

Im Gegensatz zu den kurz gefassten Verhaltenstipps, zielt das interkulturelle Kompetenztraining nicht nur auf die Vermittlung von Wissen über kulturelle Unterschiede, sondern auch auf deren Akzeptanz und spricht deshalb ebenso emotionale und verhaltensorientierte Elemente der Persönlichkeit im Lernprozess an. Um die Fähigkeit zur kulturellen Anpassung zu erwerben, versucht das interkulturelle Training die Überwindung eigener ethnozentrischer Wahrnehmungs- und Denkmuster zu erreichen. Dies erfolgt über die kritische Auseinandersetzung mit den Regeln und Normen der eigenen Kultur und zielt auf die Erkenntnis ihrer Relativität. Die eigene Kultur soll demzufolge nicht mehr als zentrale Instanz gelten, sondern als eine Möglichkeit unter anderen. Dies fördert die Akzeptanz kultureller Verschiedenheit und die Erweiterung der individuellen Verhaltensspielräume um neue kulturelle Alternativen.

Ebenso versucht ein Training deutlich zu machen, dass die individuellen Vorgänge der Wahrnehmung und Interpretation grundsätzlich von subjektiven Vorerfahrungen und Persönlichkeitseigenschaften bestimmt werden. Das heißt, jeder nimmt alle Personen, mit denen er interagiert, durch einen bestimmten persönlichen Filter wahr, der nicht nur durch die eigene Kultur bestimmt ist. Demnach sind auch die Menschen, die man im Zielland trifft, nicht notwendigerweise als Vertreter „ihrer" Kultur zu betrachten, sondern verfügen über individuelle Voraussetzungen und Sichtweisen.

Erfahrungen mit der Zielkultur werden in interkulturellen Trainings durch Simulationen, wie Fallbeispiele, Rollenspiele oder andere interaktive Methoden vorab erlebbar („erfühlbar") gemacht. Sie helfen dabei, sich bestimmte Fehlerquellen des eigenen Verhaltens einprägsam bewusst zu machen, z.B. wertende Aussagen über die kulturellen Gegebenheiten in den Zielländern, das Schließen vom Einzelfall auf Alle und umgekehrt oder die Einordnung des Verhaltens anderer nach den eigenen Deutungsmustern. Dazu werden im interkulturellen Training u.a. auch Erklärungen für die Entstehung bestimmter ziellandspezifischer Denk- und Verhaltensmuster angeboten.

Dennoch arbeiten auch interkulturelle Trainings häufig mit Generalisierungen oder Stereotypen. Im Falle der MENA-Region sind dies die bereits erwähnten „arabischen Kulturstandards". Dabei handelt es sich um zentrale Maßstäbe und Orientierungsmerkmale, die die Komplexität von Kultur vereinfachen, statt sie als ein offenes, dynamisches und heterogenes System zu begreifen. Allerdings besteht während eines interkulturellen Trainings mehr Gelegenheit, auf die Funktion und die Schwächen dieser Generalisierungen hinzuweisen, als beim Lesen von kurz gefassten Verhaltenstipps.

Im günstigen Fall relativieren sich durch interkulturelles Training die eigenen Denkgewohnheiten dauerhaft. Dies trägt dazu bei, größeres Verständnis für ungewohnte Verhaltensweisen aufzubringen, sich gewandter im Aufbau von Beziehungen und Netzwerken zu bewegen und damit das eigene Wohlbefinden zu steigern. Gegenüber dem „learning by doing" können sich Lernerfolge schneller und damit oft auch kostengünstiger einstellen.

3.3.3
Spektrum interkultureller Trainingsleistungen

Aus dem Internetportfolio von 36, auf die MENA-Region spezialisierten Trainingsanbietern wurde eine Übersicht über das Spektrum interkultureller Trainings- und Beratungsleistungen generiert.

Demnach erstrecken sich die Inhalte interkultureller Unternehmensberatungen und interkultureller Trainings von praktischen Hinweisen bis zur interkulturellen Sensibilisierung oder dem begleitenden Coaching vor Ort. Je nach Bedarf der Unternehmensangehörigen können verschiedene interkulturelle Themen im Training aufgegriffen werden.

(1) Trainingsinhalte zur Anpassung an Interaktionen mit Ziellandangehörigen
- Kommunikationskompetenzen:
    - Vorlieben und Regeln der Geschäftskommunikation
    - Optimierung virtueller Kommunikation in globalen Arbeitsteams

- Kontaktmanagement:
  - die Suche nach geeigneten Partnern planen und organisieren,
  - Aufbau und Pflege von Geschäftsbeziehungen, adäquate Begrü-ßung etc.
- Islamische Wirtschaftsethik:
  - Werte, Handelsbräuche, islamisches Recht etc.
- Verhandeln und Verkaufen:
  - Grundlagen und Prinzipien des Verhandelns
  - differierende Verhandlungsziele und -stile
  - Rolle von Nachverhandlungen etc.
- Rhetorik, Design, Marketing:
  - z. B. die Ausrichtung verbaler und visueller Präsentationen auf die im Zielland präsenten Zielgruppen
  - Informationen zur Rolle westlicher Geschäftsfrauen im Geschäfts-leben
  - Messevorbereitung, Messebegleitung
  - Empfang von Besuchergruppen aus dem Zielland

(2) Trainingsinhalte zur Anpassung am Arbeitsplatz

- Unternehmenskulturen, Arbeitsverhältnisse, Arbeitsabläufe:
  - Bedeutung des Statusdenkens und das Verhalten in unter-schiedlich hierarchisierten Strukturen
  - Leistungsorientierung
  - Unterschiedliche Perspektiven auf die Attraktivität des Arbeits-platzes (z. B. die Bedeutung des Betriebsklimas, der Arbeitsab-läufe, der Motivationen im Berufsleben)
- Zusammenarbeit in multinationalen Teams:
  - Teambuilding, Coaching von Teams
- Führungskompetenzen:
  - Erwartungen von Mitarbeitern, Anforderungen an Auslands-manager
  - Strategien für Konfliktlösungen

(3) Trainingsinhalte zur Anpassung an allgemeine Bedingungen des Ziellandes

- Landeskunde
- Vorbereitung ebenfalls ausreisender Familienangehöriger

(4) Querschnittsorientierte Trainingsinhalte

- Allgemeine Kommunikationskompetenzen:
  - Bedeutung der indirekten und nonverbalen Kommunikation
  - Körpersprache, Bildersprache
  - unterschiedliche Strukturierung von Kommunikation
- Zeitmanagement und Umgang mit unterschiedlichen Zeitkonzepten
- Interkulturelle Sensibilisierung:
  - Selbstwahrnehmung und Eigenreflexion
  - Verhalten in Konfliktsituationen
- Interkulturelle Assessments: Messung des interkulturellen Kompe-tenzstandes

- Cultural Diversity-Management:
  - Managementkonzepte, die eine explizite Förderung von kultureller Vielfalt in einem Unternehmen zum Ziel haben
- Sicherheitstraining zum Verhalten in Krisensituationen

3.3.4
Feststellung des Trainings- oder Beratungsbedarfs

Die Feststellung des Trainingsbedarfs seitens des Unternehmens ist notwendig, um sich ein interkulturelles Trainings- oder Beratungsangebot adäquat zuschneiden zu lassen. Ein guter Trainingsanbieter kann diese vorbereitende Tätigkeit in enger Kooperation mit den jeweiligen Unternehmensangehörigen übernehmen. Die folgenden Ausführungen geben Hinweise zur Ermittlung des Trainingsbedarfs.

Ziele und Anforderungen des Unternehmens

Bei der Suche und Auswahl eines geeigneten interkulturellen Kompetenztrainings für KMU- Angehörige sollten zunächst unternehmensinterne Ziele und Voraussetzungen als Anforderungen an ein Training geklärt werden:

(1) Auf welche Zielländer, Tätigkeitsfelder und Aufgabenbereiche soll das Training vorwiegend zugeschnitten werden?

Dabei sind unterschiedliche Anforderungen des Auslandseinsatzes zu berücksichtigen, beispielsweise für

- kurzzeitig ausreisende Geschäftsreisende, mit unterschiedlichen Vorerfahrungen in der Region,
- langfristig zu entsendende Mitarbeiter (und ihre Familienangehörigen) zur Geschäftsführung des Auslandsbüros oder zur Führung von Mitarbeitern auf der Baustelle,
- Auslandskoordinatoren, die teils in Deutschland oder dem Zielland tätig sind und dabei für die Kommunikation mit Geschäftspartnern des Ziellandes, den Auslandsniederlassungen und für die Betreuung von Besuchergruppen aus dem Zielland verantwortlich sind,
- Mitarbeiter, die in Deutschland mit telefonischer und schriftlicher Geschäftskommunikation befasst sind.

(2) Auf die Begegnung mit welchen Zielgruppen sollen die Trainingsteilnehmer vorbereitet werden (z. B. Politiker, Behördenmitarbeiter, Handwerker, Bauarbeiter)?

(3) Inwieweit können betriebsintern vorhandene länderspezifische Erfahrungen sowie Angehörige der Zielländer in ein Training eingebunden werden?

138

(4) Wie viele Unternehmensangehörige sollen trainiert werden und wie viel Zeit und finanzielle Mittel kann das Unternehmen dafür zur Verfügung stellen?

Individueller Bedarf der KMU-Angehörigen

Eine KMU-interne Ermittlung des individuellen Trainingsbedarfs hilft dabei, sich ein Trainingsangebot möglichst passgenau zuschneiden zu lassen. Dabei spielen individuelle Voraussetzungen, wie Erfahrungen oder Kenntnisse der potenziellen Trainingsteilnehmer eine Rolle und nicht zuletzt auch die persönliche Motivation hinsichtlich des Erwerbs von Kommunikations- und Verhaltenskompetenzen. Entsprechend sollten die KMU bei der Auswahl eines Trainingsangebots darauf achten, dass ein Trainingsprogramm die persönlichen Voraussetzungen der Trainingsteilnehmer berücksichtigt, z. B.

- Erfahrungen aus vorangegangenen Auslandsaufenthalten,
- die persönliche Wertschätzung interkultureller Kompetenzen und die individuelle Wahrnehmung interkultureller Herausforderungen, Hindernisse oder Krisensituationen,
- Arbeitserfahrungen mit Personen aus verschiedenen sozialen Gruppen im Ausland,
- Fremdheitsgefühle gegenüber dem Zielland,
- Erfahrungen mit vorangegangenen interkulturellen Trainings,
- zeitliche Rahmenbedingungen, die für das Training zur Verfügung stehen.

Folglich können über die Feststellung des individuellen Trainingsbedarfs unterschiedliche Bedarfstypen unter den Mitarbeitern identifiziert werden, z. B.

- Bedarfstyp 1:
  a) Mitarbeiter, die entweder über wenig Auslandserfahrungen verfügen oder die Fremdheits- oder Unsicherheitsgefühle gegenüber der Zielkultur spüren, und sich ein interkulturelles Vorbereitungstraining wünschen, welches die eigene kulturelle Prägung hinterfragen will und auf eine Vergrößerung der Verhaltenskompetenzen abzielt.
  b) Mitarbeiter, die über viele Auslandserfahrungen verfügen und erlebt haben, wie relevant interkulturelle Kompetenzen sein können, oder die bereits gute Erfahrungen mit interkulturellen Kompetenztrainings sammeln konnten und motiviert sind, sich intensiver auf das neue Zielland vorzubereiten, auch weil sie sich häufiger oder länger im Zielland aufhalten werden.

- Bedarfstyp 2:

  Mitarbeiter, die über einen mehr oder weniger großen Erfahrungs-
  schatz mit Tätigkeiten im Ausland verfügen und kurze, prägnante
  und erkenntnisorientierte Informationen zur Kulturerfassung des
  Ziellandes als ausreichend erachten.

- Bedarfstyp 3:

  Mitarbeiter, die sich wenig für interkulturelle Kompetenztrainings
  interessieren, sei es, weil sie über genügende Vorerfahrungen verfügen oder sich von einem solchen Training keine Erkenntnisge-
  winne oder Verhaltensänderungen erwarten.

3.3.5
Internetportale zum Auffinden der Trainingsanbieter

Angesichts eines unübersichtlichen Marktes von interkulturellen Trainingsangeboten und Unternehmensberatern bietet sich die Suche nach
Anbietern, die ihr Training/ ihre Beratung ziellandorientiert zuschneiden,
über die nachfolgend aufgelisteten Internetportale an. Dabei ergibt die
Suche über die beiden zuerst genannten Portale die meisten Resultate.

- *interkulturelles-Portal.de*

  Das Portal mit umfassenden Informationen zu interkulturellen In-
  halten (so auch "Interkulturelle Anbieter") wird im Auftrag der
  Akademie für Interkulturelle Studien (AIS) erstellt. Die AIS wurde
  1996 als internationale Interessengemeinschaft von Wissenschaft-
  lern und Praktikern gegründet, die sich mit interkulturellen Frage-
  stellungen auseinandersetzen. Sie hat ihren Sitz an der Universität
  Würzburg und ist ein gemeinnütziger e.V., www.interkulturelles-
  Portal.de

- *ixpatriate.de*

  Das Portal für Auslandskompetenz in KMU – ist ein Internetportal
  zur Sensibilisierung der KMU-Angehörigen für interkulturelle Zusammenarbeit. Es wurde vom Lehrstuhl für Marketing der Technischen Universität Dresden entwickelt, als Teil des Bundespro-
  gramms „Xenos- Leben und Arbeiten in Vielfalt", gefördert durch
  das Bundes-ministerium für Arbeit und Soziales.
  www.ixpatriate.de

- *e-trade-center*

  Kooperationsbörse für internationale Geschäftskontakte des Deutschen Industrie- und Handelskammertages. www.e-trade-
  center.de

- *brainGuide* – Expertenportal,   www.brainguide.com
- *managerSeminare.de* – Weiterbildungsportal, www.managerseminare.de
- *NRW.International GmbH* – Das Außenwirtschaftsportal des Landes NRW betreibt u.a. eine Veranstaltungsdatenbank, in der auch interkulturelle Seminare aufgelistet werden.   www.nrw-international.de

3.3.6
Checkliste zur Auswahl interkultureller Trainingsanbieter

Angesichts zahlreicher - auch ziellandspezifischer - interkultureller Anbieter wurden im Rahmen dieser Untersuchung **Kriterien** entwickelt, um KMU-Angehörigen die Auswahl von interkulturellen Trainingsanbietern oder Beratern für das jeweilige Zielland zu erleichtern. Dabei sind die ermittelten Auswahlkriterien in folgender Checkliste aufbereitet[24]:

- Anbietertypen und Trainingsinhalte
- Ziellandorientierung
- Branchen-/Zielgruppenorientierung
- Trainingsmethoden
- Trainerprofil
- Trainingsort
- Trainingsdauer
- Referenzen
- Trainingskosten
- Kulturkonzepte

Anbietertypen/Trainingsinhalte

Anhand des angebotenen Leistungsspektrums oder auch der Trainerqualifikationen können die meisten Trainingsanbieter in Anbietertypen kategorisiert werden. Abhängig vom Trainingsbedarf der KMU-Angehörigen ist deshalb zu prüfen, welcher Anbietertyp mit welcher Schwerpunktsetzung am besten passt:

- ein auf interkulturelle Kommunikation und Sensibilisierung ausgerichtetes Training, das ein hohes Maß an Selbstreflexion beinhaltet,
- eine interkulturelle Unternehmens- oder projektbezogene Beratung, die Kenntnisse über Geschäftsanbahnungen und Geschäftskommunikation im Zielland in den Vordergrund stellt,

---

[24] Die Ermittlung der 10 Kriterien bzw. Anbietermerkmale basiert auf der Analyse der Internetseiten von 36 Trainingsanbietern für die MENA-Region sowie auf Expertengespräche mit Trainern. Außerdem wurde Fachliteratur, insbesondere zu Trainingsmethoden und den zu häufig verwendeten Kulturkonzepten hinzugezogen.

- Anbieter, die gleichermaßen mehrere Schwerpunkte bedienen können,
- Seminaranbieter, die sich auf die Veranstaltung von ‚offenen' Seminaren mit unterschiedlichen Schwerpunktsetzungen konzentrieren und selbst keine maßgeschneiderten "inhouse"-Trainings anbieten.

Die meisten Trainingsanbieter positionieren sich zwischen der Vermittlung interkultureller Kompetenzen und der interkulturellen Unternehmensberatung. Positiv fallen solche Anbieter auf, die auf ihrer Internetseite die Einsichtnahme in mögliche Trainingsinhalte und -abläufe ermöglichen. Die Inhalte eines maßgeschneiderten Trainings werden i.d.R. jedoch individuell vereinbart, je nach Bedarf des Unternehmens.

Sollen beispielsweise langfristig zu entsendende Mitarbeiter für die interkulturelle Kommunikation mit unterschiedlichen Zielgruppen sensibilisiert und darauf vorbereitet werden, ihren Lebensmittelpunkt in eine Großstadt des Ziellands zu verlegen, so ist die Wahl des Anbietertyps zu favorisieren, dessen Leistungsspektrum Schwerpunkte der interkulturellen Kommunikation, interkulturellen Sensibilisierung und Selbstreflexion enthält. Ebenso sollten konkrete Hinweise zur Verfügung gestellt werden, wie sich der Umzug und das Einleben in der Stadt organisieren lassen, unter Umständen in Begleitung von Familienangehörigen.

Geschäftsreisende, die zum ersten Mal ins Zielland ausreisen, benötigen hingegen eher praktische Hinweise, z. B. wie Kontakte geknüpft und die Partnersuche organisiert werden kann oder wie man sich auf beziehungsorientierte Kommunikations- und Verhandlungsstile vorbereitet. Ein Trainingsanbieter führt hierzu beispielsweise das Seminar „Emotionales Verkaufen für Techniker und Ingenieure" durch. Sofern die Projektentwicklung oder Gründung einer Niederlassung begleitet werden soll, stehen weitere interkulturelle Beratungsleistungen im Vordergrund, wie etwa das Teambuilding multikultureller Arbeitsgruppen, die im Zielland zusammenarbeiten sollen, oder interkulturelles Marketing und die Gestaltung von Präsentationen, der Umgang mit Behörden und besondere Anforderungen an Führungskompetenzen.

Für Unternehmensangehörige, die schriftlich, telefonisch, virtuell oder persönlich mit Ziellandangehörigen kommunizieren oder eine Betreuung von Besuchern übernehmen, stehen Kommunikationsstile, Zeitmanagement und andere Hinweise im Vordergrund. Die (virtuelle) Zusammenarbeit mit Vertretern unterschiedlicher Herkunftsländer über die Entfernung hinweg kann durch interkulturelle Beratungsleistungen zum „Remote-Management" optimiert werden.

Ziellandorientierung

Die Auswahl eines auf das Zielland zugeschnittenen interkulturellen Trainings ist sowohl für langfristig zu Entsendende als auch für kurzfristig Ausreisende zu empfehlen. Es kann nicht oft genug darauf hingewiesen werden, dass sich die Länder des arabischen Kulturraums sehr stark unterscheiden. Alleine die untersuchten maghrebinischen Zielländer unterscheiden sich hinsichtlich historischer, politischer, wirtschaftlicher und soziokultureller Entwicklungen und erst recht von Ländern der Golfregion. Auch wenn sich die Geschäftskulturen in vielen Fällen ähneln, kann ein interkultureller Crashkurs, der sich auf arabische Kulturstandards und den gesamten arabischen Kulturraum bezieht, allenfalls als erster Einstieg dienen.

Branchen-/ Zielgruppenorientierung

Die Internetseiten der meisten Trainingsanbieter umgehen eine Festlegung auf bestimmte Branchen, Sektoren oder Zielgruppen, um das Spektrum der potenziellen Klienten nicht von vornherein einzuschränken. Jedoch bieten fast alle in der Anbieterliste aufgeführten Trainingsanbieter auf den Trainingsbedarf des Unternehmens zugeschnittene Kompetenztrainings oder projektbezogene Beratungen an, die zusammen mit dem Unternehmen entwickelt und spezifiziert werden (Trainingsplan). Vor dem Hintergrund des eigenen Trainingsbedarfs, sollten die KMU dennoch vorab prüfen, inwieweit der Anbieter einen Branchen- oder Projektbezug in die Themen und Fallbeispiele des Trainings integrieren kann. Ebenso sollte bei einem maßgeschneiderten Training darauf geachtet werden, dass die spezifischen Voraussetzungen, Interessenlagen und Einsatzfelder der Trainingsteilnehmer berücksichtigt werden. Offene Seminarangebote können in der Regel nicht in ausreichendem Maße auf den spezifischen Trainingsbedarf der Teilnehmer oder einer Branche eingehen.

Trainingsmethoden

Die Frage des Methodeneinsatzes ist abhängig von dem Erfahrungsstand der Teilnehmer und dem Trainingsziel. Die Methodenfrage ist insbesondere dann wichtig, wenn als Trainingsschwerpunkte die interkulturelle Sensibilisierung und die Erweiterung von Verhaltenskompetenzen (Verhaltensänderungen) beabsichtigt sind. Dann stehen neben den informatorischen vor allem die interaktiven Trainingsmethoden im Vordergrund, z. B. Interaktionenanalyse, interkulturelle Planspiele, interkulturelle Fallstudien und Trainingsvideos.[25] Ein Training sollte ausreichend Zeit für den Erfahrungsaustausch der Teilnehmer untereinander bieten. „Die Teilnehmer liefern wichtige Inputs", „dann wird das Training nachhaltiger".

Trainerprofil
Informationen über den Erfahrungshintergrund und die Qualifikationen des jeweiligen Trainers/Beraters dienen als Anhaltspunkte, inwieweit ein Anbieter zu den Anforderungen des Unternehmens passt. Erforderlich sind Qualifikationen, wie eine langjährige Arbeits- und Lebenserfahrung im Zielland und in Deutschland, um sich in Situationen und Interaktionen hineinversetzen zu können, die vermutlich auch den Trainingsteilnehmern im Zielland begegnen werden. Trainererfahrung, die Beherrschung von Moderationstechniken und profundes landeskundliches Wissen, auch über den Islam, sind ebenso wichtig. Je nach Trainingsziel spielen außerdem psychologische oder betriebswirtschaftliche Kenntnisse bzw. eigene Erfahrungen mit Geschäftshandeln im Zielland eine Rolle. Will man eine unabhängige Bewertung des Anbieters in Erfahrung bringen, sollte man (branchenverwandte) Unternehmen kontaktieren, die von den Anbietern als Referenzen genannt werden.

Nur wenige Trainingsanbieter setzen Ziellandangehörige als Trainer ein. Diese sollten über einen bi-kulturellen Hintergrund verfügen, um die Geschäftskultur des Ziellandes auch aus der Fremdperspektive wahrnehmen zu können. In manchen Fällen können Trainer-Tandems eingesetzt werden, um kulturelle Unterschiede aus unterschiedlicher Perspektive besser vermitteln zu können.

Trainingsort
Abhängig von der Anzahl der Trainingsteilnehmer eines Unternehmens kann es kostengünstiger sein, maßgeschneiderte Trainings in den eigenen Räumen durchzuführen. Die Nähe zum Arbeitsalltag birgt jedoch die Gefahr der Ablenkung von den Trainingsinhalten. Die Attraktivität von Trainingsmaßnahmen kann indessen erhöht werden, indem sie zeitlich mit Freizeitaktivitäten, z. B. einer Städtereise verknüpft werden.

---

[25] Eine Orientierungshilfe bei der Erfassung der Trainingsmethoden gibt die Methodenlandkarte von Bolten. Bolten, J. (2007): Einführung in die interkulturelle Wirtschaftskommunikation. Göttingen: 224.

Einige Anbieter führen Beratungsleistungen auch im Zielland durch. Das hat den Vorteil, dass konkrete Erfahrungen vor Ort entweder begleitend oder rückblickend analysiert werden können und nicht simuliert, gespielt oder virtuell herbeigeführt werden müssen. Viele Unsicherheiten stellen sich erst während des Aufenthaltes im Zielland ein. Dann ist es ideal, wenn Unternehmensangehörige zwischenzeitlich Rückmeldungen von interkulturellen Trainern oder Beratern erhalten können. Diese Leistungen eines interkulturellen Coachings werden von einigen Anbietern auch als „online-coaching" erbracht.

Trainingsdauer
Die Trainingsdauer ist abhängig von der Zahl der Teilnehmer, ihren Vorkenntnissen, Aufnahmekapazitäten und dem Trainingsziel. So kann ein Einzeltraining zwecks Mitarbeiterentsendung kürzer ausfallen als ein Training für eine ganze Gruppe, deren Voraussetzungen sich unterscheiden. Für ein Zielland-Einstiegs-Modul, beispielsweise mit Schwerpunktsetzung auf die interkulturelle Sensibilisierung, wird die Dauer von einem bis zwei Tagen empfohlen. Im Einzelfall sollten bedarfsgerechte Trainingszeiten vereinbart werden, um einerseits Lernerfolge zu erzielen und andererseits die Teilnehmer nicht zu überfordern. Je nach Bedarf können Vertiefungsmodule folgen. Sofern ein ausreichendes Zeitfenster zur Verfügung steht, sollte ein Training in Intervallen einem Training mit langen zusammenhängenden Trainingszeiten vorgezogen werden. Projekt- oder themenbezogene Beratungen sind weniger zeitintensiv als die interkulturelle Sensibilisierung. Für Sprachtrainings ist hingegen mit wesentlich längeren Lernzeiten zu rechnen.

Referenzen
Fast alle Trainingsanbieter listen Unternehmen oder Institutionen als Referenzen auf ihrer Homepage auf. Doch daran lässt sich nur in Einzelfällen eine Zielgruppenorientierung oder Branchenspezialisierung ablesen, weil gerne große oder bekannte Klienten genannt werden. Die Kontaktaufnahme mit den angegebenen Referenz-Unternehmen bietet jedoch eine Möglichkeit, sich über Erfahrungen mit dem jeweiligen Trainingsangebot zu informieren. Hilfreich wären dabei Informationen über die konkreten Erfahrungen mit dem möglichen Trainer. Sofern das Profil des potenziellen Trainers nicht schon auf der Website des Anbieters einzusehen ist, sollte das Trainerprofil angefordert werden.

Trainingskosten

Je nach Anzahl der Teilnehmer und ihren Vorerfahrungen, dem Trainingsort und der Trainingsdauer können maßgeschneiderte Trainings- oder Beratungsangebote mitunter kostengünstiger ausfallen als der Besuch offener Seminare. Die Anbieter bringen bei maßgeschneiderten Trainings ihre Netto-Tagessätze in Ansatz; abhängig von der Trainingserfahrung liegen diese bei etwa 850,- bis 1000,- EUR für Anfänger und bei 1500,- bis 2000,- EUR für erfahrene Trainer. Hinzu kommen Spesen und Steuern. Die Kosten für offene Seminare bewegen sich zwischen 200,- (IHK-Tagesseminare) und 800,- EUR pro Teilnehmer und Tag.

Kulturkonzepte

Trainer sollten darlegen können, welches Verständnis von Kultur dem Training zugrunde gelegt wird und Auskunft über Vorteile und Unzulänglichkeiten des verwendeten Kulturkonzeptes geben. Da Kultur ein hochkomplexes soziales Konstrukt darstellt, wird im Trainingsalltag dazu tendiert, vereinfachende oder „essentialistische" Kulturkonzepte zu verwenden, wie die sogenannten "Kulturstandards"[26]. Angesichts der Begrenztheit dieser Erklärungsansätze für individuelles Handeln verweist ein qualifizierter Trainer auf die Heterogenität der Gesellschaft und der individuellen Identitäten im Zielland.

"Kulturstandards" und "Kulturdimensionen"[27] basieren auf einem Verständnis von „Kultur", das alltagstheoretisch oder wissenschaftstheoretisch als essentialistisch oder geschlossen angesehen wird und von einem

---

[26] Das Konzept der Kulturstandards geht auf Alexander Thomas zurück, der Kultur definiert als „Orientierungssystem" („Handlungsfeld" mit Möglichkeiten und Bedingungen), das Individuen und Gruppen zur Kognition, Kontrolle und zur Steuerung ihrer Geschicke in eine gewünschte Richtung dient. Das Individuum wird demnach durch den Sozialisationsprozess in ein monokulturelles Orientierungssystem enkulturiert. Kulturstandards werden dabei als „zentrale Maßstäbe, Gradmesser, Bezugssysteme und Orientierungsmerkmale" verstanden [vgl. Laviziano o.J.]

[27] Das Modell der Kulturdimensionen wurde von dem Organisationsethnologen und Experten für interkulturelle Unternehmensführung Geert Hofstede entwickelt. Kultur wird dabei als mentale Prägung oder Programmierung verstanden, die mit der Zugehörigkeit zu einer bestimmten Gruppe verbunden ist. Dabei wird ein besonderes Interesse auf die Erforschung und Charakterisierung von „Nationalkulturen" gelegt. Hofstede hat die vier folgenden Dimensionen zur Unterscheidung nationaler Kulturen herausgearbeitet, auf Grundlage einer Befragung des internationalen Mitarbeiterstabs von IBM:
1. Machtdistanz (Maß der gesellschaftlichen Akzeptanz für soziale Ungleichheit)
2. Individualistische versus kollektivistische Kulturen
3. Unsicherheitsvermeidung (Unterschiede im Bedürfnis nach Struktur und Regeln)
4. Feminität/ Maskulinität (Achtsamkeit/ Härte) [vgl. Laviziano o.J.].

mehr oder weniger feststehenden Repertoire kultureller Praktiken und Überzeugungen gekennzeichnet ist. Diesen geschlossenen Kulturkonzepten stehen Positionen gegenüber, die Kulturen als offene, dynamische und heterogene Systeme symbolischer Formen und Kommunikationsweisen definieren. Sie grenzen sich explizit von „totalitären Gesamtentwürfen"- so ein Trainingsanbieter - ab und zielen auf eine „Komplexitätsreduktion ohne Stereotypisierung" u.a. auch, mittels der verbreiteten kulturkontrastierenden Vergleiche. Weitergehende Positionen der Kulturalismuskritiker[28] stellen auf noch grundsätzlichere Weise die Überbetonung von Kultur und die damit verbundene Entpolitisierung von Gesellschaft in Frage [Laviziano o.J., 10f].

---

[28] Kulturalismuskritiker stellen den Kulturbegriff grundsätzlich in Frage, wegen der politisch-ideologischen Dimension kultureller Grenzziehungen. Die Konzentration auf kulturelle Unterschiede verbaue den Blick auf die unmittelbaren Lebensbedingungen und die entsprechenden Handlungsstrategien der sozialen Akteure (vgl. ebenda oder Hüsken, TH. (2006): Der Stamm der Experten. Rhetorik und Praxis des Interkulturellen Managements in der deutschen staatlichen Entwicklungszusammenarbeit. Bielefeld).

4
Das Informationsportal „Umweltinvestitionsradar"

4.1
Nutzen

Die Internetplattform *„Umweltinvestitionsradar" (UIR)* stellt hochwertige Informationen zu den Marktchancen in den Zielländern in komprimierter Form bereit. Unternehmen können das Portal für eine erste Sondierung nutzen, um abzuschätzen, ob ein bestimmtes Land als Auslandsmarkt in Frage kommt. Der UIR liefert aber auch für Unternehmen, die bereits auf dem jeweiligen Markt tätig sind, wertvolle spezifische Fachinformationen über aktuelle Entwicklungen.

Das Portal ersetzt eine unternehmensspezifische Marktanalyse selbstverständlich nicht. Auch die Begleitung eines Unternehmens und die Kontaktherstellung vor Ort sind unverzichtbar und werden beispielsweise von den Außenhandelskammern angeboten.

Der UIR ergänzt bestehende Informationsportale wie etwa der Retech-Initiative.[29] Der Schwerpunkt des UIR liegt auf den Bereichen Umweltrecht, Akteure und Förderung in den Zielländern. Hier wird durch eine gezielte Vertiefung anhand von Detailinformationen eine wertvolle Ergänzung der bestehenden Portale herbeigeführt.

4.2 Aufbau des UIR

Die Einstiegsseite des UIR gibt dem Nutzer die Möglichkeit aus den Feldern „Länder", „Interkulturelle Kompetenz", „Exportförderung" und „News" zu wählen. Unter der Überschrift interkulturelle Kompetenz können umfassende Informationen zu den untersuchten Ländern und „interkulturelle Handreichungen" heruntergeladen werden. Exportförderung umfasst sowohl Hinweise zu aktuellen Ausschreibungen, als auch zu CDM.

Die landesspezifischen Informationen des UIR sind zweistufig aufgebaut:

- Allgemeine Informationen zu den Zielländern über die politischen, wirtschaftlichen und kulturellen Hintergründe sowie ausführliche Informationen zu den Strukturen der Umweltbereiche Energie, Abfall und Abwasser werden in einem Fließtext dargestellt. Dieser umfasst grundlegende Informationen über die betrachteten Staaten, eine generelle Einschätzung über die untersuchten Branchen sowie eine Verknüpfung zu den Informationen zur interkulturellen Kom-

---

[29] www. http://www.retech-germany.net/themen/exportinitiative_retech/dok/4.php

petenz, mit der zielgerichtet für das Land recherchiert werden kann.

- Die Informationen über Gesetze, Verordnungen, Förderprogramme und Akteure sowie die damit verbundenen Marktchancen bilden das Kernstück des Umweltinvestitionsradars. Diese Informationen werden in einem standardisierten Datenblattformat zur Verfügung gestellt.

Abbildung 25 zeigt exemplarisch die Gliederung der Homepage am Beispiel Marokkos.

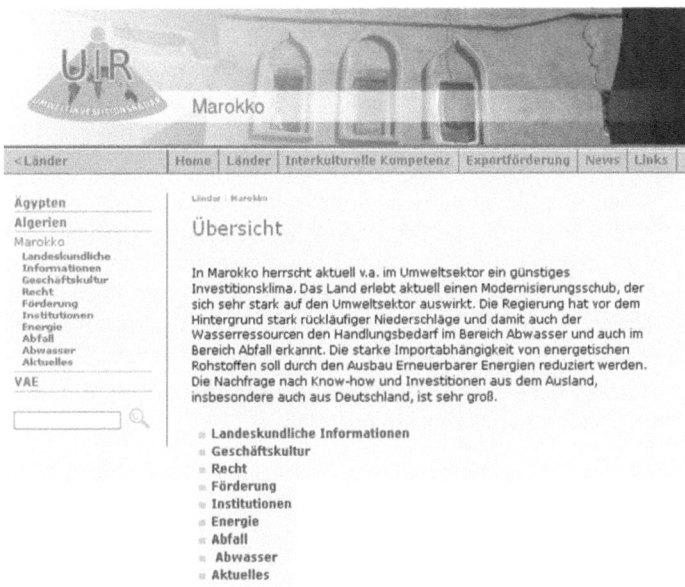

Abbildung 25:Layout der Internetseite des Umweltinvestitionsradars (UIR)
(http://uir.fh-bingen.de/index.php?id=515

Bei den landeskundlichen Informationen werden verschiedene Teilaspekte behandelt:

- Umweltpolitik heute
- Umweltdaten
- Wirtschaftsdaten
- Gesellschaftliche Entwicklungen
- Kulturelle Besonderheiten
- Staatsrechtliche Grundlagen
- Quellen: Literatur, Internet

In den einzelnen Umweltsektoren der jeweiligen Länder sind weitere Informationen zu den rechtlichen und normativen Anforderungen in den

149

Ländern, bestehenden Programmen und Förderinstrumenten und zu den wesentlichen Akteuren enthalten.

Die rechtlichen Rahmenbedingungen sind differenziert in übergeordnete Gesetzgebung, fachgesetzlichen Regelungen und Entwürfe. Der Umweltinvestitionsradar enthält entsprechend

- die Gesetzestexte,
- Datenblätter, in denen die wesentlichen Anforderungen der rechtlichen Reglungen enthalten sind sowie
- Übersichten, mit der Zuordnung der Gesetze und Datenblätter zu den Umweltbereichen Energie, Abfall und Abwasser.

Zudem werden in Übersichtsartikel die Umweltsektoren in den einzelnen Ländern beleuchtet.

4.3
Datenblätter

Die sogenannten Datenblätter bilden das Kernelement des Umweltinvestitionsradars. Die Datenblätter enthalten formale und inhaltliche Informationen zu Recht, Förderung und Akteuren. Die wesentlichen Inhalte der Regelungen werden in deutscher Sprache zusammengefasst und auf ihre Marktchancen für Unternehmen hin bewertet. Links zu den Originaldokumenten und zu weiteren Quellen ermöglichen eine zusätzliche Vertiefung der Informationen. Zudem werden Ansprechpartner genannt.

Abbildung 26 zeigt beispielhaft den ersten Teil eines Datenblatts zum marokkanischen Gesetz zu erneuerbaren Energien.

 www.umweltinvestitionsradar.de

UIR/Land/Energie/Recht/Gesetz Nr. 13-09

Bezeichnung	Loi n° 13-09 relative aux énergies renouvelables
	Gesetz Nr.13-09 über erneuerbare Energien
Bereich/Branche	Energie
	Erneuerbare Energien, Stromerzeugung aus erneuerbaren Energiequellen
Inhalt	Die Marokkanische Regierung arbeitet seit 2007 an einem eigenständigen Gesetz zu Erneuerbaren Energien. Das Gesetz Nr.13-09 zu Erneuerbaren Energien ist am 18. März 2010 mit seiner Verkündung im offiziellen Gesetzblatt in Kraft getreten. Zweck des neuen Gesetzes ist es, eine breitere Entwicklung der am Netz angebundenen erneuerbaren Energien zu erreichen, ohne die Zentralposition der ONE auf dem Markt im Kern anzutasten. Das Gesetz Nr. 13-09 bringt erhebliche Fortschritte.
	1. Errichtung und Betrieb der Erzeugungsanlagen
	Die bisherige Monopolstellung der ONE bei der Erzeugung von Strom aus erneuerbaren Energiequellen ist abgeschafft. Den unabhängigen Stromherstellern (IPP) wird der Markt zur Stromherstellung aus erneuerbaren Energien eröffnet. Ein neues administratives Kontrollverfahren für Anlagen, die Strom aus erneuerbaren Energien herstellen, ist eingeführt. Je nach geplanter Tätigkeit, dem Installationstyp und der installierten Leistungsfähigkeit besteht dieses entweder aus einer Genehmigung (Genehmigung des Anlagebaus, Betriebsgenehmigung) oder aus einer Vorerklärung. Für genehmigungsbedürftige Projekte muss eine Umweltverträglichkeitsprüfung (UVP) durchgeführt werden. Ganz kleine Anlagen dürfen genehmigungsfrei betrieben werden.
	Es wird ein neues Planungsinstrument im Bereich Wind- und Solarenergie geschaffen. Dabei handelt es sich um sogenannte Zonen zur Entwicklung von Projekten zur Stromerzeugung aus Wind- und Solarenergiequellen (abgekürzt ZDE bzw. ZDS). Anlagen deren gesamte installierte Leistung 2 MW erreicht oder übersteigt, dürfen nur in einer ZDE bzw. ZDS errichtet werden.
	2. Verkauf des erzeugten Stroms im Inland und Ausland

Abbildung 26: Beispiel eines Datenblattes (Auszug)
(http://uir.fh-bingen.de/index.php?id=512&L=0)

Marktchancen	Aus dem Gesetz Nr. 13-09 zu erneuerbaren Energien ergeben sich Geschäftsperspektiven: - für Projekte zur Stromherstellung aus erneuerbaren Energiequellen zum Zwecke des Eigenverbrauchs, des Verkaufs auf dem marokkanischen Markt oder des Exportverkaufs ; - für Anbietern von Technologien und Ausrüstungen der Stromerzeugung aus erneuerbaren Energiequellen ; für spezialisierte Ingenieurbüros und Beratungsfirmen.		
Bewertung	**Es sind gute Marktchancen zu erwarten.**		
Dokument	Rechtsform	☑ Gesetz (loi, dahir) ☐ Verordnung (décret) ☐ Verwaltungsvorschrift (arrêté ministériel) ☐ Technische Norm/Richtlinie	
	Verfahrenstand	☐ Vorphase/Entwurf ☐ Beratungsphase ☑ In Kraft	
	Text	Loi n° 13-09 relative aux énergies renouvelables	
Weitere Information	Datenbogen zu Genehmigungsverfahren der Anlagen, die Energie aus erneuerbaren Quellen erzeugen Website des Ministeriums für Energie: http://www.mem.gov.ma/		
Ansprechpartner			
Organisation	Ministère de l'Electricité, des Mines, de l'Eau et de l'Environnement (MEMEE)		
Kontaktperson	Frau Zohra ETTAIK		
Funktion/Abteilung	Abteilungsleiterin Division des Energies Renouvelables et de la Maîtrise de l'Energie		
Adresse	Rue Abou Marouane Essaadi, B.P.6208 Rabat Instituts, Agdal, Rabat, Maroc		
Tel.	+212 (0) 537 68 87 55		
Fax	+212 (0) 537 68 87 53		
Email	z.ettaik@mem.gov.ma		
Website	http://www.mem.gov.ma/		

Abbildung 27: Beispiel eines Datenblattes
(hinterer Teil, Auszug)

Die vollständige Darstellung des Datenblatt ist in dem Internetportal www.umweltinvestitionsradar.de unter der Rubrik ‚Länder', Marokko', Energie', Recht' zu finden. Die Datenblätter für Förderprogramme und Akteure folgen jeweils einem eigenen Schema.

5
Zusammenfassung und Ausblick

5.1 Zusammenfassung

Die Bereitstellung eines Informationsangebotes, das aktuelle Entwicklungen der Gesetzgebung und Förderpraxis in Entwicklungs- und Schwellenländern aufgreift, erhöht für kleine und mittlere Unternehmen die Chancen, auf neuen Märkten Fuß zu fassen. Denn gerade für KMU ist die sehr spezifische Informationsbeschaffung mit verhältnismäßig hohen Transaktionskosten verbunden, die aus dem Unternehmen heraus oft nicht geleistet werden können. Von zentraler Bedeutung ist, dass ein solches Informationssystem schon sehr frühzeitig über sich abzeichnende Marktchancen informiert, im besten Fall bereits vor Inkrafttreten einer neuen Regelung oder eines neuen Programms. Für den Geschäftserfolg kommt es zudem darauf an, Kooperationsbeziehungen zu lokalen Partnern aufzubauen; und zwar sowohl in der Wirtschaft als auch bei der öffentlichen Hand (als Auftraggeber oder Genehmigungsinstanz). Das entwickelte Instrument war deshalb über den ursprünglich vorgesehenen Focus hinaus (Entwicklung der Gesetzgebung) auf die maßgeblichen Akteure zu erweitern. Von Bedeutung ist ferner, dass die Informationen nutzergerecht aufbereitet und auf Kernaussagen verdichtet werden.

Um eine effektive und effiziente Informationsbeschaffung zu gewährleisten, ist ein Zusammenspiel der verschiedenen Akteure der deutschen Außenhandelsförderung unerlässlich. Die Qualität der Informationen kann nur sehr unzureichend durch Erhebung von Deutschland aus gewährleistet werden. Erst Recherchen vor Ort und Gespräche mit den dortigen Akteuren sowie die genaue Beobachtung der politischen Situation gewährleisten eine hohe Aktualität und Qualität der Informationen. Dies gilt insbesondere für Staaten, deren Gesetzgebungsprozesse nicht von hoher Transparenz gekennzeichnet sind. Als wertvolle Informationsquelle erwiesen sich dabei neben den bei der gtai und den Außenhandelskammern verfügbaren Informationen vor allem die in den Projekten der giz vorhandenen Informationen, insbesondere auch im Bereich der Regulierungs- und Institutionellen Beratungsarbeit. Schließlich sind direkte Kontakte zu den Institutionen in den Zielländern eine unverzichtbare Quelle.

Eine grundsätzliche Schwierigkeit besteht dabei darin, die Informationen aktuell zu halten. Ein Ziel des Forschungsprojektes war es daher von Anfang an, die Ergebnisse in bestehende Angebote zu integrieren und einen Träger zu finden, der das Portal nach Projektabschluss weiter betreut. Bislang wird eine Aktualisierung der Informationen noch in gewissem Umfang von dem Projektverbund selbst gewährleistet.

Die Kofinanzierung von Klimaschutzprojekten mittels des Clean Development Mechanism kann einen Beitrag dazu leisten, ein Projekt rentabel zu machen. Allerdings ist die Nutzung von CDM aufgrund der besonderen Verfahrensabläufe mit einem hohen Aufwand verbunden, der nicht „nebenbei" bewältigt werden kann und daher für mittelständische Unternehmen eher als Ausnahmeoption anzusehen. Der Einstieg in den CDM-Markt ist eine strategische Unternehmensentscheidung. Daher ist es notwendig, frühzeitig aktuelle Informationen über die konkreten Bedingungen für CDM in dem angestrebten Zielland zu beschaffen. Der in dem Forschungsprojekt „clima-pro" entwickelte Umweltinvestitionsradar bietet auch insoweit eine Hilfestellung.

5.2 Ausblick: Synergien zwischen Entwicklungszusammenarbeit und Außenhandelsförderung richtig nutzen

Mit dem Forschungsprojekt „clima-pro" wurde bewusst an einer Schnittstelle angesetzt, die in der Vergangenheit durchaus konfliktträchtig war. Außenhandelsförderung kann nur dann erfolgreich sein, wenn Lösungen angeboten werden, die auf dem Anbietermarkt gefragt sind. Gerade für den Umweltbereich gilt, dass nicht unbedingt die umwelttechnisch anspruchsvollste, sondern eine lokal angepasste Lösung gesucht werden muss. Hier kann die langjährige Erfahrung der deutschen Entwicklungszusammenarbeit hilfreich sein. Wie kaum eine andere Organisation vereinigt die deutsche Gesellschaft für internationale Zusammenarbeit Sachkompetenz und Präsenz vor Ort und verfügt in einer Vielzahl von Ländern über sehr gute Kontakte zu Entscheidungsträgern. In dem Projekt clima-pro hat sie in den untersuchten Zielländern die Recherchearbeit maßgeblich unterstützt. Es ist daher nicht überraschend, dass von Seiten der Wirtschaft diese Kompetenz auch gerne für die Anbahnung von Kontakten und zur Unterstützung des Marktzuganges genutzt würde. In diese Richtung geht gegenwärtig auch explizit die politische Strategie des BMZ. [30]

Dabei ist allerdings zu berücksichtigen, dass die Interessenlage nicht immer identisch ist. Das primäre Ziel der Entwicklungszusammenarbeit ist die Bereitstellung von Problemlösungen vor Ort. Die Arbeit hat sich daher an den Gegebenheiten der Zielländer zu orientieren. Wenn deutsche Unternehmen zu diesen Problemlösungen durch Know-how und/oder Investitionen beitragen können, dann ergeben sich Synergien, die sowohl für

---

[30] Beispielhaft hierfür kann genannt werden das vom BMZ und BMU organisierte Fachgespräch „Abfallprojekte im Rahmen der internationalen Entwicklungszusammenarbeit – Chancen für Kooperationen", welches am 15.9.2011 in Bonn stattfand. Auch die auf Landesebene stattfindenden regelmäßigen Wirtschaftsförderungsveranstaltungen – etwa der hessenAgentur – finden zunehmend nicht nur mit den Exportinitiativen sondern auch mit Partizipation der GIZ statt.

das Zielland, die Entwicklungskooperation als auch die Unternehmen nützlich sind. Hierfür gibt es zahlreiche positive Beispiele.

Demgegenüber kann es nicht Aufgabe der Entwicklungszusammenarbeit sein, die Beratungsarbeit von vornherein auf die Marktchancen für deutsche Unternehmen hin zu konzipieren. Wer dies im Auge hat, verkennt nicht nur fundamental deren Aufgabe, sondern unterminiert auch die in Jahrzehnten gewachsene Glaubwürdigkeit deutscher Entwicklungskooperation. Die Partnerinstitutionen haben in der Regel nämlich ein sehr feines Gespür für ernsthafte, pragmatisch an den Problemen der Länder orientierten Lösungsansätze einerseits und dem Interesse an einer bloßen Verkaufsförderung andererseits. Hier sollte daher auch bei den deutschen Unternehmen keine unrealistischen Erwartungen geweckt werden.

Auch mit dieser Einschränkung dürften die Potentiale, die in einer sinnvollen Zusammenarbeit der Außenwirtschaft und der Entwicklungszusammenarbeit liegen, bei weitem nicht ausgeschöpft sein. In diesem Sinne versteht sich das Projekt clima-pro auch als ein Mittler zwischen beiden Bereichen. Dabei sollten von Seiten der Wirtschaft aktiv Kooperationsmöglichkeiten gesucht werden.

Das Informationsportal, das im Rahmen des Projektes entwickelt wurde, ist derzeit schon allein aus sprachlichen Gründen in erster Linie auf deutsche Unternehmen zugeschnitten. Seine Inhalte können aber auch den Ländern selbst zu Gute kommen. Der Zugang zu den dort bereitgehaltenen Informationen, insbesondere zu den detaillierten rechtlichen und institutionellen Rahmenbedingungen, ist auch für die Unternehmen und zivilgesellschaftlichen Akteure vor Ort von Interesse, denn vergleichbare Angebote gibt es nicht. Eine Weiterentwicklung des UIR in diese Richtung wäre daher wünschenswert.

6
Literatur, Quellen und weiterführende Informationen

6.1 Allgemeine Literatur und Literatur zu Kapitel 2

GreenTech made in Germany 2.0. Umwelttechnologie-Atlas für Deutschland. Hrsg.: Bundesministerium für Umwelt, Naturschutz u. Reaktorsicherheit, Verlag Franz Vahlen, München, 2009.

6.1.1 Marokko

Adyel, A. (1994): Les pouvoirs du Gouvernement, in: Basri/Rousset/Vedel: Le Maroc et les droits de l'homme, Harmattan, S. 128.

Belhaj, Amel (1992): Le controle de la Constitutionnalité des lois, in: Basri/Rousset/Vedel: Le Maroc et les droits de l'homme, Harmattan, S. 129.

Brahim Soudi, Hamid Chrifi (2007) : Options de gestion des déchets solides municipaux adaptées aux contextes des pays du Sud. Enda Maghreb (Hrsg.) Rabat. http://www.enda.org.ma/IMG/Options_de_gestion_des_DSM_dans_les_pays_d u_Sud.pdf (11.01.2011)

GTZ (2007): Gesellschaft für technische Zusammenarbeit (Hrsg.): Etude sur le cadre organisationnel, institutionnel et législatif pour la promotion des Énergies Renouvelables (Studie über Verwaltungs- und Rechtsstrukturen zur Förderung Erneuerbarer Energien), Eschborn und Casablanca. http://www.gtz.de/de/dokumente/fr-marokko-erneuerbare-energien-2007.pdf

GTZ (2009): Gesellschaft für technische Zusammenarbeit (Hrsg.): Energiepolitische Rahmenbedingungen für Strommärkte und Erneuerbare Energien – 16 Länderanalysen. www.ecofys.com/com/publications/brochures_newsletters/country_analyses_en ergy_policy_framework_conditions.htm

HCP (2008): Haut-Commissarait au Plan: Annuaire Statistique du Maroc.

Ihrai, S., (1992): Les droits de l'Homme dans le projet de Constitution révisée -1992. In: Basri, D., M. Rousset et G. Vedel, Révision de la Constitution marocaine (1992), Collection Edification d'un Etat Moderne, Imprimerie Royale, S. 90.

Infrastruktur & Umwelt (2011): Municipal Solid Waste Management Tangier / Northern Region, Morocco. www.iu-info.de/cms/tunis0.html (11.1.2011)

Khalid, M. (2008): Gestion durable des déchets spéciaux, 17.3.2008. www.lemaroc.org/maroc/article_10479.html (11.1.2011)

Laissaoui, S. E., Rochat, D. (2008): Technical report on the assessment of e-waste management in Morocco, 2008. ewasteguide.info/Laissaoui_2008_CMPP (11.1.2011)

Lamghari, Abdelaziz (1997): La nouvelle Constitution marocaine de 1996, Publications de la Revue marocaine d'administration locale et de développement, Rabat.

Mahi, Mustapha (2008) : Office National de l'Eau Potable-Direction Assainissement et Environnement, Rabat, Morocco - Situation actuelle à l'échelle nationale de l'épuration et de la reutilisation des eaux usées épurées et de la valorisation des boues. The third workshop and training session for sowamed project in Rabat, Octobre 27-28. http://www.sowamed.ird.fr/resource/RES301_WP5_IAV-ONEP-DAE.pdf (10.10.2011)

Maraacid (2010): http://maraacid.cnd.hcp.ma/ (2010)

Mardi, Abderrafi (2008): Présentation de la formation à l'Office National de l'Eau Potable (ONEP) Hrsg: Réseau International des Centres de Formation aux Métiers de l'Eau (RICFME). http://www.ricfme.org/IMG/pdf/1_Maroc_ONEP.pdf (10.10.2011)

Martin, Anne-Sophie (2010): Energie : 6000 MW installés dont seulement 300 provenant d'énergies renouvelables.
http://www.lavieeco.com/economie/16561-energie-6000-mw-installes-dont-seulement-300-provenant-d-energies-renouvelables.html (19.3.2011)

MATE (2001): Ministère de l'Aménagement du Territoire, de l'Urbanisme, de l'Habitat et de l'Environnement: Communication Nationale Initiale à la Convention Cadre des Nations Unies sur les changements climatiques.
http://www.abhatoo.net.ma/index.php/fre/content/download/6071/77301/file/Communication-nationale-Initiale-sur-les-CC.pdf (10.10.2011)

MEM (2008): Minstère de l'Energie, des Mines, de l'Eau et de l'Environnement : Secteur de l'Energie et des Mines – Principales réalisations (1999-2008) – Défis et perspectives, Oktober 2008.
http://www.mem.gov.ma/Documentation/pdf/PrincipalesRealisations.pdf

MEM (2009): Ministère de l'Énergie, des Mines, de l'Eau et de l'Environnement: Secteur de l'énergie – Chiffres clés Année 2009.
http://www.mem.gov.ma/ChiffresCles/Energie/CHIFFRES%20CLES%20SECTEUR%20ENERGIE%202009-05-11-2010.pdf (19.3.2011)

MJ (1999): Ministère de la Justice, Tribunal Administratif de Casablanca (Hrsg.): Les Tribunaux Administratifs, Un appui fondamental à l'édification de l'Etat de Droit.

MVV/Wuppertal Institute (2010): MVV decon/Wuppertal Insitute for Climate, Environment and Energy: Provision of Technical Support/Services for an Economical, Technological and Environmental Impact Assessment of National Regulations and Incentives for Renewable Energy and Energy Efficiency, Country Report Morocco (DRAFT), January 2010.
http://www.rcreee.org/Library_New/PDF/20100204_Amman_Jordan_Conference/Danida/Morocco_draft.pdf (19.3.2011)

Neue Zürcher Zeitung AG (2008): Marokkos Müll stinkt zum Himmel, 13.3.2008.
www.nzz.ch/nachrichten/politik/international/marokkos_muell_stinkt_zum_himmel_1.688068.html (11.1.2011)

Pluschke, P., Chalabi, M., Ajir, A. und Chouaouta, H. (2005): Voluntary Agreements as a Tool in the Management of Industrial Solid Waste in Morocco. Proceedings Sardinia 2005, Tenth International Waste Management and Landfill Symposium S. Margherita di Pula, Cagliari, Italy; 3. - 7. Oktober 2005.
http://www.coprocem.com/trainingkit/documents/module6/Voluntary_agreements_-_Morocco_example_Module6.pdf (11.1.2011)

Schneider, T. (2004): Anforderungen an die Abwassertechnik in anderen Ländern - Marokko.
http://dbs-lin.ruhr-uni-bochum.de/wasserverbund/pdfs/07_marokko.pdf (07.12.2010)

SEEE (2010): Sécrétariat d'Etat auprès du Ministère de l'Energie, des Mines, de l'Eau et de l'Environnement chargé de l'Eau et de l'Environnement, Département de l'Environnement: Plan Directeur National de Gestion des Déchets Dangereux. Version provisoire, Mai 2010.

SEMIDE/EMWIS (2005): Systeme Euro-Meditérranéen d'Information sur les savoir-faire dans le Domaine de l'Eau/ Euro-Mediterranean Information System on the know-how in the Water Sector): Local Water Supply, Sanitation and Sewage, Country Report, Morocco.
www.emwis.org/countries/fol749974/semide/PDF/Sogesid-morocco (08.12.2010)

Weidnitzer, Eva, et al. (1994): Urbanisierung und Umweltschutz in mittleren städtischen Zentren Marokkos, Hrsg; Deutsches Institut für Entwicklungspolitik, Berlin.

Wuppertal Institute/CREAD (2010): Wuppertal Institute for Climate, Environment and Energy/Centre de Recherche en Economie Appliquée pour le Développement (CREAD): Algeria – A Future Supplier of Electricity from Renewable Energies for Europe. http://www.wupperinst.org/uploads/tx_wiprojekt/Algeria_final_report.pdf (19.3.2011)

6.1.2 Algerien

Adelphi Consult GmbH (2011): adelphi unterstützt algerische Kommunen beim Abfall-management, 3.2.2011.
http://www.adelphi.de/de/service/newsletter/archiv/dok/43526.php?newsletter=6&nid=94#news7 (15.4.2011)

Afrika auf einen Blick (2010): Afrika auf einen Blick: Algerien.
http://www.afrika-auf-einen-blick.de/algerien/ (19.3.2010)

AHK (2009): Deutsch-Griechische Industrie- und Handelskammer: Marktanalyse: Solar-energie in Algerien - Solarthermie, PV und CSP.
http://www.renewablesb2b.com/ahk_germany/de/portal/index/marketstudies/show/8f2dcc5162162f4e (19.3.2010)

AHK, (2010): Deutsch-Algerische Industrie- und Handelskammer. Informationen und zur Wirtschaft und zum Umweltsektor in Algerien.
www.rostock.ihk24.de/produktmarken/international/anlagen/Algerien_Information.pdf (22.03.2011)

All Africa (2010): Algérie: Les eaux ussées menacent les terres agricoles et la santé des citoyens.
http://fr.allafrica.com/stories/201007280848.html (31.8.2011)

ASUE (2010): ASUE: Stratégie de l'APRUE pour la maîtrise de l'énergie, 22.11.2010.

Baghdali L. (2007): La reutilization des eaux usées épurées pour l'irrigation en Algérie.

Belherazem, Dr. (2010): Gestion des déchets dangereux, 23.11.2010.

Benachour, Djamel (2006) : Développement de l'Energie Solaire Sonelgaz table sur la couverture de 5% de sa production en 2015, El watan Edition, .
http://www.cder.dz/vlib/bulletin/pdf/bulletin_010_23.pdf (31.8.2011)

Bensaad, H. (2007): L'Energie Eolienne au service de la préservation et du développe-ment durable de la steppe, Bulletin des Energies Renouvelables, N°11.
http://portail.cder.dz (19.3.2010)

Boukrine, Djamel (2009): Conférence de presse de Noureddine Zerhouni, «Le taux de participation n'est pas une surprise»
http://www.presse-dz.com/revue-de-presse/9638-le-taux-de-participation-n-est-pas-une-surprise.html (10.10.2011)

Chehma, A., Faye, B., Djebar, M. (2008): Développement durable des productions ani-males : enjeux, évaluation et perspectives, Colloque international, Alger.
http://www.ina.dz/labo_pa/Actes%20colloque/actes%20du%20colloque%203.SR2.pdf (22.3.2010)

CREG (2010): Commission de Régulation de l'Electricité et du Gaz (CREG): Programme indicatif des besoins en moyens de production d'électricité.
www.creg.gov.dz (10.5.2011)

Dahlab, Fazia (2007): Les missions du CNTTP face aux nouvelles exigences environne-mentales en Algérie.

Dena (2007): Deutsche Energie-Agentur (Hrsg.), Kurzinformation Solarenergie in Alge-rien, Stand: November 2006.
http://www.rural-electrification.com/cms/upload/pdf/dena-Kurzinformation_Solarenergie_Algerien.pdf (19.3.2010)

Derbal, H., Belhamel, M., Benzaoui, A. (2007): Conversion Solaire Thermique à Concentration les Concentrateurs Solaires Cylindro-Paraboliques, Bulletin des Energies Renouvelables, N°11. Juni 2007, S. 24-25.
http://www.cder.dz/vlib/bulletin/pdf/bulletin_011_14.pdf (19.3.2010)

Deutsche Botschaft Algier (2010): Wirtschaftliche Zusammenarbeit.
http://www.algier.diplo.de/Vertretung/algier/de/05/Wirtschaftliche__Zusammenarbeit/W irtschaftliche__Zusammenarbeit.html (22.3.2010)

DLR (2008): Deutsches Zentrum für Luft- und Raumfahrt e. V.: Kooperation mit Algerien zur effizienten Energieumwandlung und erneuerbaren Energien. Meldung vom 30.01.2008.
http://www.dlr.de/desktopdefault.aspx/tabid-3432/7418_read-11456/7418_page-2/ (19.3.2010)

Fekraoui, A. (2003): La géothermie, une Énergie d'Avenir, Bulletin des Energies Renouvelables, N°4, Dezember 2003, S. 14-15.
http://www.cder.dz/vlib/bulletin/pdf/bulletin_004_13.pdf (19.3.2010).

Gtai (2009): Germany Trade and Invest: Algeriens Umweltbranche sucht Investoren, 27.1.2009. www.gtai.de/DE/Content/__SharedDocs/Links-Einzeldokumente-Datenbanken/fachdokument.html (31.8.2011)

GIZ (2010): Deutsche Gesellschaft für Internationale Zusammenarbeit (GIZ) GmbH: Algerien - Programm Integrierte Wasserwirtschaft.
www.eau-algerie.org (10.10.2011)

GTZ/ERM/GKW: Projet Régional de Gestion des Déchets Solides dans les Pays du Mashreq et Maghreb – Rapport du Pays: Algérie (Final), 15.1.2004.

Hamane, L.(2003): Les ressources éoliennes de l'Algérie, La Division de l'Energie Eolienne, Bulletin des Energies Renouvelables, N°3, Juni 2003, S. 10 f.
http://www.cder.dz/bulletin/bull3/ber3.pdf (10.10.2011)

Hergenröther, Andreas (2010): Wachstumsmarkt Algerien, Vortrag bei IHK Bochum am 10.6.2010.

IEA (2010): International Energy Agency: Beyond the OECD - Algerie.
http://www.iea.org/country/n_country.asp?COUNTRY_CODE=DZ&Submit=Submit (31.5.2010)

Igoud, S., Tou, I., Kehal, S., Mansouri, N., Tozi, A. (2002): Première Approche de la Caractéristaion du Biogaz Produit à Partir des Déjections Bovines, Rev. Energ. Ren. Vol. 5, S. 123-128.
http://www.cder.dz/download/Art5-2_4.pdf (22.3.2010)

Kasbadji Merzouk, N. (2009): Journée sur le Développement de Projets Eolien en Algérie, Bulletin des Energies Renouvelables, N°12, Juni 2009, S. 8-9.
http://www.cder.dz/vlib/bulletin/pdf/bulletin_012_05.pdf (10.10.2011)

Le Maghreb (2010): Algérie: Les fuites et les vols représentent plus de 60% de l'eau produite, Meldung vom 6.4.2010.
http://mediterranee.typepad.fr/marketing/2010/04/alg%C3%A9rie-les-fuites-et-les-vols-repr%C3%A9sentent-plus-de-60-de-leau-produite.html (14.9.2010)

Le Maghreb (2010a): Vers la mise en place d'une station d'énergie solaire à Tarat, Meldung vom 25.2.2010.
http://portail.cder.dz/spip.php?article146 (22.3.2010)

Le Temps d'Algérie (2010): Développement de l'industriedes panneaux photovoltaiques à Sidi Bel Abbès, Meldung vom 3.2.2010.
http://portail.cder.dz/spip.php?article130 (22.3.2010)

Liberté (2010): Les terres agricoles irrigués par les eaux uses à Fesdis, Meldung vom 15.8.2010. http://www.djazairess.com/fr/liberte/140891

Liberté (2010a): L'Algérie et énergies renouvelables : Potentiel le plus important. Meldung vom 29.April 2010.
http://www.algerie360.com/economie/l%E2%80%99algerie-et-energies-renouvelables-potentiel-le-plus-important/ (22.3.2010)

LibertéAlgérie: Énergies renouvelables: "Une nouvelle strategie se prépare" en Algérie, Meldung vom 24.3.2009.
http://mediterranee.typepad.fr/marketing/2009/03/%C3%A9nergies-renouvelables-une-nouvelle-strat%C3%A9gie-se-pr%C3%A9pare-en-alg%C3%A9rie.html (22.3.2010)

Mattes, Hanspeter (2007): Algeriens Energiepolitik: Nationale Interessen, Sozialpolitik und die EU, Giga Focus Nahost, Ausgabe 2/2007, Hamburg.
http://www.giga-hamburg.de/content/publikationen/pdf/gf_nahost_0702.pdf (10.10.2011)

MEM (2011): Ministère de l'énergie et des mines: Programme des énergies renouvelables et de l'efficacité énergétique, März 2011.
http://algerien.ahk.de/fileadmin/ahk_algerien/Bilder/Aktuelles/Programme_EE_des_algeri schen_Energieministeriums_Deutsch.pdf (Deutsche Version, 17.9.2011)

MEM/APRUE (2010): Ministère de l'Energie et des Mines / APRUE : Consommation Energétique Finale de l'Algérie – Chiffres Clés Année 2005.
http://www.aprue.org.dz/documents/consommation-energetique.pdf (28.5.2010)

MRE (2010-1) Ministère des Ressources en Eau:
http://www.mre.gov.dz/ (15.9.2010)

MRE (2010-2): Ministère des Ressources en Eau: La politique de développement du secteur des ressources en eau, 23.11.2010

Mutations (2007-1): Protection de l'Environnement et Gestion des Déchets, Mutations, Numéro 59, 01/07, S.16-21.
http://www.caci.com.dz/fileadmin/template/images_utils/pdf/06_AND_Protection_de_l_ environnement_et_gestion_des_d_chets.pdf (31.8.2011)

Mutations (2007-2): Etat des lieux en matière de déchets solides et urbaines, Mutations, Numéro 59, 01/07, S.7-9.
http://www.caci.com.dz/fileadmin/template/images_utils/pdf/02_Etat_des_lieux_en_mat i_re_de_d_chets_solides_urbains.pdf (31.8.2011)

Mutations (2007-3): Mutations: Eradiquer à terme les décharges traditionnelles et sauvages, Mutations, Numéro 59, 01/07, S.22-29.
http://www.caci.com.dz/fileadmin/template/images_utils/pdf/07_Eradiquer___terme_les _d_charges_traditionnelles_et_sauvages.pdf (31.8.2011)

Mutations (2007-4): Entretien : M.Tolba – Directeur du département « déchets urbains » au Ministère de l'Aménagement du Territoire et de l'Environnement, Mutations, Numéro 59, 01/07, S.10-11.
http://www.caci.com.dz/fileadmin/template/images_utils/pdf/03_Entretien_Mr_Tolba.pd f (31.8.2011)

Mutations (2007-5): Eradiquer à terme les décharges traditionnelles et sauvages, Mutations, Numéro 59, 01/07, S.22-29.
http://www.caci.com.dz/fileadmin/template/images_utils/pdf/07_Eradiquer___terme_les _d_charges_traditionnelles_et_sauvages.pdf (31.8.2011)

MVV/Wuppetal Institute (2010): Appui technique/prestations de services pour l'évaluation de l'impact économique, technologique et environnemental de la réglementation nationale et des incitations relatives aux énergies renouvelables et à l'efficacité énergétique - Etude documentaire- Algérie (Projet), Avril 2010.
www.rcreee.org/Library_New/PDF/20100204_Amman_Jordan_Conference/Danida/Regi onal-Study-French-1.pdf (20.5.2011)

Nabela, Afroun (2004) :, Liberté: La côte algérienne mériterait sans nul doute un peu plus d'attention de la part des autorités publiques et des citoyens. Sur les 487 plages que compte le littoral algérien, 213 sont interdites à la baignade don't la majorité sont fermées pour cause de pollution, 8.7.2004. http://www.algerie-dz.com/article867.html (31.8.2011)

Ökonews (2009): Ökonews: Deutsches Solarturmkraftwerk für Algerien, 2.6.2009. http://www.oekonews.at/index.php?mdoc_id=1040480 (19.3.2010)

ONA (2010): www.ona-dz.org (01.09.2010)

ONS (2010): Office National des Statistiques Algerie: Energie. http://www.ons.dz/Energie,51.html (22.3.2010)

Ouali (2010): Ouali, S., Khellaf, A., Baddari, K.: Etude des ressources géthermiques du sud algérien, Boumerdes. http://portail.cder.dz/ (19.3.2010)

Rebah M'hamed (2008) : Les déchets spéciaux – Moins visibles mais bien plus dangereux, 15.1.2008. http://www.tamanrasset.net/modules/news/article.php?storyid=1063 (27.7.2010)

Samir (2006): Samir: L'Algérie lance un plan de gestion des déchets, 9.1.2006. http://www.algerie-dz.com/article3970.html (26.7.2010)

Solid Waste Management Centre (2010): Solid Waste Management Centre: Algérie – Données Régionales. http://www.metap-solidwaste.org/index.php?id=55&L=1 (27.7.2010)

Sonelgaz (2010): Sonelgaz: Programme de Développement des Energies Renouvelables, 22.11.2010. www.enviroalgerie.info/index.php (20.5.2011)

Sweep-Net (2010): Rapport pays sur la gestion des déchets solides en Algérie, Juli 2010. http://www.sweep-net.org/ckfinder/userfiles/files/country-profiles/rapport-alg%C3%A9rie-fr.pdf (24.05.2011)

Transafrika (2010): Algerien. http://www.transafrika.org/pages/laenderinfo-afrika/algerien.php?searchresult=1&sstring=algerien (23.3.2011)

Wabag (2008): Ressourcenschonende Wassertechnologien für Algerien von Wabag, 10.12.2008. http://www.wabag.com/MainWabag/Wabag/German/news_details.asp?doaction=news&pjt_details_id=51 (31.8.2011)

World Bank (2010): Algeria, Country Brief, April 2011. http://web.worldbank.org/WBSITE/EXTERNAL/COUNTRIES/MENAEXT/ALGERIAEXTN/0,,contentMDK:20188043~pagePK:141137~piPK:141127~theSitePK:312509,00.html (10.10.2011)

Wuppertal Institute/Adelphi Consult (2009): Wuppertal Institute for Climate, Environment, Energy / Adelphi Consult: Energy Systems in OPEC Countries of the Middle East and North Africa, System Analytic Comparison of Nuclear Power, Renewable Energies and Energy Efficiency, Wuppertal, Berlin, 31.08.2009. http://www.boell-ameo.org/downloads/Wuppertal_Institut_Energy_Systems_OPEC_Countries.pdf (3,2 MB, 31.8.2011)

Wuppertal Institute/CREAD (2010): Wuppertal Institute for Climate, Environment and Energy/Centre de Recherche en Economie Appliquée pour le Développement (CREAD): Algeria – A Future Supplier of Electricity from Renewable Energies for Europe? 1.8.2010. http://www.wupperinst.org/uploads/tx_wiprojekt/Algeria_final_report.pdf (1,9 MB, 31.8.2011)

6.1.3 Ägypten

AHK (2010):Deutsch-Arabische Industrie- und Handelskammer: Factsheet erneuerbare Energien, November 2010. http://www.ahkmena.com/sites/default/files/documents/SectorReports/Factsheet_Renewables.pdf (23.9.2011)

BMWi/AHK 2009: Bundesministerium für Wirtschaft und Technologie/Deutsch-Arabische Industrie- und Handelskammer: Fact-Sheet - Ägypten. http://www.renewablesb2b.com/data/ahk_germany/btrips/files/factsheet-aegypten-2009.pdf (01.09.2011)

BMWi/AHK (2010): Bundesministerium für Wirtschaft und Technologie/Deutsch-Arabische Industrie- und Handelskammer: Windenergie & Solarthermie in Ägypten. Perspektiven der Erneuerbaren Energien in Ägypten – Fact Sheet, 20.6.2010. http://www.exportinitiative.bmwi.de/EEE/Redaktion/Events/2011/Geschaeftsreisen/Downloads/2011-AHK-Geschaeftsreise-Aegypten-Factsheet,property=pdf,bereich=eee,sprache=de,rwb=true.pdf (21.9.2011)

BMZ (2011): Bundesministerium für wirtschaftliche Zusammenarbeit und Entwicklung. Situation und Zusammenarbeit in Ägypten, 2011. http://www.bmz.de/de/was_wir_machen/laender_regionen/naher_osten_nordafrika/aegypten/zusammenarbeit.html#t5 (01.07.2011)

BP (2011): Statistical Review of World Energy June 2011. http://www.bp.com/liveassets/bp_internet/globalbp/globalbp_uk_english/reports_and_publications/statistical_energy_review_2011/STAGING/local_assets/pdf/statistical_review_of_world_energy_full_report_2011.pdf (14.10.2011)

Dena 2011: Deutsche Energie-Agentur GmbH Ägypten: Ausschreibungen für Windkapazitäten in 2011 werden sich verzögern. 08.03.2011. http://www.exportinitiative.de/nachrichten/nachrichten0/back/78/article/aegypten-ausschreibungen-fuer-windkapazitaeten-in-2011-werden-sich-verzoegern/ (10.10.2011)

EA (2009): Enviro Associates International Inc.: Feasibility study for hazardous waste management in Egypt, New York. http://www.ustda.gov/library/reports/EGY_200410021B.pdf (01.07.2011)

Econet North Africa (2011a): Energieeffizienz im ägyptischen Gebäudesektor, 2011. http://www.econetnorthafrica.com/maerkte-ausschreibungen/inhalte-maerkte/bautechnik/energieeffizienz-im-aegyptischen-gebaeudesektor/ (01.08.2011)

Econet North Africa(2011): Energiemarktüberblick Ägypten, 2011. http://www.econetnorthafrica.com/maerkte-ausschreibungen/inhalte-maerkte/energie/energiemarktueberblick-aegypten/ (21.09.2011)

EEHC (2010): Ministry of Electricity and Energy (Hrsg.) Egyptian Electricity Holding Company (EEHC): Annual Report 2009/2010. http://www.egelec.com/mysite1/pdf/Electric%20eng09-10.pdf (21.9.2011)

EIA (2011): U.S. Energy Information Administration (Hrsg.) Country Analysis Briefs: Egypt. http://www.eia.gov/emeu/cabs/Egypt/pdf.pdf (23.9.2011)

Elbaset Mohammed, Adel A. (2009): Electric Energy Sector in Egypt: A Review. http://works.bepress.com/cgi/viewcontent.cgi?article=1047&context=dr_adel72&seiredir=1#search=%22hydro%20power%20installations %20egypt%22 (23.9.2011)

EPO (2010) Entwicklungspolitik online: BMZ hilft beim Ausbau der Wasserkraft in Ägypten, 13.7.2010. http://www.epo.de/index.php?option=com_content&view=article&id=6296:bmz-hilft-beim-ausbau-der-wasserkraft-in-aegypten&catid=45&Itemid=90 (23.9.2011)

FAO (2009): Food and Agriculture Organization of the United Nations: Aquastat: Country profile Egypt. http://www.fao.org/nr/water/aquastat/countries/egypt/index.stm (01.07.2011)

Ghorfa (2009): Ghorfa: Ägypten - Wirtschaftshandbuch/Egyt Business Guide. http://www.ghorfa.de/fileadmin/Wirtschaftshandbuch/BusinessGuide_Aegypten.pdf (23.09.2011)

GIZ (2011): Deutschen Gesellschaft für Internationale Zusammenarbeit GmbH: Projekt ägyptische Umweltagentur für gefährliche Stoffe, 2011. http://www.gtz.de/de/praxis/28850.htm (01.07.2011)

GTZ (2007): Deutschen Gesellschaft für Technische Zusammenarbeit (GTZ) GmbH: Energiepolitische Rahmenbedingungen für Strommärkte und erneuerbare Energien: 23 Länderanalysen Kapitel Ägypten. Eschborn. http://www.gtz.de/de/dokumente/de-windenerige-aegypten-studie-2007.pdf (23.09.2011)

IEA (2008): International Energy Agency: Renewables and Waste in Egypt in 2008. http://www.iea.org/stats/renewdata.asp?COUNTRY_CODE=EG (23.09.2011)

IRG (2005): International Ressources Group: Task 5 – Environmental Services for Improving Water Quality Management - Alternative Methods for Solid Waste Management and Treatment and Disposal of Wastewater, Report No. 7. http://www.iwrmeg.org/reports/Report/Report%207%20Task%205%20Waste%20Management%20Feasibility%20Study.pdf (14.07.2011)

Jensch, Nele (2011): Grüne Energie aus der Wüste, 5.4.2011. http://www.dw-world.de/dw/article/0,,14935672,00.html (16.9.2011)

KfW (2011): Kreditanstalt für Wiederaufbau: Förderschwerpunkte – Ägypten – Vor Allem Arme ohne Wasser. http://www.kfw-entwicklungsbank.de/ebank/ DE_Home/Laender_und_Programme/Nordafrika_und_naher_Osten/Aegypten/Fo erderschwerpunkte.jsp (23.9.2011)

LDK Consultants (2006): "Support to DG Environment for development of the Mediterranean De-pollution Initiative "HORIZON 2020" contract No 070201/2006/436133/MAR/E3", Brussels. http://ec.europa.eu/environment/enlarg/med/pdf/egypt_en.pdf (01.07.2011)

Marks, Michael (2010): Ägyptens Wind bläst nachhaltig, 3.4.2010. http://www.papyrus-magazin.de/archiv/2009_2010/03_04_10/ Aegyptens%20Wind.htm (16.9.2011)

Mortensen, N./Said, S. U./ Badger, Jake (2005): Wind Atlas for Egypt – Measurements and Modelling. Cairo. http://www.windatlas.dk/egypt/download/wind%20atlas%20for%20egypt%20paper %20%28menarec3%29.pdf (23.09.2011)

NWRC (2008): National Water Research Center (2008): Actualizing the Right to Water: An Egyptian Perspective for an Action Plan Ministry of Water Resources and Irrigation, SHADEN ABDEL-GAWAD. http://web.idrc.ca/fr/ev-127200-201-1-DO_TOPIC.html (01.07.2011)

OECC (2005) Overseas Environmental Cooperation Center (OECC): Study Report on Comprehensive Support Strategies for Environment and Development in the early 21st century. Japan. http://www.env.go.jp/earth/coop/coop/c_report/ egypt_h16/english/ (01.07.2011)

OECD/IEA (2010): Share of total primary energy supply* in 2008. http://www.iea.org/stats/pdf_graphs/EGTPESPI.pdf (21.9.2011)

RETech 2009: Bifa Umweltinstitut: Country Sheet Ägypten, Stand 31.5.2009. http://www.retech-germany.net/files/bilder_grafiken /application/pdf/country _sheet_aegypten_bifa_31-05-09.pdf (23.9.2011)

Klaiber, S./Sievert N. (2011): Germany Trade and Invest (Hrsg.)Recht kompakt: Ägypten. http://www.gtai.de/DE/Content/__SharedDocs/Anlagen/PDF/Anlagen-Recht-kompakt/recht-kompakt-aegypten,templateId=raw, property= publicationFile.pdf/recht-kompakt-aegypten?show=true (23.9.2011)

Sweep-net (2010): Country profile on the solid waste management situation in Egypt. http://www.sweep-net.org/ckfinder/userfiles/files/country-profiles/Country%20Profile%20Egypt%20ANG.pdf (14.07.2011)

Umweltdialog (2010): KfW Entwicklungsbank finanziert Projekte in Nordafrika. http://www.umweltdialog.de/umweltdialog/unternehmen/2010-12-23_KfW_Entwicklungsbank_finanziert_Projekte_in_Nordafrika.php (23.09.2011)

Wolf, Jörg (2010): Das Wunder von Ägypten. Fernsehbeitrag vom 19.09.2010. http://www.daserste.de/wwiewissen/beitrag_dyn~uid,6km8q66jx9z4h3by~cm.asp (14.07.2011)

Zayani, Amin (2010): Solid Waste Management: Overview and current state in Egypt, Tri Ocean Carbon, Short Paper Series Nr. 5. www.trioceanenergy.com/upload/PDF/SW%20Egypt%20.pdf (14.07.2011).

6.1.4 Vereinigte Arabische Emirate

Abu Qdais (1997): Abu Qdais, H.A., Hamoda, M.F., Newham, J.: Analysis of Residential Solid Waste At Generation Sites, Sage Jourmals online. http://wmr.sagepub.com/content/15/4/395.short (6.12.2010)

AMEinfo (2007): Ajman Sewerage on schedule for 2009, 10.12.2007. www.ameinfo.com/141411.html (08.02.2011)

AMEinfo (2009): Ajman Sewerage' opens new customer service centers, 23.07.2009. www.ameinfo.com/204673.html (08.02.2011)

AMEinfo (2010): Burj Khalifa goes solar; sun power heats 140,000 litres of water per day, 5.4.2010. http://www.ameinfo.com/228756.html (31.8.2011)

BEEAH (2009): Beeah: UAE Statistics, 2009. http://www.beeah-uae.com/en/whatyoucando/students/did-you-know (6.12.2010)

CITD (2007): Center for International Trade Development, Best Export Markets for U.S. Pollution Control Equipment, Hawthorne. http://www.citd.org/files/global/booklets/POLFinal2007Jose.pdf (31.8.2011)

CWM (2010): The Center of Waste Management: Waste in the Emirate of Abu Dhabi. http://www.cwm.ae/index.php?page=waste-in-auh (6.12.2010)

DARGIN (2010): Dargin, Justin, Addressing the UAE Natural Gas Crisis http://belfercenter.ksg.harvard.edu/publication/20528/addressing_the_uae_natural_gas_crisis.html?breadcrumb=%2Fproject%2F53%2Fdubai_initiative

DEWA (2009): Dubai Electricity and Water Authority: Potable Water Production – Emirate of Dubai 2007 – 2009, 8.9.2009. http://dsc.gov.ae/Reports/DSC_SYB_2009_09_08.pdf (17.9.2011)

EUAE (2010): Embassy of the United Arab Emirates: Energy in the UAE, 15.6.2010. http://www.uae-embassy.org/uae/energy/ (31.8.2011)

Gautam (2009) Gautam, Vivek: Solid Waste Management in GCC: Challenges & Opportunities, 14.12.2009. http://www.frost.com/prod/servlet/market-insight-top.pag?docid=186566927 (6.12.2010)

Globaltrade (2009): Globaltrade.net: Pollution Control Equipment in UAE, 22.12.2009. www.globaltrade.net/international-trade-import-exports/f/market-research/text/United-Arab-Emirates/Environmental-Technologies-Pollution-Control-Equipment-in-UAE.html (08.02.2011)

Goumbook (2010): Tadweer Waste Treatment the first company in the region to produce alternative fuel and green products, 24.4.2010.
http://www.goumbook.com/361/tadweer-waste-treatment-the-first-company-in-the-
region-to-produce-%20alternative-fuel-and-green-products/ (6.12.2010)

Halcrow (2010): Al Wathba and Alahammah waste water treatment plants, UAE, 2010.
www.halcrow.com/Our-projects/Project-details/Abu-Dhabi-wastewater-treatment-
plants-UAE/ (08.02.2011)

Hilotin (2010): Hilotin, Jay B.:Standard rates: No hike in sewage fee, 01.07.2010.
www.gulfnews.com/news/gulf/uae/environment/standard-rates-no-hike-in-
sewage-fee-1.648735 (08.02.2011)

Klean Industries (2006): KleanIndustries: Municipal Solid Waste in the United Arab
Emirates, 25.6.2006. http://www.kleanindustries.com/s/PressReleases.asp? Re-
portID=142913 (6.12.2010)

Raouf, M. (2010): Interview mit Dr. Mohamed A. Raouf, Gulf Research Center, 2010.

Odiabat, Husam (2010): Tadweer Waste Treatment the first company in the region to
produce alternative fuel and green products, 24.4.2010.
http://www.ameinfo.com/230516.html (14.10.2010)

Tanqia (2008): Tanquia Wastewater Treatment System Efficiency, Capacity for the future. www.tanqia.com/capacity-for-the-future.php (08.02.2011)

UAE Interact (2009): Abu Dhabi rubbish will go hi-tech, 16.3.2009.
http://www.uaeinteract.com/docs/Abu_Dhabi_rubbish_will_go_hi-
tech/34778.htm (6.12.2010)

UAE Interact (2007): Dh1.5b sewage treatment plant to be built in Jebel Ali, 2.4.2007.
http://www.uaeinteract.com/docs/Dh1.5b_sewage_treatment_plant_to_be_buil
t_in_Jebel_Ali/24647.htm (14.10.2011)

UAE Interact (2008): Dh1.56 billion sewage water treatment plant at Jebel Ali to be
completed by 2010, 8.7.2008.
http://www.uaeinteract.com/docs/Dh1.56_billion_sewage_water_treatment_pla
nt_at_Jebel_Ali_to_be_completed_by_2010/30989.htm (14.10.2011)

Water and wastewater (2007): Sharjah Sewage Treatment Works - Halcrow,
11.03.2007. www.waterandwastewater.com/videos/view_video.php
(08.02.2011)

Wuppertal Institute (2009): Wuppertal Institute for Climate, Environment and Energy in
Kooperation mit Aldelphi Consult: Energy Systems in OPEC countries of the
Middle East and North Africa System Analysis Comparison of Nuclear Power,
Renewable Energies and Energy Efficiency. Wuppertal, Berlin, 31.8.2009.
http://www.wupperinst.org/uploads/tx_wiprojekt/OPEC-Energy-
Systems_report.pdf (31.8.2011)

UAE Interact (2004): Dh130m sewage contract awarded, 23.08.2004.
http://www.uaeinteract.com/docs/Dh130m_sewage_contract_awarded/13201.
htm (14.10.2011

6.2
Literatur zu Kapitel 3

6.2.1
Allgemeine Literatur: Interkulturelle Kompetenzen

Stillstand als Dauerzustand. In: Le Monde Diplomatique 11.2.2011, http://www.mondediplomatique.de/pm/2011/02/11.mondeText.artikel,a0083.id x,24 (17.02.2011).

Adel, R. (2009): Corruption or connections? In: Al-Ahram Weekly On-line, 9 - 15 April 2009 Issue No. 942, http://weekly.ahram.org.eg/2009/942/li1.htm (11.11.2011).

Bertelsmann Stiftung (2009): BTI 2010 - Algeria Country Report. Gütersloh, http://www.bertelsmann-transformation-index.de/fileadmin/pdf/Gutachten_BTI2010/MENA/Algeria.pdf (19.12.2010).

Bertelsmann Stiftung (2007): BTI 2008 - Kurzbericht Algerien, http://www.bertelsmann-stiftung.de/cps/rde/xbcr/SID-471C3C95-4D03B862/bst/BTI%202008%20Algerien.pdf (19.12.2010).

bfai-Bundesagentur für Außenwirtschaft/ Reichwein, F. (2006): Verhandlungspraxis kompakt – Golfstaaten. http://www.ostwestfalen.ihk.de/uploads/media/Ver-handlungspraxis-Golfstaaten-Oktober-2006.pdf (25.07.2011).

bfai/AHK (2008): Wirtschaftsführer Algerien. Köln/Algier.

Bolten, J. (2007): Einführung in die interkulturelle Wirtschaftskommunikation. Göttingen.

Brunswig, M. (2002): KulturSchock Marokko. Bielefeld.

CIPE-Centre for International Private Enterprise (2009a): Egyptian Citizens' Perceptions of Transparency and Corruption, preliminary report, www.cipe.org/regional/mena/pdf/2009%20Egypt%20National%20Survey%20 Report%20EN.pdf (10.11.2010).

Centre for International Private Enterprise (2009b): 2009 Survey on Corruption, in Business Environment for SMEs in Egypt and SME's interaction with Government agencies. www.cipe.org/regional/mena/pdf /2009%20Egypt%20SME%20Survey %20Report%20EN.pdf (10.11.2010).

Communicaid (2008): Doing Business in Morocco. Moroccan Social and Business Culture. http://www.communicaid.com/access/pdf/library/culture/doing-business-in/Doing-Business%20in%20Morocco.pdf (24.07.2011).

Cooperating with Germans, in: Kollig, M./ Buhl-Böhnert, Th. (GlobalPilots): Intercultural Communication in research and technology project initiatives. A presentation for National Contact Points (NCPs) and coordinators of multinational consortiums, http://www.ncp-incontact.eu/nkswiki/images/2/25/ICC_Presentation.pdf

El-Gawhary, K. (2008): Alltag auf arabisch - Nahaufnahmen von Kairo bis Bagdad. Wien.

El Siofi, M. H. (2009): Der Westen – ein Sodom und Gomorrah? Westliche Frauen und Männer im Fokus ägyptischer Musliminnen. Sulzbach.

Faath, S. (2008): Reziprokes Mißtrauen: Zum Verhältnis von Staat, Bevölkerung und Opposition in Algerien. In: Faath, S. (Hrsg.): Kontrolle und Anpassungsdruck - Zum Umgang des Staates mit Opposition in Nordafrika/Nahost. GIGA Institut für Nahost-Studien, Hamburg, S. 121-166, http://www.gigahamburg.de/dl/download.php?d=/content/imes/menastabilisier ung/pdf/faath_studieKontrolle_2008_volltext.pdf (23.02.2011).

Genkova, Petia (2010): Interkulturelle Kompetenz und kommunikative Kompetenz. Sozialpsychologische Aspekte eines Konstrukts. In: Reportpsychologie 1/2010, S. 24-25.

Geotravel Research Center (2008): Culture Briefing: Morocco.

GIC-German Innovation Center (o.J.): Dubai: Klassische Problematiken beim Geschäftsaufbau im Mittleren Osten. www.gic-dubai.com/download/ PoblematikenVoraussetzungen.pdf (25.07.2011).

Hecht-El Minshawi, B. (2008): Business Know-How Golfstaaten: So wird Ihre Geschäftsreise zum Erfolg. München.

Hörning, K.H./Reuter, J. (o.J.): Doing Culture: Kultur als Praxis. http://www.transcript-verlag.de/ts243/ts243_1.pdf (04.08.2011).

Hüsken, TH. (2006): Der Stamm der Experten. Rhetorik und Praxis des Interkulturellen Managements in der deutschen staatlichen Entwicklungszusammenarbeit. Bielefeld.

IHK Ostwestfalen: Arabien-Knigge. Tipps zur Geschäftspraxis. http://www.ostwestfalen.ihk.de/uploads/media/Arabien-Knigge.pdf (25.07.2011).

Janzir, A. (2007): Managerwissen kompakt: Golfstaaten. München.

Kabasci, K. (2006): KulturSchock - Kleine Golfstaaten und Oman. Bielefeld.

Kollig, M./ Buhl-Böhnert, Th. (GlobalPilots) (o.J.): Intercultural Communication in research and technology project initiatives. A presentation for National Contact Points (NCPs) and coordinators of multinational consortiums, http://www.ncp-incontact.eu/nkswiki/images/2/25/ICC_Presentation.pdf (05.07.2010).

Kratochwil, G. (2008): Business-Knigge: Arabische Welt - Erfolgreich kommunizieren mit arabischen Geschäftspartnern. Zürich.

Kratochwil, G. (o.J.): Business-Etiquette in den Arabischen Golfstaaten. www.cross-cultures.de/pdf/Business_Etiquette_Arab_web.pdf (25.07.2011).

Jödicke, D./Werner, K. (2009): KulturSchock Ägypten. München.

Laviziano, A. (o.J.): Ethnologie und interkulturelle Kommunikation. http://www.uni-hamburg.de/ethnologie/es_7_1_artikel1.pdf (04.08.2011).

Migdalovitz, C. (2010): Algeria: current issues. Congressional Research Service, Washington/D.C., http://fpc.state.gov/documents/organization/152624.pdf (04.03.2011).

OECD (2010): Egypt - Business Development Strategy (Policy dimension: Anti-Corruption), www.oecd.org/dataoecd/49/38/46341460.pdf (10.11.2010).

Ouazani, Ch. (2010): Les sept plaies de l'Algérie. In: Jeune Afrique 29/12/2010, http://www.jeuneafrique.com/Article/ARTJAJA2606p040-044.xml0/securite-corruption-droits-de-l-homme-sonatrachles-sept-plaies-de-l-algerie.html (28.04.2011).

Parker, N.F. (o.J.): Business Etiquette United Arab Emirates. http://www.executive-planet.com/index.php?title=United_Arab_Emirates (25.07.2011).

Rehman, A.A. (2007): Dubai & Co.: Global Strategies for Doing Business in the Gulf States. New York.

Sansal, B. (2011): Am Anfang ist der Schrei nach Leben. In: taz, 07.02.2011, http://www.taz.de/1/leben/buch/artikel/1/am-anfang-ist-der-schrei-nach-leben/ (24.07.2011).

Schiller, Th. (2007): Islam und Demokratie in Marokko - Integration oder Niedergang des politischen Islam. Bericht der Konrad Adenauer Stiftung (KAS). http://www.kas.de/wf/doc/kas_12803-544-1-30.pdf (24.07.2011).

Schroll-Machl, Sylvia (2006): Die Deutschen – Wir Deutsche. Fremdwahrnehmung und Selbstsicht im Berufsleben, Göttingen.

Stichwort: „Lernen, interkulturelles" im Glossar Kultur und Entwicklung http://www.kulturglossar.de/

TI-Transparency International (o.J.a): Promoting Transparency and Enhancing Integrity in the Arab Region: Focus on Egypt, http://www.transparency.org/regional_pages/africa_middle_east/current_project s/mabda/focus_countries/egypt (10.11.2010).

TI -Transparency International (o.J.b): Corruption Perceptions Index 2010 Results, http://www.transparency.org/policy_research/surveys_indices/cpi/2010/results (11.10.2010).

UAE-United Arab Emirates (2009): United Arab Emirates Yearbook 2009, http://www.uaeinteract.com/uaeint_misc/pdf_2009/ (05.10.2011).

UBA-Umweltbundesamt (Hrsg.) (2007): Promoting Renewable Energy Technologies in Developing Countries through the Clean Development Mechanism. (Länderstudie Ägypten), http://www.bmu.de/files/pdfs/allgemein/application/pdf/ studie_ee_cdm_en.pdf (20.08.2010).

von Brunn, R. (2007): Reisegast in Ägypten. München/Dormagen.

Weidemann, Doris (2007): Akkulturation und interkulturelles Lernen. In: Straub/Weidemann/ Weidemann (Hrsg.): Handbuch interkulturelle Kommunikation und Kompetenz. Stuttgart, Weimar, S. 488-498.

Werenfels, I. (2009): Bouteflika zum Dritten. Stabilitätsgarantie oder Stabilitätsrisiko. SWP-Aktuell 2009/A 19, Berlin, http://www.swp-berlin.org/fileadmin/contents/ products/aktuell/ 2009A19_wrf_ks.pdf (10.01.2011).

World Bank/ IFC (2007): Doing Business in Egypt 2008. Washington D.C., http://www.doingbusiness.org/~/media/fpdkm/doing%20business/documents/s ubnational-reports/db08-sub-egypt.pdf (10.11.2010).

6.2.2
Weiterführende Literatur zur Geschäftskultur in Marokko

Downloads

Culture Briefing: Morocco. Your guide to Moroccan culture and customs. Geotravel Research Center (2008). Ca. 90 Seiten, Preis: US$11.96, http://culturebriefings.com/Pages/pubstore/pscbmr.html

Doing Business in Morocco. Moroccan Social and Business Culture. Communicaid (2008). Sehr kurz gefasste Do's und Don'ts auf 4 Seiten http://www.communicaid.com/access/pdf/library/culture/doing-business-in/Doing%20Business%20in%20Morocco.pdf

Morocco Internetportal "Culture Crossing -A community built guide to cross-cultural etiquette & understanding. Sehr kurz gefasste Basisinformationen http://www.culturecrossing.net/basics_business_student.php?id=140

Morocco Business Culture - A cultural profile on business in Morocco Best Country Reports, 2008. 11 Seiten, kostenpflichtig US$ 13.75 http://www.bestcountryreports.com/Id=Busi_Morocco_Business_Culture.html

Morocco - Language, Culture and Doing Business. http://www.kwintessential.co.uk/ resources/global-etiquette/morocco-country-profile.html

Bücher

Culture Shock! Morocco: A Survival Guide to Customs and Etiquette. Hargraves, Orin (2009), Singapore

KulturSchock Marokko. Brunswig, M. (2002), Bielefeld. Schwerpunkt Sozialkultur und landeskundliche Informationen

Marokko verstehen. Studienkreis für Tourismus und Entwicklung/ Bliss, F. (2006), Sympathie Magazin, Ammerland

Reise nach Marokko. Kulturkompass fürs Handgepäck. Leitess, L. (Hrsg.), Zürich. Empfehlenswerte Erzählungen und Berichte renommierter marokkanischer und westlicher Autoren über Facetten der marokkanischen Kultur und der Städte

6.2.3
Liste interkultureller Anbieter für Marokko

- Arabia-InterCulture, Dortmund, www.arabia-interculture.de
- Arabi Counsel, Stuttgart, www.arabicounsel.de
- compass international, Stuttgart, www.compass-international.de
- CrossCultures, Frechen/Köln, www.cross-cultures.de
- Hourani-Consulting, Villingen, www.Hourani-Consulting.de
- IFIM, Institut für Interkulturelles Management, Rheinbreitbach, www.ifim.de/institut
- IfNO, Düsseldorf, www.ifno.de
- Imap, Leverkusen, www.imap-institut.de
- Intercultures, Berlin, www.intercultures.de
- interkultur, Bremen, www.interkultur.info
- Iranee Arabischkurse & Arabienkunde, Frankfurt, www.iranee.de
- Orient-ation, Hannover, http://orient-ation.de
- Orient Occident, München, www.orient-occident.de
- Science Consult KG, http://science-consult.de
- ti communication, Regensburg, www.ticommunication.eu
- World Experts, Karlsruhe, www.world-experts.de

6.2.4
Weiterführende Literatur zur Geschäftskultur in Algerien

Downloads

Algeria Business Culture. A cultural profile on business in Algeria (2008).
http://www.bestcountryreports.com/Id=Busi_Algeria_Business_Culture.html

Algerian Business Etiquette. Sheen, Raphael (2010). ca. 3 Seiten, inkl. Do's and Don'ts
http://www.suite101.com/content/algerian-business-etiquette-a326264

Business Culture in Algeria 12 Seiten, kostenpflichtig, $50,00
http://www.businessculture.com/business-culture-algeria-p-476.html

Doing Business in Algeria: Business Etiquette, Language and Culture. International Market Advisor IMA/ UK Trade & Investment.
http://doingbusinessinalgeriaguide.com/business-etiquette-language-culture.html

Bücher

Culture d'entreprise en Algérie. Mahieddine Cheraite (2004), Office des publications universitaires, Alger

6.2.5 Liste interkultureller Anbieter für Algerien

- Arabia-InterCulture, Dortmund, www.arabia-interculture.de
- avrami business communication, Witten, www.avrami.de
- CrossCultures, Frechen/ Köln, www.cross-cultures.de
- compass international, Stuttgart, www.compass-international.de
- Interkultur, Bremen, www.interkultur.info
- Intercultures, Berlin, www.intercultures.de
- Iranee Arabischkurse & Arabienkunde, Frankfurt, www.iranee.de
- ti communication, Regensburg, www.ticommunication.eu
- IFNO, Düsseldorf, www.ifno.de
- Orient-ation, Hannover, www.orient-ation.de
- Orient Occident, München, www.orient-occident.de
- World Experts, Karsruhe, www.world-experts.de

6.2.6
Weiterführende Literatur zur Geschäftskultur in Ägypten

Downloads

Doing Business in Egypt - Egyptian Social and Business Culture. Communicaid Group (2009), 4 Seiten inkl. Do's and Don'ts
http://www.communicaid.com/access/pdf/library/culture/doing-business-in/Doing%20Business%20in%20Egypt.pdf

Egypt - Language, Culture, Customs and Etiquette. Sehr kurzgefasst, inkl. Erläuterungen zu "Business Etiquette and Protocol in Egypt"
http://www.kwintessential.co.uk/resources/global-etiquette/egypt-country-profile.html

Egypt - Executive Business Report, 2010 WorldBiz.com. 46 Seiten, $95.00, Themen: Business Meetings, Setting Appointments, Business Dress, Addressing Your Business Counterpart, Business Presentations, Proper Follow Up, Negotiating Tactics, Prices, Bargaining etc.
http://www.worldbiz.com/egypt-executive-business-report-p-141.html

Essential business culture guides for the international traveller – Egypt.
http://www.executiveplanet.com/index.php?title=Egypt

Bücher

Egypt - Culture Smart!: the essential guide to customs & culture. Zayan, Jailan (2007), Kuperard, London, Landeskunde, Werte und Traditionen + 15 Seiten „Business Briefing"

I Am Happier to Know You. A Portrait of Egypt, Her People, Faith and Culture, Viewed through the Heart of a Western Woman. Eck, Jeanne M. (2005), Wheeling. Kultursensible Sichtweise einer in Ägypten ansässigen US-Amerikanerin

KulturSchock Ägypten: andere Länder – andere Sitten: Alltagskultur, Tradition. Verhaltensregeln, Religion, Tabus, Mann und Frau, Stadt- und Landleben. Jödicke, Dörte/Werner, Karin (2009). München

Ausführliche länderkundliche und kulturelle Einblicke, 13 Seiten   Hinweise zur Vermeidung von interkulturellen Missverständnissen

Reisegast in Ägypten. von Brunn, Reinhild (2007), München, Dormagen. Ausführliche Annäherung an verschiedene Aspekte der ägyptischen Kultur: „Suchst du ein Ägypten, so findest du hundert"

6.2.7
Liste interkultureller Anbieter für Ägypten

- Ansgar Cordier, Mannheim, www.ansgarcordier.de
- Arabia-InterCulture, Dortmund, www.arabia-interculture.de
- Arabi Counsel, Stuttgart, www.arabicounsel.de
- avrami business communication, Witten, www.avrami.de
- compass international, Stuttgart, www.compass-international.de
- CrossCultures, Frechen/ Köln, www.cross-cultures.de
- IFIM, Rheinbreitbach, www.ifim.de/institut
- IFNO, Düsseldorf, www.ifno.de
- Imap, Leverkusen, www.imap-institut.de
- InterARAB, Karlsruhe, www.interarab.de
- Intercultures, Berlin, www.intercultures.de
- Interkultur, Bremen, www.interkultur.info
- Iranee Arabischkurse & Arabienkunde, Frankfurt, www.iranee.de
- Orient Occident, München, www.orient-occident.de
- Orient-ation, Hannover, www.orient-ation.de
- ti communication, Regensburg, www.ticommunication.eu
- World Experts, Karlsruhe, www.world-experts.de

6.2.8
Weiterführende Literatur zur Geschäftskultur in den VAE

Downloads

Business-Etikette in den Arabischen Golfstaaten. Dr. Gabi Kratochwil
(empfehlenswerte 15 Seiten, kurzgefasst und aussagekräftig: Business-Etikette von A – Z, von Anrede bis zu Verträgen)
www.cross-cultures.de/pdf/Business_Etiquette_Arab_web.pdf

Business etiquette United Arab Emirates. Nicholas F. Parker
http://www.executiveplanet.com/index.php?title=United_Arab_Emirates

Klassische Problematiken beim Geschäftsaufbau im Mittleren Osten. GIC-German Innovation Center Dubai *(1,5 Seiten)*
www.gic-dubai.com/download/PoblematikenVoraussetzungen.pdf

Verhandlungspraxis kompakt – Golfstaaten . Bundesagentur für Außenwirtschaft/ Reichwein, F. (2006) *(empfehlenswerte 16 Seiten mit Hinweisen zum kulturellen Hintergrund, Do's and Don'ts, Internetseiten, interkulturelle Seminaranbieter).*
http://www.ostwestfalen.ihk.de/uploads/media/Verhandlungspraxis-Golfstaaten-Oktober-2006.pdf

Bücher

Beruflich in den arabischen Golfstaaten: Trainingsprogramm für Manager, Fach- und Führungskräfte. Reimer-Conrads, Th./ Thomas, A. (2009), Göttingen Business

Knigge Dubai – Vereinigte Arabische Emirate (Audio CD) Holzapfel, Thomas/ von Lerchenfeld, Eggolf (2007). Trivero. Die gesprochenen Informationen entsprechen etwa 10 Seiten Text

Business-Knigge für deutsche Manager in Dubai: Verhaltensweisen verstehen und Geschäfte erfolgreich gestalten. Bölscher, Jens (2009). Berlin.

Business Know-How Golfstaaten: So wird Ihre Geschäftsreise zum Erfolg. Arabische Geschäftskultur im Überblick. Do's & Don'ts in Job und Alltag. Hecht-El Minshawi, Béatrice (2008), Heidelberg.

Dubai & Co.: Global Strategies for Doing Business in the Gulf States. Rehman, Aamir A. (2007), McGraw-Hill.

Geschäftshandbuch VAE. German Industry and Commerce Office Oman (2005) Im Kapitel „Geschäftsverhandlungen" werden Hinweise zur interkulturellen Kommunikation mit arabischen Geschäftspartnern gegeben (G. Kratochwil)

Managerwissen kompakt: Golfstaaten. Janzir, Amin (2007), München.

Wirtschaftswunder in der Wüste – Strategien für langfristigen Erfolg in den Golfstaaten. Hecht-El Minshawi, Béatrice (2007), Heidelberg.

6.2.9
Liste interkultureller Anbieter für die VAE

- Andreas Hauser, München, www.andreashauser.com
- compass international, Stuttgart, www.compass-international.de
- CrossCultures, Frechen/Köln, www.cross-cultures.de
- Horst Häring Consulting & Communications, Maintal www.horst-haring.com
- Huang+Jaumann Wirtschaftsbüro, Augsburg, www.huang-jaumann.de
- IFIM, Institut für Interkulturelles Management, Rheinbreitbach, www.ifim.de/institut
- IfNO, Düsseldorf, www.ifno.de
- IKUD Seminare, Göttingen, www.ikud-seminare.de
- Intercultures, Berlin, www.intercultures.de
- interkultur, Bremen, www.interkultur.info
- Iranee Arabischkurse und Arabienkunde, Frankfurt a.M., www.iranee.de
- Janzir Consult, Hamburg, www.arabiaweb.de
- Neumann Consulting International, Dubai, www.dubainci.com
- Orient-ation, Hannover, http://orient-ation.de
- Orient Occident, München, www.orient-occident.de
- ti communication, Regensburg, www.ticommunication.eu
- World Experts, Karlsruhe, www.world-experts.de

Printed by Books on Demand GmbH, Norderstedt / Germany